四川理工学院高层次人才引进项目
"创造公共价值视域下公共组织绩效管理系统研究"
(2016RCSK07) 部分研究成果

公共服务项目评价体系：
基于创造公共价值视角的研究

冉景亮 ◎ 著

中国社会科学出版社

图书在版编目（CIP）数据

公共服务项目评价体系：基于创造公共价值视角的研究/冉景亮著.—北京：中国社会科学出版社，2017.11
ISBN 978-7-5203-1289-9

Ⅰ.①公… Ⅱ.①冉… Ⅲ.①公共服务—项目评价—研究 Ⅳ.①C916.2

中国版本图书馆CIP数据核字（2017）第267205号

出 版 人	赵剑英
责任编辑	卢小生
责任校对	周晓东
责任印制	王 超

出 版	中国社会科学出版社
社 址	北京鼓楼西大街甲158号
邮 编	100720
网 址	http://www.csspw.cn
发行部	010-84083685
门市部	010-84029450
经 销	新华书店及其他书店
印刷装订	北京明恒达印务有限公司
版 次	2017年11月第1版
印 次	2017年11月第1次印刷
开 本	710×1000 1/16
印 张	19
插 页	2
字 数	283千字
定 价	80.00元

凡购买中国社会科学出版社图书，如有质量问题请与本社营销中心联系调换
电话：010-84083683
版权所有 侵权必究

序

在经济、政治、社会、文化和生态"全面新常态"的复杂形势下,我国各级公共组织取得良好的绩效更加困难。各级组织几乎都通过加强战略规划来应对不确定性和持续提升公共服务水平。公共服务项目作为公共战略落地的重要行动方案,在公共管理体系中具有越来越重要的地位。根据党"全心全意为人民服务"的根本宗旨,党和国家提出了民族伟大复兴"中国梦"和"两个一百年"的宏伟愿景,并作出了"四个全面"的战略部署。公共服务项目作为公共管理或公共服务系统的重要组成部分,已经成为我国公共战略落地的重要行动方案或措施。通过公共服务项目实现公共战略为具体公共服务行为,也成为公共管理实践的基本常识。有专家甚至认为,我国公共治理实行的是"项目治国"的模式。但是,在公共管理实践中,要真正确保公共服务项目真正按照公共战略的要求来设计和组织实施,并有效助推公共战略的落地,却是一个复杂的问题。

本书在创造公共价值视角下,对公共服务项目评价体系进行研究,从项目全生命周期来评价项目,将公共服务项目评价体系的重点从结果导向转向兼顾过程与结果,特别强调从项目设计开始,就要注重项目符合公共战略的基本要求,项目结果则也更加注重对公共需求的回应,更加强调切实创造公共价值;用通俗的话讲,就是既要看"做了什么",又要看"做成什么"。评价体系既是项目实施的"晴雨表",又是"指挥棒";这样要求通过在创造公共价值视角下构建公共服务项目评价体系,既力图引导公共服务项目注重公共价值的创造,又在注重评价实践中强化公共价值创造的具体结果。

对公共价值进行准确界定是一个难题,在创造公共价值的指引下构建公共服务项目评价体系更是一个难题。这就需要拓展项目评价现有范式。即在创造公共价值范式中，研究公共服务项目评价的基本问题，探索促进公共服务水平持续提升的路径；解决问题的路径应该从基本问题出发，而不是从纷繁复杂的现象出发。但是，有一个问题始终困扰着我们，就是针对现象回答问题的多，对基本问题的研究却不够透彻。

本书在战略性绩效管理"化战略为行动"理念的指导下，坚持在完整的管理流程之中来把握评价环节，并力图通过构建科学合理的评价体系，来助推公共服务项目在全生命周期中取得成功。因此，本书在对公共服务项目评价体系研究现状进行梳理的同时，还简要概述了公共部门战略管理、绩效管理、项目评价、全生命周期、利益相关者和机制设计等理论。这样不仅有利于公共服务项目评价体系在现有评价体系的基础上进行优化设计，还有利于保障构建工作在系统的理论指引下完成。

本书的核心内容则是在翔实的文献综述和理论基础上，对公共服务项目评价体系的整体设计，并对评价指标体系构建和案例应用与讨论进行系统研究。

公共服务项目评价体系的总体设计。首先，本书对公共服务项目评价体系的基本内容和存在问题进行了论述，并在此基础上提出了基于创造公共价值视角的构想。其次，分别对公共服务项目评价体系的价值基础和管理基础进行详细的论述，为评价体系实现价值理性与工具理性的充分融合提供翔实的理论支撑。本书将公共服务项目评价体系价值基础作为一个重点论述，同时，在基于创造价值视角下对评价体系的管理体系的梳理，有利于使价值指引和管理落地更加明晰，并在此基础上阐述对公共服务项目评价体系的设计流程。

公共服务项目评价指标体系的构建。评价指标体系的构建是项目评价体系构建的核心内容。本书借鉴PART等逻辑体系的基础上，使用半结构化访谈和专家头脑风暴法构建了包含公共需求、目标计划、管理过程和结果评价四个维度的项目逻辑模型。该逻辑模型以公共需求为起点，同时在结果评价上又强调对公共需求的回应，从而助推公共价值贯穿于公共服务项目全过程。然后，在项目逻辑模型基础上，构建了公共服务项目评价指标体系，而评价指标体系的具体构建工作又分为初步构建、修正、检验与完善等步骤。

案例选择是一个难点，不仅要求能够系统全面地掌握项目信息，还要求项目与评价指标体系的价值理念高度契合。重庆市大渡口区"文化馆与图书馆总分馆制"项目属于文化部与财政部在"十二五"期间共同推动的创建国家公共文化服务体系示范项目，该示范项目作为重要民生工程，与地方政府发展战略高度一致，完全符合本书对公共服务项目评价创造公共价值的要求。项目叙事分析和试评价结果显示，本书构建的评价指标体系适用于评价该项目。同时，评价指标体系适用性和延展性相关问题的讨论也为评价体系的有效应用和持续完善进行了探索性研究。

总体上说，本书所做的研究在创造公共价值视域下对公共服务项目评价做的探索，也是在整体性视角下坚持"化公共战略为具体的公共服务行为"的理念而展开的项目评价研究，对公共服务项目评价的研究者和实践者都有参考价值。

方振邦
中国人民大学公共管理学院教授　博士生导师
中国人民大学公共组织绩效管理研究中心主任
中国人民大学公共管理学院组织与人力资源研究所所长

目　　录

第一章　导论 ··· 1
　　第一节　研究背景与研究意义 ·· 1
　　第二节　研究对象 ·· 5
　　第三节　研究方法与技术路线 ·· 17
　　第四节　研究框架 ··· 19

第二章　文献综述 ·· 21
　　第一节　公共组织绩效评价研究综述 ································· 21
　　第二节　公共项目评价研究进展 ······································· 40
　　第三节　典型的公共项目评价体系 ···································· 52

第三章　理论基础 ·· 64
　　第一节　公共组织战略管理 ·· 64
　　第二节　绩效管理 ··· 74
　　第三节　项目生命周期 ·· 84
　　第四节　利益相关者 ·· 88
　　第五节　机制设计理论与委托—代理理论 ·························· 92

第四章　公共服务项目评价体系设计 ····································· 98
　　第一节　公共服务项目评价体系的内容与构想 ··················· 98
　　第二节　公共服务项目评价体系的价值基础 ····················· 109
　　第三节　公共服务项目评价体系的管理基础 ····················· 136

　　　　第四节　公共服务项目评价体系的设计流程 …………………… 146

第五章　公共服务项目评价指标体系的构建 ………………………… 158
　　　　第一节　公共服务项目评价指标体系的设计思路 ……………… 158
　　　　第二节　公共服务项目评价指标体系的构建 …………………… 172
　　　　第三节　公共服务项目评价指标体系的调查与修正 …………… 191
　　　　第四节　公共服务项目评价指标的检验与完善 ………………… 199

第六章　案例应用及讨论 ……………………………………………… 204
　　　　第一节　项目背景 ………………………………………………… 204
　　　　第二节　项目概况 ………………………………………………… 212
　　　　第三节　项目评价 ………………………………………………… 232
　　　　第四节　案例讨论 ………………………………………………… 242

第七章　评价体系讨论与研究总结 …………………………………… 247
　　　　第一节　评价体系适用性讨论 …………………………………… 247
　　　　第二节　评价体系拓展性研究 …………………………………… 251
　　　　第三节　研究结论与可能的创新之处 …………………………… 258
　　　　第四节　研究不足与后续研究方向 ……………………………… 261

附　　录 ………………………………………………………………… 263

参考文献 ………………………………………………………………… 276

后　　记 ………………………………………………………………… 293

第一章　导论

第一节　研究背景与研究意义

一　研究背景

党的根本宗旨是全心全意为人民服务，这一根本宗旨决定了建设服务型政府是我国政府建设的内在要求，不断满足广大人民群众日益增长的物质文化生活需要是我国公共服务的基本使命。但是，在政治上、政策上引起重视后，如何通过切实可行的管理措施真正保障这些基本理念和公共政策落到实处，仍然是一个重大问题。在经济社会多重转型、腐败高发、政令不畅的背景下，如何让老百姓切实享受改革开放的成果，实实在在地获得应有的公共服务，就成为公共管理研究和实践的重要任务。公共服务项目作为践行党的根本宗旨的"最后一公里"，往往涉及广大人民群众的直接利益，也是涉及人心向背的重要环节。但是，公共服务项目领域却成了动摇党领导基础的各种违法违纪行为的"重灾区"。因此，改善公共服务项目绩效和促进项目成功不仅是一个管理问题，也是一个政治问题。以习近平为核心的新一届领导班子提出了"两个一百年"和民族伟大复兴"中国梦"的宏伟愿景，也提出了"四个全面"的战略布局，但是我国目前面临着复杂的国际国内环境，宏观战略的顺利实现也面临着一系列挑战。经济进入"新常态"并面临多重转型（经济增长在速度上从高速增长转为中高速增长，经济结构则需要不断转型升级，从经济发展动力上则强调由传统的要素驱动向创新驱动转型）；经济"新常态"也造成了一系列社会问题，导致了社会矛盾多发，并且对政治、文化和生态等方面也形成带来了一系列挑战。如何有效应对经济、政治、社会、文化和生态"全面新常态",促进人民群众物质文化生活水平持续提升,已经成为党和政府高度关注的问题。在公共管理领域,如何用好有限的财政资金,助推公共服务水平的持续提升,为达成公共战略目标提供系统的管理保障,就成了不得不关注的重要问题。

　　实现党和国家提出的宏伟战略目标,需要建立高效的公共管理系统,以便将战略目标转化为公共服务系统的具体行为。公共组织绩效管理系统就是化公共战略为公共服务日常行动的管理系统,即通过科学化、规范化和精细化的绩效管理,构建系统、全面、立体化的绩效管理体系,从而促进党和国家宏伟愿景通过各级政府的组织绩效、部门绩效最终转化为每个公共服务人员的日常目标,进而引导形成具有战略导向性的高效的公共服务行为。公共组织绩效管理系统又是一个巨型复杂系统,一个研究几乎不可能涉及这个复杂系统的全貌。作为整个公共服务体系中最接近服务对象的组织,公共服务项目在公共组织战略落地中具有重要的地位。本书选择公共服务项目作为研究对象,通过对公共服务项目评价体系进行深入研究,探索公共战略如何在具体的公共服务实践中落地、落地的效果怎么样等问题,以期夯实公共组织绩效管理体系系统构建的基础。

　　绩效评价对整个绩效管理系统的有效运行具有决定性的影响,是绩效管理系统的关键环节。探索如何提升公共服务项目绩效和促进项目取得成功,关键环节也需要从评价入手。公共服务领域宽泛,公共服务项目因此而类别繁多,因此对公共服务项目评价进行科学化、标准化和系统化的研究,探索具有科学性和规范性特点的公共服务项目评价实践,就成了学术界和公共服务项目评价实践者的当务之急。但是,我国公共服务项目从概念引入到具体运行的时间不长,公共服务项目评价的研究成果实践经验均存在很多不足,需要充分借鉴和吸收国际国内相关领域的成果,并结合国情确定重点研究领域。

　　20世纪60年代以来,西方公共管理(主要是公共行政)就进入了管理主义时代。新公共管理(New Public Management, NPM)倡导借鉴工商企业管理经验,来实现政府绩效的改善或政府再造;新公共服务（New Public Service, NPS）认为，应明确界定公民共同利益，并强调帮助公民实现这些基本利益。西方公共管理从管理和服务两个方面进行的探索，对公共组织绩效的持续提升具有很大的推动作用，同时也创造了多种治理模式。马克·H. 莫尔（Mark H. Moore）提出了公共价值管理，使基于公共价值的一种新的公共管理范式初见端倪。我国20世纪80年代引入公共管理之后，从全面学习西方先进经验到逐渐结合我国国情、立足解决我国实际问题而进行了持续探索；服务型政府的提出和建设就是我国公共管理学界对世界公共管理理论的重要贡献。随着对公共管理理论研究的逐步深入，公共服务项目评价的研究基础和实践经验也逐渐积累起来了，为了提升公共服务水平，对公共服务项目评价进行深入系统研究也越来越紧迫了。

我国是少数制定长期战略的国家，各种"五年规划"则是各级政府制定战略的重要形式。为提升基本公共服务水平，我国根据国家"十二五"规划制定了《国家基本公共服务体系"十二五"规划》（以下简称《规划》），对国家基本公共服务的制度安排、基本范围、服务标准、工作重点等方面进行详细部署，引导公共资源科学有效配置。《规划》是政府履行公共服务职责指导性文件和重要依据，也是各地制订公共服务项目的计划和管理办法的依据和指南。各级政府应该根据《规划》列出本级政府的公共服务清单，并在此基础上加强和改善公共服务水平。可以说，开展公共服务项目评价体系的研究，目前已具备较好的基础条件。

二 研究意义

公共服务项目在公共管理体系中具有越来越重要的地位。公共服务项目绩效的持续提升和项目成功对于公共组织战略目标的实现具有直接支撑作用，周飞舟等学者甚至因此提出了"项目治国"说法。项目评价是项目管理的关键环节，也是技术性最强的环节。构建价值理性和工具理性充分融合的公共服务项目评价体系（特别是指标体系），对项目绩效持续提升具有重要的意义。

（一）理论意义

从某种程度上说，评价体系的构建工作就像一座冰山，评价体系本身就像冰山露出水面的部分，评价体系理论基础和内在逻辑则犹如冰山水下的部分。一般操作者更加注重评价指标体系的规范性、完整性和可操作性，但是，评价体系的理论基础和价值理性的系统阐述通常才是评价体系构建工作中最难的内容。本书的理论意义主要体现在对公共服务项目评价体系进行全面研究，特别是对评价体系的价值基础和管理基础的研究。

第一，现有研究和理论基础的梳理对夯实评价体系构建基础有理论意义。对公共项目评价体系相关问题的全面综述，有利于了解目前世界各国基本经验和我国评价体系的基本现状，便于在借鉴国内外公共项目评价理论与实践的经验基础上，进行合理、系统和科学地构建评价体系。另外，公共服务项目评价涉及公共管理、公共项目管理和绩效管理等学科的交叉领域，通过对公共服务项目评价体系理论基础的系统整理，有利于为公共项目评价体系构建提供系统全面的理论指导。

第二，公共服务项目评价体系内在逻辑的全面论述对构建科学的评价体系有理论意义。本书坚持以创造公共价值为主线，以项目逻辑模型为搭载平台，整合公共服务项目评价相关基础理论，力图建立起价值理性与工具理性融合的公共服务项目评价体系。这对构建科学、规范的评价体系具有积极意义。

第三，本书对公共组织绩效管理体系的完善也有一定的理论意义。公共组织绩效管理体系是一个巨型复杂系统，公共服务项目则是实现公共组织绩效目标的行动方案。目前，我国对公共组织绩效管理系统的内在逻辑体系认识不够深刻，甚至可以说还比较混乱。在公共组织绩效系统中把握项目评价，既有利于保障项目评价基本导向的正确性，又有利于建立"化公共组织战略为日常公共服务行为"的完整管理体系。

（二）实践意义

我国目前正处于提升国家治理能力和治理现代化的关键时期，这对公共组织绩效管理科学化、规范化水平提出了更高的要求。但是，前现代化、现代化和后现代化并存的复杂社会环境，对公共组织获取高绩效具有明显的制约作用，这要求我国公共管理实践必须不断提升科学化和规范化水平。在公共治理实践中,作为公共组织的行动方案,公共服务项目的成功作为对公共战略的落地具有重要意义。

第一,评价体系设计的理念就是通过有效评价实现"化公共战略为日常公共服务行为"。公共服务项目作为公共组织达成绩效目标制定的行动方案,其存在的价值就是要促进公共组织达成绩效目标,助推公共战略的实现。因此,公共服务项目逻辑模型需要充分体现这一基本理念,尽量融合目前先进的战略性绩效管理工具的优势,结合项目管理自身的基本规律和逻辑,形成一套兼具科学性和实用性的评价体系,把握项目评价环节,促进项目取得成功。

第二,规范公共服务项目评价体系的基本构成。任何一套评价体系都是价值理性和工具理性的融合,价值理性确保工具理性方向性,同时又必须依托工具理性才能得以实现。目前,公共服务项目评价实践中存在如下问题:很多公共服务项目评价体系或者忽视评价体系的价值诉求,目的不够明确;或者指标体系内在逻辑不够清晰;仅仅注重项目后评价,忽视项目成功必须对其全生命周期都要有系统管理。本书强调公共服务项目评价体系在导向上必须确保能够有利于公共价值的创造,在体系上应该包括目标、指标、目标值、指标权重的完整体系,在操作性上,则注重在项目逻辑模型中融入平衡计分卡的理念,在指标选择上兼顾关键绩效指标的思想,强调评价指标体系注重科学规范性与简洁实用性的有效平衡。

第三,本书通过案例应用展示评价实践的基本规范。案例选择是实践研究中的难点之一,既要考虑项目与研究设计理念的一致性,又要考虑样本的代表性。本书先通过案例的完整叙事分析,对案例进行全景展示,然后再使用本书构建的评价指标体系进行评价和分析。这对评价体系的完整构建过程和公共服务项目评价实践都具有借鉴意义。

第二节 研究对象

本书的研究对象是公共服务项目评价体系。研究对象的准确理解首先需要界定基本概念，其次需要对研究视角进行详细阐述，另外，就是在概念明确界定和研究视角确定的情况下确定研究内容。

一　基本概念

概念的科学界定是研究的基础，也是确定研究边界的具体环节。本书强调对公共服务项目的界定，应该在"项目—公共项目—公共服务项目"这个概念体系中来把握，才有利于更加清楚明确地界定公共服务项目，从而确定公共服务项目评价体系的基本范畴。

（一）项目

关于项目的定义很多，在项目管理领域通常都会参考美国项目管理协会（Project Management Institute，PMI）和美国项目管理大师哈罗德·科兹纳的定义。

PMI认为，项目是为创造独特的产品、服务或成果而进行的临时性工作。从这个概念可以看出项目具有临时性、独特性和成果性等特征。其中，"临时性"是指有明确的起点和终点，并且有时间限制。独特性主要是通过横向和纵向比较得出项目应该具有区别和差异。成果性主要指项目应该完成一定的成果，即产品、服务或结果，要么只做完项目后的成果，要么只完成项目的交付；项目的产出既可能是有形的，也可能是无形的。项目可以按照层次不同分为项目组合（Portfolio）、项目集（Program）和项目（Project）三个层次，并且每个层次内还可以分成相应的子层次。①

哈罗德·科兹纳认为，项目是指具有以下特征的一系列活动和任务：有一个在特定计划内要完成的具体目标；有经费限制（如果项目

---

① 项目组合是为了实现战略目标而组合在一起管理的项目、项目集、子项目组合和运营工作的集合。项目集包含在项目组合之中，其自身又包含需协调管理的子项目集、项目或其他工作，以支持项目组合。单个项目既可以直接属于项目组合，也可以属于项目集，但是都是项目组合的组成部分。项目和项目集彼此之间不一定发生关系，但是它们都通过项目组合与组织的战略规划联系在一起。项目和项目集通过优先级与组织战略相关联，通常根据在战略规划中的优先级的顺序差异，来对不同的项目和项目集进行有针对性的管理；而优先级通常由风险、资源需要和与战略规划的相关程度等因素决定。具体参见［美］PMI《项目管理知识体系指南》（PMBOK指南），许江林等译，电子工业出版社2013年版，第3页。

可以实施的话）；消耗人力和非人力资源（如资金、人员、设备）；多种职能（可横跨几条职能线）。哈罗德·科兹纳则将项目分为系统、项目集和项目三个层次，其中项目这个定义使用的通常是适合具体行业，而政府部门通常使用项目集这个概念。在管理实践中，使用项目还是项目集的概念并不重要，项目集中使用的政策步骤和指导通常也适用于项目管理；政府通常倾向于使用项目集，并大力发展项目集。①还有很多西方学者和我国国内的学者对项目的概念进行了定义，但总体来说都是大同小异，本书在此不再赘述。

（二）公共项目

公共项目是一般项目的特殊种类。从基本特征上讲，公共项目既具有项目所具备的一般属性，又具有该类项目所特有的属性；在用词上，虽然英文单词 Project 和 Program 都译为项目，但公共项目则多用 Program。国内外很多专家学者在一般项目定义的基础上界定公共项目（Program）。②

美国学者戴维·罗伊斯（David Royse）等认为，公共项目是为特定的目标所设定的、有组织的若干行动的集合，是指有望对项目参与者产生某些影响的干预或服务。③加拿大学者詹姆斯·C. 麦克戴维认为，公共项目可以看作是实现一个或几个相关目标而实施的一组互相关联的活动，也可以看作是有目的地设计并实施的"手段—结果"关系群。④

---

① ［美］哈罗德·科兹纳：《项目管理：计划、进度和控制的系统方法》，杨爱华、王丽珍、洪宇、李梦婷译，电子工业出版社 2013 年版，第 2、49 页。

② 孙一平对 Project 和 Program 做了比较研究。Project 通常强调在确定的时间、成本和质量（重视项目"铁三角"）的约束下，为达到具体产出的努力；其产出通常是有形的，也是相对能够客观量化和描述的；其核心问题、范围和环境常常均容易有明确界定。Program 通常是指多个 Project 的集合，其目的是创造特定结果或收益；其结果通常是无形的，收益则会因文化或行为而改变，评价标准也更多趋于主观；与环境关系动态而且复杂，对其核心问题的界定相对模糊或者不易明确界定，利益相关方之间具有复杂的博弈。参见孙一平《美国公共项目评估研究》，中国人事出版社 2011 年版，第 11—13 页。

③ ［美］戴维·罗伊斯、布鲁斯·A. 赛义、德博拉·K. 帕吉特、T. K. 洛根：《公共项目评估导论》，王军霞、涂晓芳译，中国人民大学出版社 2007 年版，第 5 页。

④ ［加］詹姆斯·C. 麦克戴维、劳拉·R. L. 霍索恩：《项目评价与绩效测量：实践入门》，李凌艳、张丹慧、黄琳译，教育科学出版社 2011 年版，第 12 页。

我国学者也对公共项目的概念进行了研究。尹贻林认为，公共项目通常指政府投资的固定投资项目，即为满足社会公众的需要，提供和生产公共物品（包括服务）的项目。公共项目目的是追求公共利益，具有公共品性质和公益性目标。狭义的公共项目是指政府投资的公益性（非经营性）项目。另外，他们还基于公共项目契约本质这一假设，将公共项目定义为在公共需求的带动下，围绕公共物品提供、生产、消费的各参与方在市场中通过一系列的合约缔结而成的、具有生产功能的临时性契约组织。① 齐中英等认为，公共项目是指以促进国民经济和社会发展、为公共生活服务、为提高社会科学文化水平和人民素质为目的、主要着眼于创造社会效益而不是商业利润，并进行组织和配置社会资本的一次性活动。② 孙一平在研究美国公共项目时，提出项目应该是指有望对受益者产生某些影响的干预或者服务。③ 朱衍强和郑方辉认为，公共项目在本质上属于提供公共物品的投资项目，在具体界定公共项目时，应该聚焦在其产出品的公共属性上。广义的公共项目是指由政府兴办的、与公共安全与福利有关的工程或公共设施。狭义的公共项目是指由政府兴建的基础性建设项目和社会公益性项目，以满足国家和地区社会发展需要和增进社会福利的投资项目。④ 王红岩认为，公共项目本质上是提供公共物品的投资项目，也可分为广义和狭义两类。广义的公共项目是指所有投向公共基础设施和公共服务行业，能为社会提供基础性和公共性商品或服务的投资项目。狭义的公共项目特指政府作为投资主体，在基础设施和自然垄断行业投入的固定资产项目。⑤ 关于公共项目概念，国家发改委和住建部（原建设部）在文件汇编《建设项目经济评价方法与参数》中指出，公共项目是指为满足社会公共需求，生产或提供公共物品（包括

---

① 尹贻林、杜亚灵：《基于治理的公共项目管理绩效改善》，科学出版社 2010 年版，第 39、47 页。
② 齐中英、朱彬：《公共项目管理与评估》，科学出版社 2004 年版，第 4 页。
③ 孙一平：《美国公共项目评估研究》，中国人事出版社 2011 年版，第 11 页。
④ 朱衍强、郑方辉：《公共项目绩效评价》，中国经济出版社 2009 年版，第 3 页。
⑤ 王红岩：《公共项目评价体系研究》，东北财经大学出版社 2008 年版，第 6—8 页。

服务）的项目，这类项目的投资一般由政府安排，运营资金也由政府支出。

综上所述，不同研究者对公共项目概念的界定重点不一样。有的研究者更加强调从产出的角度来界定公共项目，有些研究者强调资金提供者，还有些研究更关注其公共属性，还有研究则从各种构成要素的关系上去把握。有学者通过与私人项目进行比较，系统总结了公共项目的分类及各要素的关系，如图1-1所示。[①] 根据中外专家学者对公共项目的界定，本书认为，公共项目从词源上讲应该指英文中的Program，而一个Program通常包含多个Project；对公共项目概念的界定，应该反映其根本属性和本质特征，同时又能体现项目的一般特征。因此本书认为，公共项目是指以创造公共价值和满足公共需求[②]为目标，向受益者提供公共服务或公共物品的项目。作为项目的一个子类，公共项目不仅应该具有项目具有的一般特征，更重要的是看是否创造了公共价值和是否满足了公共需求。

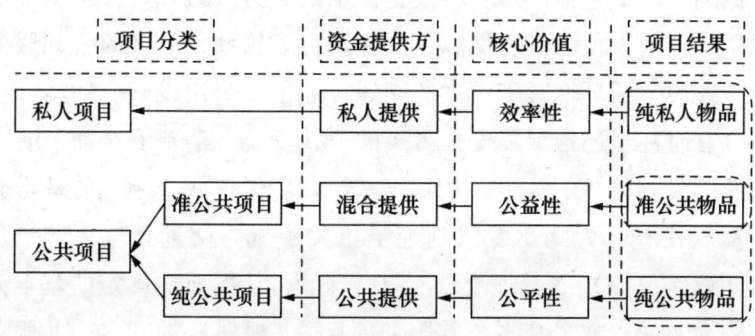

图1-1 基于社会物品的项目分类

---

① 该图基于公共物品对公共项目和私人项目要素及其关系进行解释，对理解公共项目的定义具有一定的帮助，但是没有将"服务"作为项目的最终成果纳入体系之内，存在一定的缺憾，该图参考尹贻林和杜亚灵的研究绘制（参见尹贻林、杜亚灵《基于治理的公共项目管理绩效改善》，科学出版社2010年版，第39、43页）。

② 关于公共需求与公共价值的含义，在本书第四章第二节"公共服务项目评价体系的价值基础"中有详细的论述。

(三) 公共服务项目

本书的研究对象是公共服务项目，因此对其进行可操作性界定是开展研究的基础。从广义上讲，所有公共项目，无论其直接提供的是公共服务还是公共物品，最终都是向受益对象提供服务，因此所有公共项目都可以看作是公共服务项目；从狭义上讲，是指向受益对象提供公共服务而不是公共物品的公共项目。本书在进行研究综述和评价体系理论基础论述时，不区分广义和狭义，即不区分公共项目和公共服务项目，也交叉使用这两个概念。但是，在评价体系设计和案例讨论阶段，更加偏重于以提供基本公共服务为目标的狭义的公共服务项目。所谓基本公共服务，是指建立在一定的社会共识的基础上，由政府主导提供的，与经济社会发展水平和阶段相适应，旨在保障全体公民生存和发展基本需求的公共服务。[①] 对基本公共服务内涵的准确理解是对公共服务项目内涵的理解的前提和基础。

首先，需要明确基本公共服务的范围。《规划》确定了基本公共服务范围，通常包括保障基本民生需求的教育、就业、社会保障、医疗卫生、计划生育、住房保障、文化体育等领域，广义的公共服务还包括与人民生活环境紧密关联的交通、通信、公用设施、环境保护等领域，有时甚至还指保障安全需要的公共安全、消费安全和国防安全等领域的公共服务。其中，基础设施和环境保护两个领域的基本公共服务重点任务，为此还专门制定了相关领域（交通运输、能源、邮政、环境保护等）的专项规划。具体来讲，《规划》确定的基本公共服务分为44类80个基本公共服务项目。《规划》的基本公共服务范围如图1-2所示。

其次，还需要明确与公共服务项目评价相关的内容。一是基本公共服务标准，即指在一定时期内为实现既定目标而对基本公共服务活动所制定的技术和管理等规范。比如，《规划》按照服务对象、保障标准、支出责任和覆盖水平四个方面的国家基本标准或国家层面的管

[①] 本书关于基本公共服务的界定依据《国家基本公共服务体系"十二五"规划》，http://www.chinanews.com/gn/2012/07-20/4047081.shtml。

理和技术规范。二是基本公共服务均等化，即指全体公民都能公平地获得大致均等的基本公共服务。比如，《规划》仅仅对当前急需开展并且有能力开展的基本公共服务进行了论述，还有很多公共服务没有纳入这次规划，或者根据目前公共服务能力和服务水平，没有纳入其中。这些内容对公共服务项目评价体系的构建具有重要影响，要求评价体系开发者和评价实践者予以有效回应。

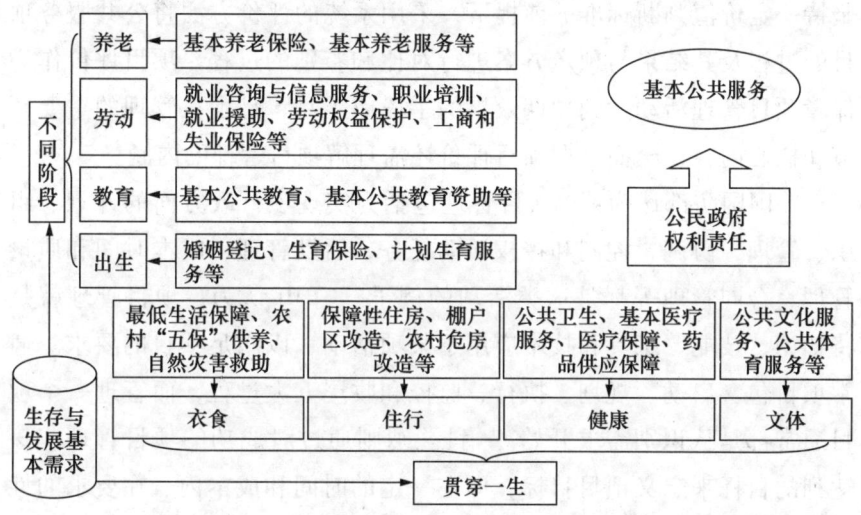

图1-2　《规划》的基本公共服务范围示意

资料来源：《国家基本公共服务体系"十二五"规划》，http://www.chinanews.com/gn/2012/07-20/4047081.shtml。

（四）项目评价与项目管理

在公共政策和公共项目评价领域，一直存在价值理性和工具理性的争论。传统观点认为，评价更加重视价值判断，正如豪斯（E. R. House，1980）所说，"评价的本质基本上是一种政治活动"。但是，坚持评价工具理性的学者认为，虽然评价是有价值判断，但是，评价中侧重点应该是运用技术方法鉴别政策或项目结果与预设目标的对应关系，主要关注效率与结果方面的问题。① 在评价实践中，单独偏重

---

① ［美］彼得·罗希、马克·李普希、霍华德·弗里曼：《评估：方法与技术》，刘月、王旭辉、邱泽奇译，重庆大学出版社2007年版，第1页。

其中任何一个方面都存在缺陷，评价也越来越倾向于促进价值理性与工具理性的融合，并认为价值理性指引着工具理性的方向及应用，可以说评价就必须赋予预期目标特定的价值。基于这样的理解，彼得·罗希等认为，项目评价是一种社会科学活动，涉及收集、分析、解释和沟通有关旨在改善社会环境的社会项目的实施和绩效。

借鉴前人对评价和项目评价的理解，本书认为，项目评价就是在坚持一定价值判断标准的前提下，采用系统的评价方法将公共服务项目的过程及其结果与预定方案进行对比和鉴别的过程。项目评价作为保障项目管理活动达到预期效果的手段或工具，是项目管理的重要环节和核心内容；全面掌握项目评价还需理解项目管理的内涵。

美国国防部认为："项目管理包括为实现项行政方面的计划、组织、管理、协调、控制和授权活动任务，后勤管理、成本时间和质量管理、合同管理等都是这类活动的例子。"PMI认为，项目管理就是将知识、技能、工具和技术应用于某项活动，以满足项目的要求。通常项目包含启动、规划、执行、监控和收尾五大过程，而管理一个项目通常都是从识别需求开始。[①] 科兹纳则通过对成功的项目管理应该达到的目标来定义项目目标，即在一定的时间和成本内、在要求的性能或技术水平下，高效有力地运用分配的资源，最终获取用户认可的结果。对不同的人来说，项目管理可能意味着不同的事物；他认为："有人将项目管理理解为'是一种创造憧憬的艺术，任何产出都是一系列预先深思熟虑的行动的结果'，实际上这纯属好运。"[②] 因此，需要在项目管理视域下，聚焦项目评价体系的构建工作，更利于提升评价体系的科学性和可操作性。

二 研究视角

研究视角的确定需要从开展项目评价的目的去探索。戴维·罗伊斯等认为，进行项目评价的主要原因是做出公共决策。假设或质疑是

[①] [美] PMI：《项目管理知识体系指南》（PMBOK指南），许江林等译，电子工业出版社2013年版，第5—6页。

[②] [美] 哈罗德·科兹纳：《项目管理：计划、进度和控制的系统方法》，杨爱华、王丽珍、洪宇、李梦婷译，电子工业出版社2013年版，第2、49页。

提出项目评价的动因，任何决策者对于特定项目均有一个初步假设，展示（或知道）项目是一个好项目对于做出决策非常重要。他们对项目评价的动因进行了梳理，如图1-3所示。①

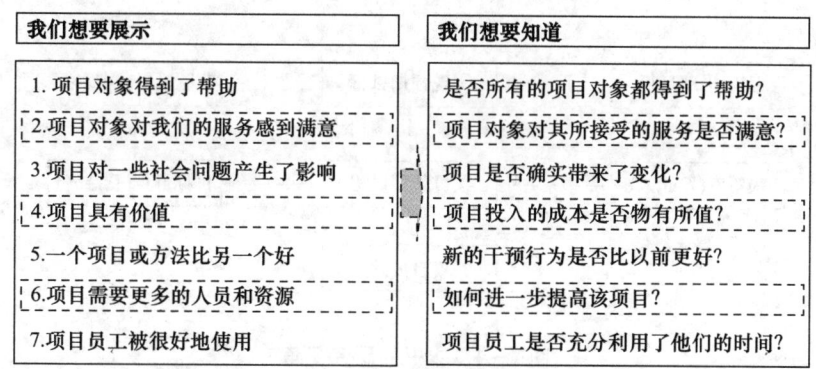

图1-3 公共项目评价的动因

图1-3仅是列举了典型的代表。另外，项目不同动因也可能不同，甚至一个项目还可能存在多个动因。孙一平（2011）认为，进行项目评价的原因主要包括项目本身的需要、帮助决策者和公众了解项目、社会工作者的责任和道德等方面。②

本书构建公共服务项目管理评价体系的目的就是在创造公共价值的视域下，通过评价促进项目绩效持续提升和帮助项目获得成功。回答项目是否取得成功这个问题，第一步是确定项目成功的判断标准；只有标准明确，才有利于对项目展开客观、科学、系统的评价。目前对项目成功的判断主要有三种立场（见图1-4）：第一种是站在决策者的角度看项目治理目标是否实现；第二种是通过衡量项目是否实现预期目标来关注项目管理过程目标是否达成；第三种是从项目群体的角度来看其基本需求是否达到了预期水平。本书坚持全生命周期理

---

① [美]戴维·罗伊斯、布鲁斯·A. 赛义、德博拉·K. 帕吉特、T. K. 洛根：《公共项目评估导论》，王军霞、涂晓芳译，中国人民大学出版社2007年版，第12页。
② 孙一平：《美国公共项目评估研究》，中国人事出版社2011年版，第21页。

念,既强调发起人提供有效的服务,又关注项目受益者是否实现了预期需求的满足,还强调需求满足和服务供给之间的有效管理,即强调以创造公共价值和满足公共需求为指引,通过合理的管理机制和实现路径,实现公共服务项目绩效的持续提升和项目成功。

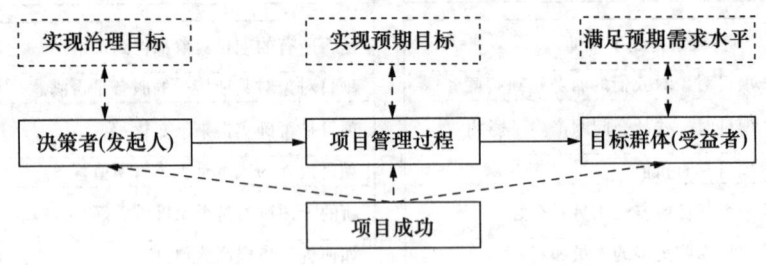

图 1-4　本书的研究视角

仅从总体上对研究视角进行诠释仍存在不足,还应明确促进公共项目取得成功的切入点和基本范式。不同研究对公共项目管理研究的切入点不同,其基本目标、着力点、理论基础和使用的基本工具均有可能存在差异。尹贻林(2010)对公共项目管理的切入点分为宏观、中观和微观三个层面,并对每个层面的目标、着力点和基础理论(工具)三个方面进行归纳,如表1-1所示。

公共服务项目取得成功涉及宏观、中观和微观三个层面的内容。这要求将项目成功的所有关键影响因素均整体性地纳入评价范畴,通过评价来倒逼公共服务项目各项决策坚持科学化、规范化和系统化等基本原则,进而通过科学评价来助推项目取得预期目标。本书力图通过有效评价,促进我国公共服务项目评价和实践能围绕"项目成功"展开工作,既要促进公共部门选择"对的"公共服务项目,又要保证将已选择的公共服务项目"做好"。总之,本书强调问题导向和坚持实用主义,即围绕如何更好创造公共价值这一主题,为实现项目成功和项目绩效的持续提升,综合运用各种评价方法和技术,力争构建出价值理性和工具理性统一的项目评价体系。

表 1-1　　　　　　　公共项目管理不同层面的比较

层面\维度	目标	着力点	理论或工具
宏观层面	实现公共项目与环境的和谐	确立合理的公共项目目标	利益相关者理论等
中观层面	实现公共项目契约组织的和谐、高效及善治	建立并维持协调的公共项目契约关系	公共项目治理理论等
微观层面	实现公共管理过程的和谐、高效	保证公共项目管理过程的流畅（合同的签订及管理）	合理的风险分担及争议的快速解决等

资料来源：尹贻林、杜亚灵：《基于治理的公共项目管理绩效改善》，科学出版社2010年版，序言，第1—3页。

三　研究内容

由于新公共管理盛行，公共管理领域曾一度陷入过于追求工具理性和忽略公共服务的价值理性，从而使公共管理陷入困境，即因为价值理性被工具理性掩盖而使公共管理偏离了应有的方向。本书认为，任何评价体系都是价值理性与工具理性的统一，并在此理念指导下开展公共服务项目评价体系相关研究，主要包括阐述公共服务项目评价的理论基础和构建评价指标体系。基于此，本书的重点研究内容包括如下四个方面：

第一，根据研究主题对公共服务项目评价相关文献和基础理论进行系统梳理。围绕"创造公共价值视域下的公共服务项目评价体系"这一主题，本书对公共服务项目评价体系相关文献综述和理论基础进行系统梳理。通过对公共组织绩效评价、公共项目评价和典型的公共项目评价体系的全面梳理，为公共服务项目评价体系的构建提供翔实的参考资料和设计的起点。通过对公共组织战略管理、绩效管理、项目生命周期、利益相关者、机制设计和委托—代理理论的简要论述，为公共服务项目评价体系的构建提供了全面的理论基础。

第二，阐述公共服务项目评价体系的构建基础。创造公共价值视角的项目评价体系，强调价值理性对工具理性的指引以及价值理性与工具理性的融合。关于公共服务项目的价值理性，本书认为，应该以使命为逻辑起点，以创造公共价值和维护公共利益为目标，通过聚焦公共需求和提供公共服务来具体实现价值理性的落地。关于评价体系的工具理性，本书坚持在公共组织绩效管理系统中，建立以公共需求为导向的完整的评价指标体系来实现。具体到我国公共管理实践中，要求我国公共组织真正践行党全心全意为人民服务的根本宗旨和坚持社会主义核心价值观，在整个公共服务过程中自始至终本着服务之心，尽心尽力地为人民群众做好公共服务；公共服务项目则是践行根本宗旨和核心价值观的具体措施或行动方案。价值指引确保了行动方案的方向和明确了评价的价值准则，行动方案则确保根本宗旨的落地。

第三，在项目逻辑模型的基础上，运用规范研究方法构建公共项目评价体系。评价体系构建首先需要构建符合基本理念的项目逻辑模型。具体来讲，评价体系的构建工作分为评价体系的总体设计和指标体系构建两部分。总体设计部分的构建，本书认为，需要破除"完美设计"的迷思，应该坚持通过建立基本流程和完整的评价体系，帮助公共服务项目所有利益相关者在评价实践中调整和改善自己的行为，最终促进项目取得成功。关于指标体系的构建，本书借鉴关键绩效指标和平衡计分卡的思想，力争使评价指标具有可测性、可操作性、可区分、可量化、可界定等特征，特别是通过引入平衡计分卡评价体系的完整结构，在评价指标体系中导入目标的概念，力争使评价指标体系具有"指挥棒"和"晴雨表"的双重功能。总体上讲，要求整个评价体系尽量做到规范化、科学化和简单化，力争通过科学有效的评价促进项目成功和项目绩效的持续提升。

第四，开展实证研究。为构建一套科学合理、简洁实用的公共服务项目评价体系，本书使用德尔菲法和专家问卷调查等方法对通过规范研究获得的评价指标体系进行修正和完善。然后，再使用最终构建出来的评价指标体系对典型案例进行试评价，并对项目评价进行讨论。另外，还应对本书构建的评价体系的延展性和适用性进行研究。最后得出研究的最终结论，并指出下一步研究方向。

第三节 研究方法与技术路线

一 主要研究方法

总体上讲，本书主要采用规范分析与实证研究、定性分析与定量描述、典型案例与比较分析相结合的方法。

（一）文献研究法

文献研究法是本书主要研究方法之一。创造公共价值的研究视角，决定了本书需要在"面向价值创造，进行价值科学评价，促进价值合理分配"的大体系中来考察公共服务项目评价体系的构建。本书对公共组织绩效、项目评价、典型公共项目评价体系等相关文献和公共组织战略管理、绩效管理、项目生命周期、利益相关者、机制设计与委托—代理等理论的梳理，始终坚持以构建有利于创造公共价值的评价体系为目标，即努力实现构建价值理性和工具理性充分融合、价值理性指引工具理性的公共项目评价体系。

本书通过对文献的系统梳理，明确了公共服务项目评价体系目前的现状和存在的问题，夯实了评价体系构建的相关理论基础，力争使评价体系的构建工作有基础也有理论依据；还对公共服务项目的价值基础和管理基础进行了全面分析，即对评价体系的价值理性及其通过管理过程落地的过程进行全面分析，为评价体系的构建奠定了基础。另外，在评价指标体系的构建中，也采用文献分析法，完成各维度评价指标的初步构建。

（二）实证研究法

本书对评价指标的修正、完善和试评价，主要采用实证研究相关方法。

第一，访谈法。本书使用访谈法，主要是在项目逻辑模型设计时对绩效管理专家和项目评价专家进行半结构化访谈，以便为开发项目逻辑模型和设计项目评价体系的基本结构提供参考。另外，在案例应用借鉴方面也在使用开放式访谈，全面了解项目基本情况。

第二，问卷调查法。在项目评价指标修正和完善、指标权重设计、案例分析等阶段均使用了问卷调查法，为构建完善的指标体系或进行案例试评价广泛收集相关数据。

第三，比较研究法。这主要是比较国内外相关公共项目绩效评价体系的基本理念、模式、内容、实施效果等，为本书构建的评价体系提供理论参考。另外，还需要通过比较研究方法，对本书构建的评价体系的延展性研究和适应性讨论予以讨论或说明。

第四，专家头脑风暴法。在初步筛选出评价指标之后，在指标选择和权重确定过程中，通过专家头脑风暴法选择和修正评价指标、确定指标权重。

第五，案例研究法。使用本书所构建的评价指标体系，对所选择的典型案例进行试评价，并对评价结果进行详细的分析和讨论。案例研究法中又嵌套了项目卷宗资料分析、访谈法、问卷调查等方法，最终通过完整项目的叙事分析，了解项目的全貌，并通过使用公共服务项目指标体系进行试评价，最后将叙事分析的情况和试评价结果进行对比分析，从而得出项目评价的初步结果。

二 技术路线

本书的技术路线具体包括研究设计、理论研究和实证研究、对策研究几个部分，各个部分的具体逻辑框架如图1-5所示。首先，本书按照提出问题、分析问题和解决问题的基本思路进行总体研究设计。其次，研究的主体部分包括理论研究和实证研究两个部分。理论研究主要包括理论构建和文献研究两个部分，而理论构建主要涉及核心概念界定、理论基础以及评价体系构建等内容，而文献综述部分主要是在公共组织系统中明确公共项目评价体系的研究现状，具体包括公共组织绩效评价、公共项目评价研究进展和典型的公共项目评价体系介绍三个部分的内容。实证研究则主要包括通过实证的方法对评价体系进行设计、修正和完善，并对典型案例进行系统全面研究，对评价体系进行修正或验证，并对评价体系的具体应用进行讨论。在对策建议阶段，主要集中讨论评价体系的延展性和适用性问题，并最后得出研究结论。

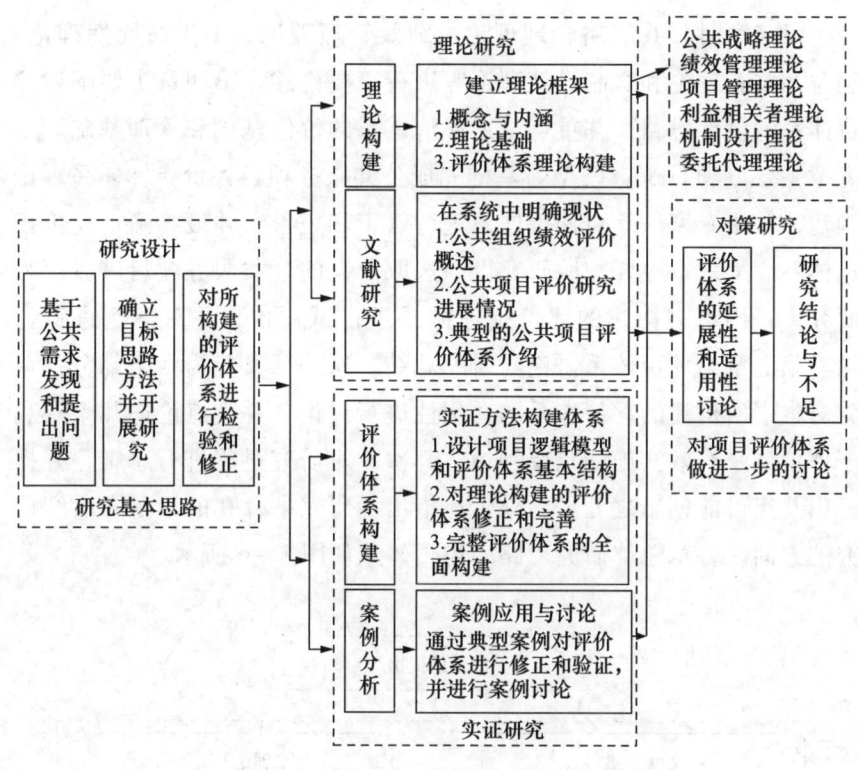

图1-5 技术路线

第四节 研究框架

总体上讲，本书采取直线研究设计模式，即以构建公共服务项目评价体系为主线，以项目逻辑模型为基础，构建公共服务项目评价体系，并对评价体系的延展性和适用性进行讨论，最后得出研究结论和提出进一步研究的方向。在研究设计上，力争使本书具有"问题导向明确、理论基础扎实和案例研究规范"等特点，并使这三个方面形成内在逻辑一致的完整体系。本书分为七章进行论述。第一章主要围绕研究问题对研究设计进行总体性论述，第二章主要对公共组织绩效评价、项目绩效评价研究进展和典型项目评价体系的基本现状进行梳理。第三章对公共战略管理理论、绩效管理理论、全生命周期理论、利益相关者理论和机制设计理论等进行简要论述。第四章主要阐述评价体系的设计思路，并重点论述评价体系的价值基础和管理基础。第五章主要以项目逻辑模型为基础完成公共服务项目评价指标体系理论构建，并用专家法等对评价体系进行修正和完善，并最终确定评价指标体系。第六章主要按照研究设计选取典型的公共服务项目进行深入研究，采用本书构建的评价指标体系进行试评价，并对案例进行讨论。第七章为评价体系讨论与研究总结。这一章又分为两个部分：首先对本书所构建的评价体系的适用性进行讨论，并重点论述几个有利于评价体系有效实施的重要领域。其次，对研究过程进行总结，并提炼出几点可能创新之处。另外，还指出了研究中存在的不足和后续研究的方向。各章总体研究思路的逻辑体系如图1-6所示。

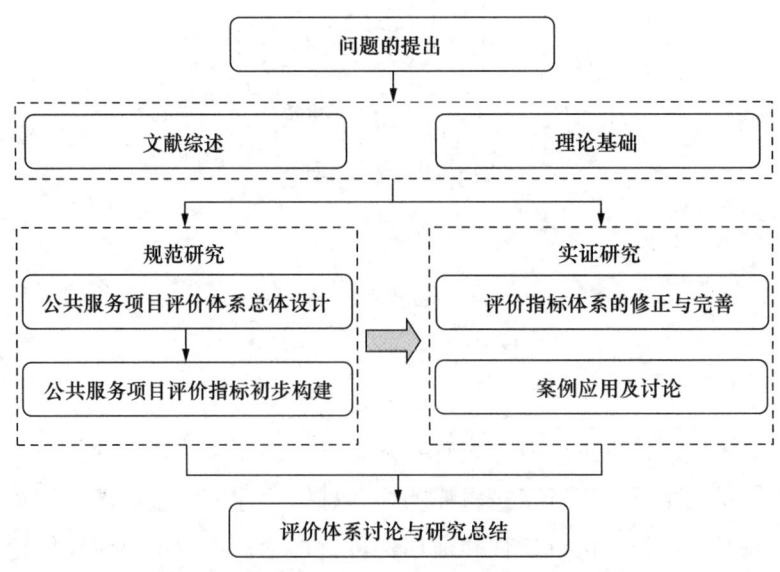

图1-6 研究思路逻辑

第二章 文献综述

公共服务项目是公共组织①实现战略目标的行动方案，项目成功是公共组织绩效实现的基础。因此，本书对公共组织绩效评价、公共项目评价和典型项目评价体系三个方面的文献进行梳理，以期在公共组织绩效体系中来把握公共服务项目评价体系的构建，为打通创造公共价值的完整路径提供经验借鉴和现实基础。

第一节 公共组织绩效评价研究综述

由于公共服务项目在本质上属于公共组织达成其战略目标的一个行动方案，因此，本书对公共服务项目评价体系的研究是在公共组织绩效管理系统的大环境中进行，认为公共服务项目评价体系与公共组织绩效管理体系相互协同才更利于获得项目成功。

一 公共组织绩效评价发展与演进

（一）公共组织绩效评价发展阶段划分

公共组织绩效评价最早可以追溯到1906年，布鲁尔（Bruere）等成立纽约市政研究院，开创了公共组织效率评价实践的先河。从布鲁尔等的实践至今，公共组织绩效评价实践已经经历了百余年的漫长发展历程，也有很多学者试图划分公共组织绩效评价演进历程的基本阶段。

---

① 公共组织的主体是各级政府，本书的文献综述通常以政府组织为研究对象，来反映公共组织绩效评价的现状，因此，在行文过程中公共组织和政府的概念交替使用，不做区分。

美国行政学家吉尔特·波科特（Geert Bouckaert）基于公共行政理论演进历程的分类标准，把政府绩效评价的发展历程分为四个阶段，即效率政府时期（1900—1940年）、行政官员政府时期（1940—1970年）、经理人政府时期（1970—1980年）和民营化政府时期（1980—1990年）。①虽然波科特由于时代的限制，没有对20世纪90年代之后政府绩效评价的发展历程进行研究，其划分标准也存在值得商榷的地方，但是，这几个阶段的划分也基本反映了当时公共行政理论的发展历程。美国行政学家尼古拉斯·亨利（Nicholas Henry）以如何测量公共生产力为依据，从管理视角将政府绩效评价划分为五个阶段，即效率政府时期（1900—1940年）、预算控制成本时期（1940—1970年）、管理效率与有效性时期（1970—1980年）、民营化的小政府时期（1981—1992年）以及新公共管理时期（1992年至今）。②但是这种分类与管理思想发展阶段的吻合程度也存在值得商榷的地方，比如，1970—1980年是管理主义的萌芽时期，在公共组织管理领域的真正兴起是在20世纪80年代之后，因此从20世纪70年代之后的各个阶段的划分存在交叉重叠的现象，而且各个阶段分野也不是非常明确。

我国学者也对绩效管理发展演变进行了探索和研究。朱立言和张强（2005）对美国政府绩效发展历程进行了研究，提出美国政府绩效评价发展历程可以分为萌芽时期（1900—1940年）、绩效预算③时期（1940—1980年）和全面发展时期（1980—2000年）三个阶段。朱立言等通过对美国政府绩效评价发展的考察，发现美国政府绩效评价的内涵是一个逐渐丰富的过程，第一阶段主要关注政府部门效率、行

---

① Bouckaert, G., *The History of the Productivity Movement*, Burke Chatelaine Press, 1995, 3, pp. 97–115.
② ［美］尼古拉斯·亨利：《公共行政与公共事务》，张昕等译，中国人民大学出版社2011年版，第60—68页。
③ 绩效预算通常是指根据达到的可计量结果来进行资源分配的过程，也叫以结果为基础的预算。该方法最大的优点是对那些要改进组织和政策工作的人提供了灵活性。参考［美］马克·G. 波波维奇《创建高绩效政府组织：公共管理实用指南》，孔宪遂、耿洪敏译，中国人民大学出版社2002年版，第125—126页。

政的投入产出分析，第二阶段重点关注政府的绩效预算和成本控制，第三阶段则着眼于政府的整体效率和绩效目标的实现，对绩效结果和有效性给予了重点关照。2000 年之后，美国政府绩效又有新发展，但是，鉴于时间限制，朱立言等没有对新发展予以考察。蓝志勇和胡税根（2008）将政府绩效评价分为四个阶段，即萌芽阶段（20 世纪初至 20 世纪 40 年代）、起步阶段（20 世纪 40—70 年代）、发展阶段（20 世纪七八十年代）和深化阶段（20 世纪 90 年代至今）。蓝志勇等认为政府绩效评价的形成和发展是西方发达国家行政体制改革的结果，同时也影响着各国政府体制改革的进程，政府绩效评价的核心理念是效率政府、顾客至上和公共责任。包国宪与道格拉斯·摩根（2015）将政府绩效管理范式看作是理解政府绩效的基础，从政府绩效管理范式（或称为公共行政的绩效范式）的发展与演变视角，对政府绩效发展历程进行了诠释。包国宪等将政府绩效管理范式分为五种基本范式，即前古典国家构建、传统公共行政、新公共管理、新公共治理和以公共价值为基础的绩效治理。① 包国宪等对政府绩效范式的划分，明确提出基于公共价值的绩效治理范式对公共组织绩效评价具有重要意义，有利于促进评价实践坚持正确的价值导向。

我国政府绩效管理基本思想主要来源于西方国家的研究与实践，但由于引进时间大大滞后于西方国家的发展阶段，因此，我国政府绩效评价的发展历程和基本特点与西方国家相比，大量存在交叉和重叠的地方。另外，由于我国国家性质和管理体制与西方国家存在较大差异，因此，我国政府绩效管理也需要一个中国化的过程。

周志忍（2007）将我国现代意义公共组织绩效评价发展历程分为三个阶段。第一阶段（20 世纪 80 年代中期到 90 年代初期）以"目标责任制"为主要特征，这一阶段主要以地方自愿探索为主，中央政府没有出统一的规范和要求。第二阶段（20 世纪 90 年代初期至 21 世纪初）是以经济目标自上而下层层分解为主要特征，这个阶段各级政

---

① 包国宪、道格拉斯·摩根：《政府绩效管理学——以公共价值为基础的政府绩效治理理论与方法》，高等教育出版社 2015 年版，第 2—3 页。

府制定了数字化的经济增长目标，层层分派给各级公共组织，从而形成一个金字塔目标体系；单位考核和官员任用均与目标完成情况挂钩。第三阶段（进入21世纪之后）是以构建科学的绩效评价体系为主要特征，这个阶段的一个突出特征就是通过目标责任制推动领导集体施政理念的贯彻落实，比如社会职能、公共服务、小康社会和绿色GDP等领域的绩效指标大量进入了公共组织绩效评价体系之中。蓝志勇和胡税根（2008）分别划分我国政府绩效评价理论研究和地方政府绩效评价实践探索发展阶段。他们将理论研究分为初步探索阶段（1994—1999年）、拓展阶段（2000—2003年）以及细化和创新阶段（2004年至今）。实践探索则被划分为三个阶段：第一阶段（20世纪80年代中期到90年代初期）是绩效评价的前身，主要包括目标责任制和效能监察；第二阶段（20世纪90年代初到90年代末期）是政府绩效评价的鼎盛阶段，绩效评价作为政府改革的工具发挥了重要作用，各级政府也在追求行政效率和服务质量的提升过程中形成了百花齐放的态势；第三阶段（21世纪以来）是公共组织新发展的阶段，各种评价模式初步形成。从蓝志勇等对理论研究和实践探索的阶段划分可以看出，我国政府绩效评价实践探索早于理论研究，但是，后期理论研究则对实践探索具有较大的推动作用。包国宪和周云飞（2010）将我国政府绩效评价分为萌芽期（1949—1993年）和发展期（1994年至今）两个阶段。其中，萌芽期主要关注的焦点是干部考核制度建设和领导作风制度建设；他们又将发展期分为三个小的阶段，初步探索期（1994—1999年）、研究拓展期（2000—2003年）和细化创新期（2004年至今）。方慧（2009）、唐兴霖和唐琪（2010）等也对我国政府绩效评价发展历程进行了阶段划分。

　　通过对政府绩效评价发展历程的文献梳理可以看出，对绩效管理发展历程的认识犹如盲人摸象，根据不同的分类标准，可以将政府绩效评价分为不同的发展阶段。但是，研究的总体趋势也反映出，公共组织绩效管理越来越注重整体性，研究领域也不断深入和完善。基于绩效管理的实践性特征，本书重点通过对美国和我国公共组织绩效评价的梳理，来管窥公共组织绩效管理的发展历程。

（二）美国政府绩效评价发展历程概述

美国政府绩效评价不仅体系完整，而且是公共管理理论研究和实践的重要阵地。对美国政府绩效评价发展历程的梳理，还可以明确政府绩效评价和项目评价的关系，从而为项目评价体系在整个政府绩效评价体系中找到准确定位。

最早关于绩效的探索，可以追溯到1887年，威尔逊在《行政学研究》一文中提出，行政的主要功能就是提高政策执行效率，以最低的成本追求最高的效率。此后，"效率至上"就成了公共行政的基本定律。纽约市政研究院成立的宗旨就包括提升政府效率，促进政府使用成本核算等科学管理方法，通过使用市政绩效报告促进市政业务公开透明。另外，美国1912年成立的经济和效率委员会与1916年成立的布鲁金斯研究院也对政府内部绩效进行研究，具体包括成本核算、预算以及雇员工作效率等。美国于1921年颁布了《预算会计法案》，第一次赋予了联邦政府正式的行政预算过程，从而确立特殊的历史意义。同时，美国还成立了联邦预算局和联邦审计总署[1]，分别负责编制预算和预算监督执行。古利克（Gulic，1937）认为，效率是好政府最基本的内涵。不过，1937年成立的（罗斯福）总统管理委员会认为，真正的行政效率主要应该转化为政府组织内在组成要素并转化为优质高效的公共服务，而不仅仅是指时间、成本的节约和文件材料的完善。[2] 从以上梳理可以看出，早期的政府绩效评价主要集中在如何提升政府效率这一主题上。

第二次世界大战后，为了提高政府效率和民众满意度，杜鲁门总

---

[1] 联邦预算局（Bureau of the Budget, BOB）1970年更名为联邦管理与预算局（Office of Management and Budget, OMB），联邦预算由该局完成，当时该局向财政部长报告工作；1939年该局从财政部转移至总统行政办公室，转而向总统报告工作。联邦会计总署（General Accounting Office, GAO）对国会负责（被称为"国会的看家狗"），以中立精神开展工作，负责调查、监督联邦政府的规划和支出，通常在审计报告中会给出提高资金使用的经济性和效率性的建议，2004年更名为政府问责局（U. S. Government Accountability Office, GAO），这反映美国政府问责局更加强调与政府的经济、效率和效果密切相关的审计使命。

[2] *President's Committee on Administrative Management*, *Administrative Management in the Government of the United States*, 1937. Jay M. Shafritz and Albert C. Hyde, *Classics of Public Administration*, 4th ed. Fort Worth, TX: Harcourt Brace, 1978, 1997.

统于 1947 年任命前总统赫伯特·胡佛组建胡佛委员会，展开了卓有成效的行政改革。为了推行政府厉行节约、提高政府效率和改善政府服务质量，胡佛委员会 1947 年就提出了绩效预算和标准的改革方案，提出应该从注重投入转向关注产出、过程并控制成本。改革的核心路径就是通过绩效预算①实现相关改革目标。胡佛委员会的改革在促进政府效率的量化评价，强化预算、管理和项目管理之间的融合等方面取得了一定的成果，但是，由于政府与国会在预算中存在矛盾，同时政府行为与运行成本没有严格结合，因此政府绩效评价没有真正开展起来。1949 年，国会通过了《1947 年国家安全法案》的修正案，确立了在国防部实行项目/绩效预算。② 1950 年，国会通过了《预算和会计程序法案》，确定了在联邦机构中推广项目/绩效预算，该法案明确了行政部门的会计责任和审计总署的审计责任，明确了审计总署的工作中重点在于行政活动有效性的改善，促使审计工作更加有效，从而使美国初步进入新的预算时代和审计时代。由于"计划—项目—预算制度"（Planning Programming Budgeting System，PPBS）在通用汽车公司、国防部等组织中运行的成功，约翰逊总统于 1965 年下令在联邦各部门中推广"计划—项目—预算制度"③，通过建立长期规划目标，按项目要求并运用定量分析方法编制预算，以提升政府效率和资源配置效果。计划—项目—预算制度不仅考虑投入产出，还关注最后效果和备选方案，有利于提高预算支出的效率。

在"计划—项目—预算制度"之后，美国预算改革还经历了目标

---

① 胡佛委员会提出的绩效预算改革主要聚焦在与行政目标相关的功能和活动上，即要求联邦政府部门明确其职能范围和工作量，并使国会和公众能够清楚了解政府部门的运行成本和工作量。详细论述请参见 GAO/AIMD-97-46 Performance Budgeting。

② 项目/绩效预算是一种资源配置系统，既可以指注重在公共项目预算中的项目预算，也可以指组织机构绩效及其测评的绩效预算。随着项目问题和绩效问题的快速普及，公共行政人员和决策者都系统从预算中获得更多关于公共政策的信息，但是，项目/绩效预算在这方面的局限性很明显表现出来，因此很快被"规划—项目—预算"制度取代。

③ 由于计划—项目—预算制度实施过于复杂，导致其没能在联邦政府中获得完全推广，并且在 20 世纪 60 年代末就被很多部门摒弃。另外，英国和加拿大财政当局也曾采用该制度，但是，最终都因其存在难以克服的缺点而被逐渐弃置。不过，美国国防部作为一个例外，至今仍然一直使用该项制度。

预算（1972—1977年）、零基预算（1977—1980年）和目标基准预算（1980—1992年）等阶段①，直到1993年的《政府绩效与结果法案》（Government Performance and Results Act of 1993，GPRA）确定结果导向预算，美国政府预算才找到一种更加实用的绩效预算方式。戴维·奥斯本（David Osborne）和特德·盖布勒（Ted Gaebler）认为，预算是政府管理最重要的手段（最有力地促进行为的制度），预算制度改革是提高效能、保持高绩效的常用措施。② 从以上改革可以看出，预算在美国政府绩效改革实践中始终居于核心地位。

GPRA的通过掀起了美国政府绩效评价的高潮，也推动了美国政府绩效评价的全面发展。可以说，GPRA是美国政府历次绩效管理改革的集大成。GPRA内容充实，包括标题、发现与目的、战略规划、年度绩效计划与绩效报告、管理问责和灵活性、试点项目、美国邮政服务、国会监督与立法、培训、法案应用、技术与整合修订11个部分。

GPRA首先是为了回应国会的问题，集中体现为联邦项目管理出现的各种问题，比如，联邦项目的浪费和低效，破坏了美国公民对政府的信心，也削弱了政府满足公共需求的能力；项目目标可操作性和绩效信息的缺损导致政府无力提高项目效率和效果；对项目绩效结果的忽视限制国会的政策制定、预算决策和项目审计。其次，GPRA的目的就体现在如下几个方面：政府重塑公民对政府的信心；设定绩效

---

① 目标预算（Budgeting by Objectives，BBO）是借鉴目标管理（Management by Objectives，MBO）思想发展起来的一种预算资源配置系统，具体是指组织成员参与制定组织目标和组织目的的设定，并基于组织目标和组织目的实现程度来配置资源；尼克松总统时期就推行了以目标管理为特色的行政改革。零基预算（Zero–Base Budgeting，ZBB）要求各组织定期评价其所负责的全部项目并在机构预算建议中提出每个项目存续还是终止，即从一个假设的"零基"自上而下地重新评价各种项目。这种预算方式更加重视备选方案，而对投入产出及其效果却不够重视。目标基准预算是一种面向组织的资源配置方式，行政首长可以自行设定其任务目标或预算限额，但是，各部门主管需要在下一年度说明目标达成情况。这种预算形式与其他预算形式并存，比如零基预算就被用来帮助目标基准预算的顺利执行（详细论述请参考［美］尼古拉斯·亨利《公共行政与公共事务》，张昕等译，中国人民大学出版社2011年版，第127—132页）。

② ［美］马克·G. 波波维奇：《创建高绩效政府组织：公共管理实用指南》，孔宪遂、耿洪敏译，中国人民大学出版社2002年版，第119—120页。

目标、制定管理办法,并发起项目绩效改革;重视绩效结果、服务质量和顾客满意度,提升联邦项目效果和对公民诉求的回应性;加强项目战略规划和目标细化,提供项目结果和服务质量、项目预算的相关信息,以帮助联邦工作人员提升服务质量和国会优化决策;改善联邦政府的内部管理质量。

GPRA还确定了政府绩效管理完整的管理体系,具体确立包括战略规划、年度绩效计划和年度绩效报告三项报告制度。战略规划的基本内容具体包括机构使命;总目标和分目标;关于如何实现目标的说明;绩效目标与规划中总目标和分目标相关对应的说明;对关键影响因素的申诉性说明;对项目评价的说明;对战略规划期限和修订的说明(至少提供五年规划,并且至少三年应该修订);规定绩效计划应该纳入战略规划;战略规划制定时应该与国会沟通等。年度绩效计划是各部门都应该制订的,并且应该覆盖每一个已经列入预算的项目活动。年度绩效计划具体内容包括:制定绩效目标,确保用客观的、可量化和可衡量的形式表述目标(在经预算管理局授权的情况下才允许使用可替代的方式表述),并确定项目活动必须达到绩效标准;建立绩效指标,以便于测量或评估绩效结果、服务水平和项目活动;应提供实际项目活动结果与绩效目标对接的基础;陈述用于检验或测量价值的方式。绩效计划还规定,一个机构可以聚合、分解或巩固项目活动,但不能忽略或弱化与该机构的主要职能和规程相关项目活动的重要意义。年度绩效报告是GPRA的核心内容,规定每年3月31日前各机构必须提交给总统和国会。报告应通过绩效计划中绩效目标、绩效指标与项目实际绩效的比较,来判断项目是否达到项目成功的最低绩效标准。每项报告均应该包含如下内容:回顾本财年达成绩效目标的成就;对照绩效目标,评价本财年绩效计划执行效果;对绩效目标没有达成的原因进行解释说明;描述绩效报告使用情况并评价绩效目标有效性,同时对本财年项目评价做一个简要总结。

戴维·奥斯本和彼得·普拉斯特里克(Peter Plastrik)认为,灵活的绩效框架是一种将分离的职能分属不同的组织,通过契约明确阐释组织目标、预期结果、绩效后果及管理灵活性的元工具。① GPRA通过长期战略规划、年度绩效计划和年度绩效报告对绩效管理体系的全面规范,为政府绩效管理建立了绩效框架,为规范和完整于政府绩效管理体系提供了基础性条件。

为了回应公民要求精简机构、强化监督和提高效率的诉求,克林顿政府于1993年还成立了以副总统戈尔为首的"国家绩效评审委员会"(National Performance Review,NPR);同年9月,该委员会发表了《从繁文缛节到结果导向——创造一个花钱少、工作好的政府》(又称《戈尔报告》)的报告。在该报告中,NPR总体上在坚持简化规制、顾客优先、授权与结果导向、节俭效益等原则的指导下共提出了384条建议,其中294条被采纳;该报告标志着美国新一轮的政府绩效改革全面展开(何晓柯,2008)。1993年9月,克林顿政府发布了《设立顾客服务标准》,建立了联邦政府各部门的顾客服务标准,并提供公共服务选择的资源和手段。②

GPRA在实施过程中,取得了巨大的成功但也陷入了新的困境,这方面国内学者都已经有不少论述(葛洪,2004;张强,2005;林鸿潮,2005;何文盛,2012)。GPRA推动了美国政府绩效评价实践的全面发展,其最重要的贡献是为联邦政府绩效评价体系建立了系统的法律框架,为政府和国会持续深入开展绩效评价活动提供了可能性,促进联邦政府机构强化其战略规划和改善其绩效结果表现;③ 以绩效目标为纽带,绩效评价活动加强了政府机构之间的伙伴关系,在一定程度上促进了联邦政府机构以及各级政府之间的协同;也提升了普通公民对政府的信任。但是,GPRA的实施过程中仍然存在诸多问题。早在2000年,著名行政学家伯瑞尔·雷丁(B. A. Radin)就撰文指

---

① [美]戴维·奥斯本、彼得·普拉斯特里克:《再造政府》,谭功荣、刘霞译,中国人民大学出版社2010年版,第72页。

② 相关顾客服务标准的详细规定参阅 Executive Order 12862: Setting Customer Service Stds。

③ 巴里·怀特(Barry White)供职于联邦政府绩效委员会,该主题的详细论述请参考 Barry White, Performance - Informed Managing and Budgeting for Federal Agencies: An Update, Council for Excellence in Government, 2003。

出,GPRA 没有对公共政策和预算过程产生预期影响,并且它的实施还与现行政策规定与决策机制具有严重冲突。① 比如,GPRA 实施要求政府管理具有更大的灵活性和弹性,需要不断突破现有规则和程序的束缚,但是,依法行政的传统要求政府必须接受法律、规制和程序的约束;相关改革还导致了效率与公平的冲突。因此,可以在某种程度上说该法案最初设计的增强行政管理灵活性的改革遭到了失败。尽管 GPRA 在很多机构都进行了推广,但是,很多机构的领导都不够重视,具体推行很大程度上则流于形式;在实施过程中与绩效预算和绩效结果的联系不够密切,从而导致各机构将其当作提高绩效的目的和手段的内在动力不强。联邦机构内部管理复杂、绩效评价涉及利益相关者众多,GPRA 对这些复杂性的不适应也导致其实施效果大打折扣。另外,政府绩效评价在很大程度上依赖政府机构提供绩效信息,这常常导致"报喜不报忧"的情况在各机构大量存在(即存在过滤绩效信息的行为)。另外,由于公共服务信息收集本身也需要成本和时间,并且质量难以保障,因此,这对于绩效评价实现科学高效的目标是一个致命的制约。这些问题造成公共项目评价和政府组织绩效评价存在很大的困难。直到 2010 年,美国国会在继承 GPRA 优势的基础上,通过了《政府绩效与结果法案修正案》(*GPRA Modernization Act of 2010*,GPRAMA),对 GPRA 存在的缺陷进行了修正和完善。

  修订后,GPRAMA 的内容比 GPAR 增加了 5 项(第 11—15 项),从内容上更加完善,具体包括:标题与目标;战略规划修订;年度绩效计划修订;绩效报告修订;联邦政府和机构优先目标(Agency Priority Goal,APG);季度最新进展的回顾和绩效信息的使用;联邦政府项目、优先目标和结果的透明度;机构首席运营官;机构绩效改进官和绩效改进委员会;绩效计划和报告格式;减少重复和过时的机构报告;绩效管理技能和能力;技术和协调的修订;本法的实施;国会监

---

① 伯瑞尔·雷丁对 GPRA 存在的问题在如下论文有详细论述:Radin, B. A., "The Government Performance and Results Act and the Tradition of Federal Management Reform: Square Pegs in Round Holes?" *Journal of Public Administration Research & Theory*, 2000 (10), pp. 111 – 135。

督和立法。

GPRAMA关于战略规划、年度绩效计划和绩效报告的修订是绩效评价体系关注的焦点之一。关于战略规划的修订主要体现在如下几个方面：期限改为每四年一次，并且修订期限与总统任期进行调适；在内容上，除GPRA的规定外，还要求对任务、绩效目标和长期目标进行全面描述，并且详细描述机构目标是如何支撑政府宏观优先目标，并明确这些目标如何与国会和相关单位相融合的。关于绩效计划的修订则主要增加了如下几个方面：在内容上，包括为实现政府优先目标建立相应的绩效目标，明确组织机构、规范制度、项目活动、具体政策等是如何帮助实现政府优先级目标的，确定政府优先目标的主责机构和主责官员，确立项目评价进程的绩效指标，明确各类机构必须直面的挑战及相应的解决对策；在流程上，首先递交管理与预算办公室，并向国会递交一份完整的预算副本，同时保证预算公开；要求列举前后两个财年的绩效目标；还增加使用了顾客服务评估、效率评估等座右铭专业术语。关于绩效报告的修改，主要体现在如下几个方面：报告要求及时提交给总统和国会，并确保在网上及时更新相关信息；关于报告及时性，从没有明确规定到要求至少每年一次，并规定最迟提交报告不能超过本财政年度末的150天。[①]

高质量的绩效信息是绩效评价系统的重要保障，同时绩效信息还应该保持透明度和公开性，这是保障绩效评价结果导向的基础，也是国会和公众对政府绩效监督的基础。绩效报告制度是美国政府绩效评价体系的重要组成部分。GPRAMA规定联邦机构除要求在形式上有公开绩效报告之外，还对报告质量也有要求；要求各联邦机构公开解释他们是如何确保用于评估进展为其优先目标绩效信息的准确性和可靠性。GPRAMA规定各联邦机构在公开报告其优先目标时需要注意如下几个方面：绩效信息应如何验证和确认；数据来源；预定使用的精准性要求；关于精准性要求的限制；在必要的情况下，如何弥补存在限

---

① U. S. Government Accountability Office, *Managing for Results: GPRA Modernization Act Implementation Provides Important Opportunities to Address Government Challenges*, 2011.

制以达到精准性要求。政府问责局（GAO，2015）曾对选定机构优先目标相关绩效信息的质量进行调研，认为联邦机构公开报告还需要更大的透明度。[①] 在2013年联邦管理者调查的基础上，GAO选择农业部、国防部、内政部、劳工部、航空航天局和国土安全部六个机构绩效信息使用状况进行了研究，虽然这些机构都描述了它们如何确保绩效信息的整体质量，但调查仍表明并不总是向国会和公众清晰透明地解释其如何确保绩效信息质量。六个机构优先目标（APG）绩效信息质量分析如表2-1所示。

表2-1 选定机构绩效计划和绩效报告（2013—2016财年）
APGs绩效信息质量分析

机构名称	各机构如何确保绩效信息整体质量的描述	APGs数量（2014—2015财年）	APG如何达成GPRAMA绩效信息质量要求的描述
农业部	是	3	0
国防部	是	4	0
国土安全部	是	3	3
内政部	是	6	0
劳工部	是	3	0
航空航天局	是	4	0
合计	6个"是"	23	3

联邦管理与预算局（OMB）和绩效改进委员会（PIC）还于2015年2月成立了一个跨部门的工作小组负责提升绩效信息质量，并确定了提高绩效信息可靠性和质量等具体目标。GAO建议各机构与OMB合作来确保其APG绩效信息的质量，还建议OMB和PIC的工作应该重点研究通过提高PIC数据质量来提高APG公开报告的质量。

---

① U. S. Government Accountability Office, *Managing for Results: Greater Transparency Needed in Public Reporting on the Quality of Performance Information for Selected Agencies' Priority Goals*, 2015.

（三）我国政府绩效评价的发展历程

我国政府从改革开放之后就开始引进西方管理理念和管理工具，探索建立高效、协调和规范运行的公共管理体系，发起了以理念变革、职能转变、组织结构调整等为特征的一系列改革。其中，绩效管理作为"最高效管理工具"①，逐渐被引入到我国公共组织改革舞台的中央。我国政府绩效评价的研究滞后于我国绩效评价实践的探索，倪星（2008）认为，我国真正意义上的政府绩效评价研究应该从周志忍教授1994年发表《公共组织绩效评估——英国的实践及其对我们的启示》算起。左然（1994）也翻译介绍了大卫·伯宁翰的《英国地方政府中运用绩效评估尺度的观察》一文，以介绍国外经验的形式启迪着我国学者和政府官员关注政府绩效评价这一重要领域。我国政府绩效管理实践的探索是从20世纪80年代开始的，实践探索要早于理论研究，因此本书以我国政府评价实践为主线简要梳理我国政府绩效评价发展历程。

我国政府绩效的早期探索可以从新中国成立初期的干部鉴定或干部考察开始。1979年，中组部发布了《关于实行干部考核制度的意见》，将"德才兼备"确定为干部考核的基本原则，考核内容则应该包括德、能、勤、绩四个方面；确定了应该坚持平时考察和定期考核的考核方法，还规定了干部考核的组织工作应该在党委领导下，由各级组织、人事部门负责；规定各级政府应该加强改革试点，到1981年就应该普遍建立起干部考核制度。另外，党的作风建设对政府绩效价值导向具有指引作用。新中国成立前，党的干部作风过硬，但是，新中国成立后，工作作风②就出现了问题。这一点在国务院政府工作报告中有体现，比如1955年和1960年的《政府工作报告》都提出，要进一步改进工作作风的问题。改革开放以来，我国领导作风建设也

---

① *Executive Session on Public Sector Performance Management*, John F. Kennedy School of Government, Harvard University. Get Results Through Performance Management: An Open Memorandum to Government Executives, State and Local Version, 2001.

② 工作作风是政府机关及其工作人员精神面貌、领导水平、办事效率、服务质量的外在表现。

在持续进行，特别是以习近平为总书记的新一届领导班子更是将领导干部作风建设提升到了一个新高度。①

虽然干部绩效评价与政府绩效评价具有很大的关联性，并且所有政府绩效目标都是由领导干部和公共服务人员完成。但是，严格来讲，领导干部的考核和作风建设主要是侧重于个人，而政府绩效评价则更加强调组织绩效。因此，我国政府绩效评价的管理探索，应该从20世纪80年代开始，我国在借鉴目标管理理论的基础上探索建立目标责任制开始。《关于建立国家行政机关工作人员岗位责任制的通知》（1982）和《关于逐步推行机关工作岗位责任制的通知》（1984）两个文件开启了我国建立岗位目标责任制的探索。经过几年的努力，目标责任制在全国范围内初步建立起来，并为进一步发展成为目标管理责任制②奠定了基础（尚虎平，2008）。此后，目标管理责任制在深度和广度上均在全国范围获得了较大的发展，可以说目标责任制的全面推行为我国政府绩效评价奠定了基础，也对我国政府绩效评价产生了深远的影响。

山西省运城地区行署办公室于1994年试行"新效率工作法"，成为我国学术界公认的现代意义的政府绩效评价实践的标志性事件，也成为政府绩效实践探索的"分水岭"（包国宪，2010）。我国政府绩效评价实践探索由此前的公务员和领导干部绩效考核、工作作风建设

---

① 习近平为总书记的新一届领导班子更是将领导干部作风建设带到一个全新的阶段，掀起了作风建设的新高潮。他在十八届中央政治局常委与中外记者见面会时就做了作风建设的政策宣言，指出领导干部应该始终保持同人民群众的血肉联系，牢固树立正确政绩观，多做打基础、利长远的事，不搞脱离实际的盲目攀比，不搞劳民伤财的"形象工程""政绩工程"，坚决反对形式主义、官僚主义。习近平还指出，新形势下，我们党面临着许多严峻挑战，党内存在着许多亟待解决的问题。尤其是一些党员干部中发生的贪污腐败、脱离群众、形式主义、官僚主义等问题，必须下大气力解决。他还强调中国共产党应该坚持党要管党、从严治党，切实解决自身存在的突出问题，切实改进工作作风，密切联系群众，使我们的党始终成为中国特色社会主义事业的坚强领导核心。具体来讲，新一届班子开展反四风、反腐败，以及"三严三实"教育都是领导作风建设的重要行动。

② 所谓的目标管理责任制，就是政府或机关单位首先确定其总体目标和工作任务（周期通常为一年），然后按照行政隶属关系向下层层分解、逐级落实，并制定考核办法和奖惩措施；目标经过层层分解通常最终会分解到个人，这样，就实现了组织考核与个人考核的统一。最后根据目标任务完成情况进行考核，并根据考核结果执行奖惩办法。

萌芽阶段，正式进入了组织层面的探索。同时，我国各地也涌现了不同形式的实践探索。1994年6月，烟台市借鉴英国和中国香港的管理经验，在市建委试行"社会服务承诺制"，开展了城市社会服务质量的治理。1995年，福建省政府开始了政府效能监察的探索，并于1997年在漳州市试点机关效能建设，着力解决机关"吃拿卡要"的顽疾。1998—1999年，沈阳、珠海、南京、扬州、江门、乌鲁木齐等地纷纷开展"万人评政府"的实践。

从1994年开始，学术界开始对国外政府绩效评价研究与实践的介绍，同时也对我国绩效评价实践的经验和存在的问题进行了比较全面的研究，逐渐推动各地政府绩效评价实践走向规范化和科学化发展的道路。1999年年初，国务委员兼国务院秘书长王忠禹同志批示中国行政管理学会开展调研，研究机关工作效率。中国行政管理学会联合课题组在1999—2002年，从研究设计到组织调查，具体调研了北京、山西、青岛、厦门的绩效管理实践，试图提出适用于我国政府机关的绩效评估基本原则、指标设置标准、指标体系要素要求等。

2004年是我国政府绩效评价探索实现跨越的一年，政府绩效评价从地方自主探索走向了有组织和有规划的探索。2004年3月，国务院颁布了《全面推进依法行政实施纲要》，明确指出了"要积极探索行政执法绩效评估和奖惩办法"；同年10月，《国务院工作规则》（修订稿）要求"建立健全公共产品和服务的监管和绩效评估制度，简化程序，降低成本，讲求质量，提高效益"。这两个文件标志着中央政府正式拉开了"绩效评价"实践的帷幕。2005年3月，《国务院2005年工作要点》规定，要"探索建立科学的政府绩效评估体系和经济社会发展综合评价体系"，这标志着我国中央政府正式开始推行政府绩效评价。2006年9月，温家宝在"加强政府自身建设、推进政府管理创新电视电话会议"上指出，绩效评估有助于引导政府和公务人员树立正确导向，也是政府问责的基础，应抓好相关制度建设，推进试点工作并总结推广。2007年，十七大报告明确指出，"要提高政府效能，完善政府绩效管理体系；建立以公共服务为取向的政府业绩评价体系，建立政府绩效评估机制"。2008年2月，十七届二中全会通过的《关于深化行政管理体制改革的意见》指出,"推行政府绩效管理和行政问责制度,建立科学合理的政府绩效评估指标体系和评估机制"。党中央和国务院一系列的文件为我国开展绩效评价改革提供了决策依据,也指明了探索方向。

2007年以后,人事部在全国确定了多个绩效评价工作联系点,筹备成立专门的绩效评价机构。国务院决定由纪委监察部来牵头绩效评价试点工作,并于2011年建立政府绩效管理工作部际联席会议制度,发布了《关于开展政府绩效管理试点工作的意见》,国务院也批复了监察部开展绩效管理试点工作[1],为全面推行政府绩效管理制度探索积累经验。但是,纪委监察部于2013年优化了内部机构设置,新设立党风政风监督室,撤销执法监察室、绩效管理监察室,新设立执法和效能监督室,改革后纪委监察突出了主责,集中精力抓好党风廉政建设和反腐败工作[2],于是国务院将中央政府绩效评价工作和相关职能转移到中编办监督检查司。

从以上梳理可以看出,虽然公共服务项目作为重要的公共服务形式,但是在我国政府绩效评价体系中,项目评价仍然没有引起足够的重视。我国政府绩效管理体系不完善和不规范的现状,对公共服务项目评价体系的科学构建也将产生一定的制约作用。

二 公共组织绩效管理复杂性分析

(一)公共组织绩效管理进行复杂性分析的必要性

20世纪80年代以来,"复杂性"迅速成为一种研究新范式,在自然科学和工程技术各个领域获得广泛的应用,在社会科学领域也逐渐受到重视。乔治·考温(George Cowan)称复杂性科学为"21世纪的科学",史蒂芬·霍金则断言21世纪将是复杂性的世纪。公共管理

---

[1] 监察部选择北京市、吉林省、福建省、广西壮族自治区、四川省、新疆维吾尔自治区、杭州市、深圳市8个地区进行地方政府及其部门绩效管理试点,国土资源部、农业部、质检总局进行国务院机构绩效管理试点,发展改革委、环境保护部进行节能减排专项工作绩效管理试点,财政部进行财政预算资金绩效管理试点。

[2] 《中央纪委监察部机关带头落实八项规定精神》,http://www.gov.cn/gzdt/2013-11/04/content_2520759.htm。

领域中已经有学者认识到复杂性科学的重要性，20 世纪 90 年代就有学者在公共管理领域开展了混沌非线性等系统复杂性的研究。[①] 金吾伦和郭元林（2004）等学者对复杂性与组织管理进行比较研究，发现了组织管理和复杂性具有非线性、分形、等级层次间的递归性、不稳定性、充满反馈环和潜在分叉点和涌现等特点。

目前，学界对复杂性概念还没有统一的认识，根据霍根的总结，仅仅是有关复杂性概念的确切定义，目前在国外自然科学和工程技术领域就达 30 种以上。[②] 总体上看，复杂性包含以下重要思想：混沌、混沌边缘、涌现、吸引子、相变、适应性、分形、对称破缺、自组织临界性、自组织、整体性、非线性、不确定性、生成关系等。另外，著名科学家钱学森（1990）提出的"复杂巨型系统"的概念在多个领域都有广泛应用。复杂巨型系统是指子系统种类多、层次复杂，并且子系统间的关联关系复杂；如果与外界有能量、信息或物质的交换，就是开放的复杂巨型系统。成思危（2000）认为，学术界关于复杂巨型系统的理解主要是描述其"多样型"的复杂性，并从七个方面对复杂系统进行界定。根据复杂性和复杂系统的概念界定，公共组织系统属于典型的复杂巨型系统。公共组织具有种类多、涉及面广、结构复杂、职能庞杂、价值多元化等特点；在公共管理实践中，公共管理无序、信息不畅、人际摩擦等问题，导致了组织系统内耗、效率低下、管理成本超高、管理目标偏移或错位，甚至整个公共管理系统衰退等现象还大量存在。

有学者引入热力学理论中"熵"概念来描述公共管理实践中的复杂系统混乱和无序程度，提出"延缓或降低'熵'增并强化'负熵'的流入"是保障公共组织系统获得高绩效的关键措施（熊学兵，2010）。公共组织的复杂性还决定了传统简单控制导向的失灵，但具有战略性、前瞻性和灵活性的新型复杂性管理模式又没有完全建立起

[①] Evans, K. G., "Review: Chaos as Opportunity: Grounding a Positive Vision of Management and Society in the New Physics", *Public Administration Review*, 1996 (5), pp. 491-494.

[②] ［美］约翰·霍根：《科学的终结》，孙雍君等译，远方出版社 1997 年版，第 329 页。

来（郑家昊，2014），如何在新形势下提升公共组织绩效也成为世界性难题。因此，对公共组织绩效管理的复杂性进行全面分析，探索如何顺应复杂巨型系统的内在要求，以便建立高绩效系统，就显得尤其迫切。

（二）公共组织绩效管理的复杂性分析

复杂性科学认为，复杂性是组元的函数，认识一个事物需要在系统中全面考察。在通常情况下，公共组织绩效体现为一个多维构建，即公共组织在实现其组织目标过程中的行为过程和结果表现既包含成果数量、成本等绝对量，也包括成果质量、效果等相对量。具体来讲，公共组织绩效是组织使命、核心价值观、愿景和战略的体现，基本要素包括竞争、时间、质量、创新、效率、效果、公平、成本等，这些要素与公共管理过程，即"资源—输入—活动—输出—成果—影响"的完整过程是充分匹配的（吴建南、阎波，2004）。从复杂性范式来看，公共组织绩效概念的内涵和外延的构成均非常复杂，即公共组织绩效组元构成复杂，因此公共组织绩效作为这些组元的函数也具有高度的复杂性。

在绩效管理实践中，公共组织绩效构成非常复杂，通常包括组织绩效、部门绩效、个人绩效、政策绩效、项目绩效、绩效预算和绩效审计等。但是，从绩效管理发展历程来看，目前公共管理学界对各类绩效管理的全面整合还存在欠缺。因此，探索如何在公共战略导向下更好地实现公共组织绩效系统绩效的持续提升具有重要的战略价值。

由于公共组织内外环境的复杂性，公共战略既要保障指引方向的稳定性，又要保障管理系统的适应性，从而使公共战略的制定和执行都非常复杂（张铁男等，2009）。在公共组织系统中，组织顶层设计不明确导致了组织战略对绩效管理系统的牵引作用不明显，这使地方政府绩效系统被动反映上级政府要求的特点更加突出。通常地方政府绩效目标除根据本级政府自身战略来确定之外，还有很多工作来自上级政府和职能部门的工作要求。同时，我国公共组织具有组织职能庞杂、组织层次多、条块分治、协同难度大和地区不平衡等特点，这导致了我国公共组织绩效管理系统具有很高的复杂性。由于网络化和信息化使社会表现出高度复杂性和高度不确定性的特点,公共组织仅用传统的绩效管控手段已经难以取得良好的治理绩效。西方发达国家因此而非常关注项目绩效、政策绩效、绩效预算和绩效审计。其中,项目绩效对公共组织重要的临时性工作进行全面关注,而政策绩效则致力于对公共政策的效果进行有效的监管;绩效预算和绩效审计则对组织内各种绩效的资源投入和约束、责任制等进行全面关注。

(三) 公共组织绩效复杂系统的内在逻辑

如何化繁为简并找到理顺公共组织绩效管理复杂系统的方法,创造较高的管理绩效,就成为公共部门绩效管理必须直面的问题。在管理实践中,如何将绩效管理统一在创造公共价值的管理体系中,仍然是一个有待解决的复杂问题。虽然世界很多国家都对公共组织绩效管理进行了探索和研究,但公共组织绩效管理理论研究和实践探索都陷入了杂乱无序的泥潭,仍没有取得突破性进展。

平衡计分卡作为化解公共组织复杂性的战略性绩效管理工具,为我们探索走出复杂系统创造了条件。在以平衡计分卡为基础的战略性管理系统中,强调以组织绩效为核心,在确定顶层设计的基础上绘制战略地图,然后确定平衡计分卡二维表格,具体包括绩效目标、指标、目标值、行动方案、预算和责任制等栏目。① 战略地图为组织绩效确立以使命和核心价值为指引的绩效管理提供了载体,而组织绩效管理的平衡计分卡二维表格,可以厘清组织绩效与个人绩效、项目绩效、政策绩效、绩效预算以及绩效审计的逻辑关系。通常,公共组织的每一个绩效目标均应制定特定的行动方案,这在公共管理领域常常体现为特定的公共政策或公共项目,而所有的行动方案均需要相应的预算以确保得到切实的执行,并且执行的效果如何还需要有明确的责任主体,否则会造成绩效系统空转甚至不转的现象发生。这个过程体现在绩效管理领域,就要求相关环节涉及的公共政策、公共项目、预算以及责任制均有较高的绩效表现。

虽然从理论上厘清组织系统内各类绩效管理的逻辑关系仍存在困

---

① 方振邦:《战略性绩效管理》,中国人民大学出版社2014年版,第68—84页。

难,但是,在管理实践中却有鲜活的案例诠释的公共组织绩效系统的复杂逻辑关系。比如,促进人与自然和谐相处、大力推进生态文明建设已经成为党和国家发展战略的重要价值选择,全国各级党委政府据此制定了各种发展规划和促进本地低碳绿色发展的具体措施。具体来说,北京市党委政府据此制定了系列"提升空气质量"的绩效目标,并采取搬迁高污染企业、汽车限行等政策,其中首钢整体搬迁就是实现该目标的重大项目之一,这些政策和项目的推行都需要预算支持才能变为实际行动,通常政策与项目执行的效果则需要全面审计来实现。这些工作从内在逻辑上看,都是创造"低碳绿色发展"价值链上的关键环节,并且这些工作执行的过程及其最后的效果都需要进行评价,该案例诠释的公共组织绩效管理各要素的内在逻辑如表2-2所示。

表2-2 公共组织绩效管理复杂系统的内在逻辑(示例)

栏目	绩效目标	绩效指标	目标值	行动方案	预算	责任制
示例	提升空气质量	PM2.5指数	略	汽车限行	略	略
		空气质量二级天数	略	首钢搬迁	略	略
备注	组织绩效			政策绩效 项目绩效	绩效预算	绩效审计

从以上梳理可以看出,公共服务项目评价体系应该纳入政府绩效评价系统进行综合考虑,才能有利于通过公共服务项目助推公共战略的顺利落地。

第二节 公共项目评价研究进展

政府绩效评价的深入开展为公共项目评价提供了基础性保障,但是,公共项目评价比政府组织绩效评价还要更加深入,并且在层次上还深入很多。公共项目评价总是在针对资源使用的决策环境中进行,还涉及管理激励问题、权力与政治、公民参与等多类问题,评价内容常常非常丰富。公共项目评价通常在所有政府中都经历了漫长的发展过程。① 总的来说,开展评价研究对于项目绩效的提升,甚至对推动政府绩效的提升均有帮助。

一 公共项目评价发展历程

西方学者很早就开始了关于项目评价的研究,研究成果也已非常丰硕。我国公共项目评价的研究和实践虽然落后于西方发达国家,但是也取得了比较丰硕的成果。鉴于研究主题的限制,本书主要对公共服务项目评价相关文献进行梳理。

关于项目评价理论的演进历程,白俊峰(2010)将整个发展历程分为初级阶段(1830—1930)、发展应用阶段(1931—1968)和新方法产生与应用阶段(1968年至今)。② 首先,初级阶段是评价理论的萌芽期,这个阶段的研究为评价奠定了基础。法国工程师杜皮特(Jules Dupuit)于1884年在《公共工程项目效用评价研究》中率先提出了公共工程社会效益的概念。富兰克林最早使用费用—效益分析(CBA)③对项目进行评估。其次,发展应用阶段主要表现为成本—效益分析方法在公共项目评价得到推广和应用。20世纪30年代,公共投资项目作为推动经济和增加社会效益手段,至此公共项目评价的基本目标不再是利润最大,成本—效益分析等工具在公共项目评价中具有了更加重要的地位。④ 白俊峰将现代费用—效用分析⑤作为新方法

---

① [美]尼古拉斯·亨利:《公共行政与公共事务》,张昕等译,中国人民大学出版社2011年版,第80—81页。
② 白俊峰:《代建项目过程绩效评价及管理绩效改善研究》,博士学位论文,天津大学,2010年,第17—18页。
③ 1936年,美国为了有效地防止洪水泛滥,大力发展水利投资项目,并颁布了《洪灾控制法》,正式规定了运用费用—效益分析法分析和评价相关项目。该法案被认为是费用—效益分析的第一个里程碑。参考王红岩《公共项目评价体系研究》,东北财经大学出版社2008年版,第28页。
④ 潘彬等:《公共投资项目绩效评估研究》,中国人民大学出版社2012年版,第10—11页。
⑤ 该方法是经济合作与发展组织(OECD)和联合国工业发展组织(UNIDO)于1968年联合推出的一种项目成本—收益分析方法。

产生与应用阶段的标志。

关于项目评价发展历程的划分,目前也没有取得共识。王红岩(2008)则将项目评价发展分为初期阶段(20世纪30年代以前)、费用—效益分析的应用阶段(20世纪30—60年代)、费用—效益分析法的广泛应用阶段(20世纪六七十年代)、新方法论及净值法产生与使用阶段(20世纪70年代以后)。这种分类方法以评价技术发展为主线进行分类是很合理的。但是,在时间上却存在交叉和重叠。孙一平(2011)则将公共项目评价分为萌芽阶段(19世纪末至20世纪40年代)、开始阶段(20世纪50年代)、迅速发展阶段(20世纪60年代)、繁荣阶段(20世纪70年代)、持续发展阶段(20世纪80年代)、全面发展阶段(20世纪90年代)和公共项目评价新动向(21世纪以来)。这种分类方式仅仅按照时间阶段划分,缺乏明确的内在划分标准。

另外,也有学者在项目管理的范围内对项目管理绩效评价发展历程进行研究。尹贻林和杜亚灵就基于评价指标和评价方法的不同,将公共项目管理绩效评价发展历程分为五个阶段。他们将公共项目管理绩效的发展历程归纳为如表2-3所示的完整表格。[①] 这五个阶段的绩效评价所关注的重心由关注结果、关注结果和过程,到更加关注未来绩效表现变化,评价指标也因为关注重心的变化和评价方法的发展,逐渐有了新的发展。

表2-3 公共项目管理绩效评价研究发展历程

阶段	关注重点	评价指标	评价方法
第一阶段 (早期)	结果	重点关注财务类指标	计算回收期(PP)和投资回报率(ROI)
第二阶段 (自20世纪60年代开始)		铁三角(成本、工期、质量)	将项目实际的进度、成本、质量与项目计划的这三方面进行比较;净值分析(EVA)

[①] 各阶段的详细阐述请参考尹贻林、杜亚灵《基于治理的公共项目管理绩效改善》,科学出版社2010年版,第18—23页。

续表

阶段	关注重点	评价指标	评价方法
第三阶段（自 20 世纪 80 年代开始）	结果 + 过程	项目多维度的评价指标	多目标评价方法，如层次分析法、灰聚类法、神经网络法、模糊聚类法、数据包络法等；关键绩效指标法（KPI）和平衡计分法（BSC）
第四阶段（自 20 世纪 90 年代开始）		项目成功标准及项目成功关键因素（CSF）	项目成功度，其测评方法也为多目标评价方法；从项目成功关键因素与项目成功标准入手诊断项目状况，如项目卓越模型（PEM）
第五阶段（近几年以来）	更加关注未来	公共部门比较基准（PSC）	将私营部门提交的公共项目投资与管理方案或报告与公共部门比较基准（PSC）进行比较

资料来源：尹贻林、杜亚灵：《基于治理的公共项目管理绩效改善》，科学出版社 2010 年版，第 18—19 页。

从以上梳理可看出，虽然对项目评价发展历程的阶段划分没有取得共识，但是，对项目评价的总体上是逐步深入的，评价的工具和理念也更加科学和规范。这也推动了评价实践的发展。在美国政府绩效评价实践中，就能看出公共项目评价实践与研究同步发展的清晰轨迹。1950 年美国国会通过《预算和会计程序法案》，开始在联邦机构中推广项目/绩效预算，促使了项目审计更加简洁；1965 年"计划—项目—预算制度"的大量推广，推动了公共项目绩效评价进一步发展；1993 年的《政府绩效与结果法案》的通过，使公共项目绩效评价进入了法治化过程。2002 年，美国总统委员会（President's Management Council，PMC）和联邦管理与预算局（Office of Management and Budget，OMB）联合开发了项目等级评价工具（Program Assessing

Rating Tool，PART)[①]，推动了公共项目绩效评价向纵深发展。2010年，奥巴马政府用"优先绩效目标"为核心的绩效框架体系取代了布什政府以 PART 为核心的绩效评价体系，项目评价重新被当作政府评价体系的一个部分。

二 公共项目评价的研究现状

项目评价在世界各国均比较规范，研究文献可谓丰富，但公共项目评价在各国发展却并不平衡。美国是项目评价推广的最好的国家，英国和澳大利亚则在 PPP 项目的评价上具有较好的经验值得借鉴；我国 2010 年也加强了公共项目的评价，但是，总体来讲，还处于起步阶段。本书主要在政府绩效评价体系视域之内对公共服务项目评价体系展开研究，因此，对项目评价研究综述也从绩效管理视角来整理和展开。

（一）公共组织绩效管理系统中的公共项目

建立有效的公共项目评价体系，首先必须对公共项目的组织背景有深入了解。本书主要从组织科学的角度，通过关注公共项目在公共组织绩效管理系统中的定位，来确定公共项目所处的基本管理环境或背景。目前，绩效管理已经成为世界各国的热点，OECD 也对各国绩效管理进行了比较研究。[②] 虽然各国管理体制有差异，但是，从组织科学的角度来看还是存在很多共性，因此本书在此主要以美国实践为例进行介绍。

在美国政府绩效管理实践中，GPRAMA 规定 OMB 需要指导各机构实施领导力驱动，回顾年度战略目标取得的进展情况（各机构计划实现的结果或影响），并建立机构的战略规划。OMB 专门提供了美国联邦住房管理局（Federal Housing Administration，FHA）目标框架的

[①] 关于 PART 的详细论述请参考第二章第三节"典型的公共项目评级体系"的相关内容。

[②] 1997 年，OECD 发布了《追求成果绩效管理之做法》报告，主要从目标和路径、绩效衡量、服务质量、绩效评价、绩效信息的使用以及结果导向的管理 6 个维护 12 个关键绩效管理问题对美国、英国、澳大利亚等 10 个国家的公共服务绩效管理进行比较研究。资料来源：OECD, In Search of Research: Performance management Practice, 1997。

说明性示例，并通过该机构目标框架诠释机构战略目标与其他目标内在逻辑关系，如图2-1所示。该管理框架共分为机构使命、机构总体战略目标、具体战略目标、绩效目标及绩效指标和其他指标五个层次。OMB每年都要确定各联邦机构是否达到其绩效计划中规定的绩效目标，并就未达成目标提交一份专门的报告。

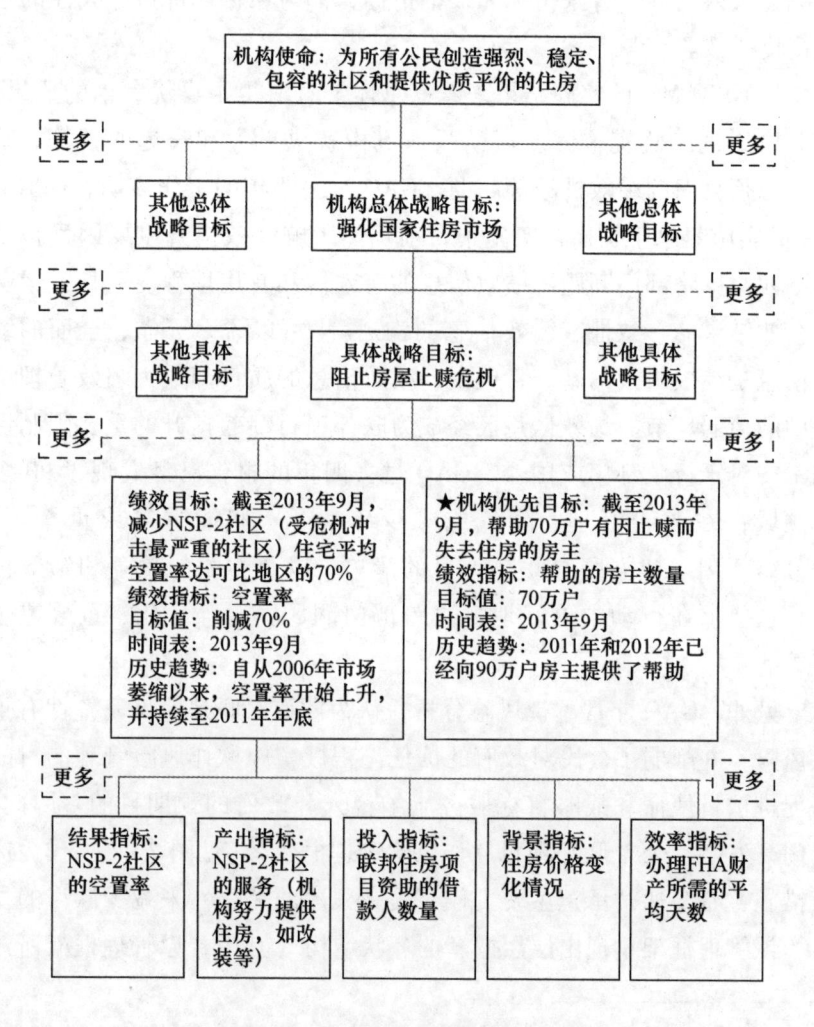

```
                机构使命：为所有公民创造强烈、稳定、
                包容的社区和提供优质平价的住房
        ┌──────────────────┼──────────────────┐
      更多│                  │                  │更多
   ┌──────┴──────┐   ┌──────┴──────┐   ┌──────┴──────┐
   │其他总体      │   │机构总体战略目标：│   │其他总体      │
   │战略目标      │   │强化国家住房市场│   │战略目标      │
   └──────┬──────┘   └──────┬──────┘   └──────┬──────┘
       更多│                 │                 │更多
   ┌──────┴──────┐   ┌──────┴──────┐   ┌──────┴──────┐
   │其他具体      │   │具体战略目标： │   │其他具体      │
   │战略目标      │   │阻止房屋止赎危机│   │战略目标      │
   └─────────────┘   └──────┬──────┘   └─────────────┘
                  更多│      │      │更多
        ┌──────────────┴┐ ┌──┴────────────────┐
        │绩效目标：截至2013年9月，│ │★机构优先目标：截至2013年│
        │减少NSP-2社区（受危机冲│ │9月，帮助70万户有因止赎而│
        │击最严重的社区）住宅平均│ │失去住房的房主           │
        │空置率达可比地区的70%  │ │绩效指标：帮助的房主数量  │
        │绩效指标：空置率       │ │目标值：70万户            │
        │目标值：削减70%        │ │时间表：2013年9月          │
        │时间表：2013年9月       │ │历史趋势：2011年和2012年已│
        │历史趋势：自从2006年市场│ │经向90万户房主提供了帮助  │
        │萎缩以来，空置率开始上升，│ │                        │
        │并持续至2011年年底      │ │                        │
        └───────────────┘ └───────────────────┘
         更多│                                    │更多
   ┌─────┬─────┬─────┬─────┬─────┐
   │结果指标：│产出指标：│投入指标：│背景指标：│效率指标：│
   │NSP-2社区│NSP-2社区│联邦住房项│住房价格变│办理FHA财│
   │的空置率 │的服务（机│目资助的借│化情况   │产所需的平│
   │        │构努力提供│款人数量 │        │均天数   │
   │        │住房，如改│         │        │        │
   │        │装等）   │         │        │        │
   └─────┴─────┴─────┴─────┴─────┘
```

图2-1 联邦机构目标框架（示例）

资料来源：GAO-15-602，*Managing for Results: Practices for Effective Agency Strategic Reviews*。

从美国联邦住房管理局目标框架可以看出，组织绩效目标通常可以分为绩效目标和机构优先目标，其中优先目标是所有机构都需要重点关注的绩效目标。另外，组织绩效目标的实现途径一般都是通过具体的项目（如邻里社区稳定项目；Neighborhood Stabilization Program，即 NSP-2）来实现，从绩效指标的设置来看，比如结果指标、产出指标、投入指标、背景指标和效率指标，都与项目评价指标关注的重点高度一致。

从 GPRAMA 的实施结果来看，总体上看取得了喜忧参半的成果。GPRAMA 的有效实施可以帮助联邦机构解决重大和长远的预算、管理、必须直面的绩效挑战等问题。GAO 过去两年的工作表明，GPRAMA 的实施效果不均衡，实施中目前仍然影响绩效提升主要因素包括如下四类：跨部门问题、绩效信息的有效性和有用性程度、日常运营与绩效结果的一致性、绩效信息的沟通。[1] 可以说，可靠、全面的绩效信息是绩效决策的基础，但是，绩效信息的质量却成为绩效管理决策中的薄弱环节。绩效信息已经成为联邦项目绩效提升的重要限制性因素。对于行政部门或国会，GAO 过去四年的报告已经发现了 90 多个领域存在改善管理、降低或减少碎片化、职能重复或重叠等。GPRAMA 要求建立所有联邦项目的清单，以及相关的预算和绩效信息，这要求在行动中更好地解决跨部门问题，含碎片化、重叠或重复等。[2]

另外，GAO 非常重视风险分析，认为欺诈对联邦项目完整性有重大风险，并削弱了公民对政府的信任。积极实施欺诈风险管理的目的是促进项目使命和战略目标服务于纳税人和政府的预期目的。因此，专门开发了一个"联邦项目欺诈风险管理框架"（见图 2-2）作为应对措施，希望通过承担主要责任，提高程序的完整性来减少欺诈的发生。该管理框架呈现出层层嵌套的环状结构（其中，原管理框架所涉

---

[1] GAO-15-1819, *Managing for Results: Implementation of GPRA Modernization Act Has Yielded Mixed Progress in Addressing Pressing Governance Challenges.*

[2] GAO-15-83, *Inconsistent Definitions and Information Limit the Usefulness of Federal Program Inventories.*

及的外部环境在本书绘制的图中并没有体现出来)。该管理框架主要围绕预防、回应和检测三个目的,设计了包括评估、设计和实现、评估和整改和承诺四个环节的核心封闭式管理流程①,并且监控和反馈贯穿于整个管理流程的始终。②

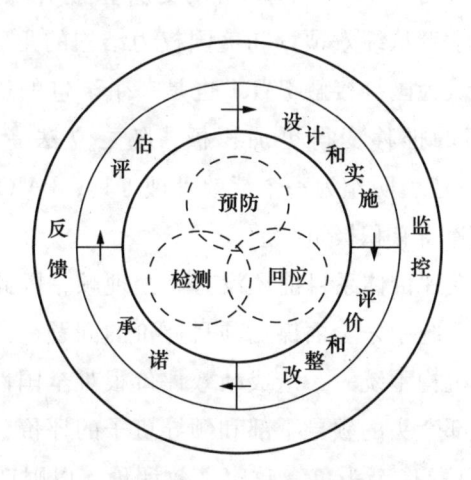

图 2-2 联邦项目欺诈风险管理框架

资料来源(经改编):GAO-15-593 SP, *A Framework for Managing Fraud Risks in Federal Programs*。

总体上讲,美国政府越来越重视在组织整体绩效系统中来关注联邦项目绩效管理或绩效水平的提升问题,但是,项目绩效作为组织绩

---

① 这四个环节的主要任务包括:开展定期欺诈风险评估,以确定欺诈风险的概况;设计和实施具体控制活动的策略,以减轻评估的欺诈风险和协作,以确保有效执行;评估采用基于风险的方法成果和整改活动,以提高欺诈风险管理水平;致力于通过创造一种有利于欺诈风险管理的组织文化和结构来打击欺诈行为(资料来源:GAO-15-593SP. *A Framework for Managing Fraud Risks in Federal Programs*)。

另外,第一环节和第三环节用了 Assess 和 Evaluate 两个词。在"朗文"和"牛津"词典中,明确标出"Assess = Evaluate",但是两个单词在用法上还是有一些区别。Assess 既可以指资产评估也可以指一般性的评价,更加侧重于过程评价,其结论常常为下一步行动的基础。Evaluate 更多指一般性的评价,评价的焦点在于结果,在于确定行动带来价值。资料来源:郑淑明、王文崇:《"Assess"和"Evaluate"辨析与翻译》,《中国科技术语》2012 年第 3 期。

② 关于联邦项目欺诈风险管理框架的完整论述请参考 GAO-15-593SP, *A Framework for Managing Fraud Risks in Federal Programs*。

效落地的主要途径，仍然是美国政府绩效管理系统关注的主要内容。另外，虽然 GPRA 和 GPRAMA 均非常强调结果管理，但是，从已有研究可以看出，决策与管理过程的有效性是取得良好绩效结果的基础，因此各政府机构、GAO、OMB 等均更加重视夯实良好绩效结果获得的基础。也有学者从绩效预算和美国权力结构的角度对 PART 实施效果进行研究，认为国会接触 PART 也是一个渐进的过程，最开始的消极但随着时间的推移变得更加积极，随之立法者更是直接参与 PART 相关讨论。还表明作为一个绩效管理工具，PART 还可能对清除绩效实施过程的障碍有积极贡献。[1]

我国政府绩效评价体系目前还没有完全理顺，因此，还没有做到在政府绩效管理系统中来全面谋划项目评价的问题。我国公共组织绩效管理职能牵头机构不统一，造成绩效评价很难全国性统筹考虑。中央层面，有中组部牵头的领导干部和领导班子的评价，还有由中编办（原来由监察部负责）牵头负责政府绩效评价、以财政部牵头的以绩效预算为基础的"全面绩效评价"等。另外，还有各种专门性的绩效评价。我国项目绩效评价主要由"财政系统"和"发改系统"牵头实施，评价的重点也不一样。还有一个很重要的原因，与推行小政府的美国不同，美国很多公共服务以项目方式运行；我国是大政府，很多公共服务功能都是以组织职能的方式运行，这造成了在基层政府，很多时候项目和机构职能的重叠和交叉，以至于很难严格区分哪些服务属于"公共项目"方式，哪些服务又是机构职能的内在要求。

（二）公共项目评价的现状概述

对公共项目评价现状进行研究，首先应该明确项目评价的类型。项目评价按照不同的分类方式可以分为不同的类型。综合不同学者列举评价类型，主要包括准备评价、需求评价、理论评价、过程评价、影响评价、绩效评价、效率评价、项目后评价等；也可以按照评价主

---

[1] Stalebrink, O. J., Frisco, V., "Federal Performance Budgeting and the US System of Separation of Powers: An Examination of the Program Assessment Rating Tool", *International Journal of Public Sector Performance Management*, 2015, 1.

体不一样，分为内部评价、外部评价和联合评价。由于使用的评价理论不一样，对评价关注的重点就不一样，有的研究更加关注方法论，这类研究主要关注项目评价知识的构建或生产；有的研究侧重评价价值，这类研究强调通过评价帮助他人做出价值判断；有的研究则聚焦于应用，这类研究则强调决策制定和项目评价为导向（孙一平，2011）。本书从创造公共价值视角对公共项目评价体系进行研究，主要以促进项目成功为目的，即侧重于应用视角。因此，本书对项目评价现状的文献梳理，也主要从应用视角来看待评价体系的构建问题。

首先，从实践来看，美国公共项目绩效评价具有很强的代表性。GAO 最近对项目绩效评价做了系统的研究，发现各机构所拥有的项目评价能力水平相差非常大。OMB 也已经鼓励各联邦机构强化其项目评价能力，并将项目评价扩大到项目管理和决策之中。但是，从 2014 年检查的情况来看，各机构项目评价能力很不均衡。在其 2014 年度的调查中，24 家机构中有 11 家建立了集中化的办公室负责项目评价、运营和计划，还有 7 家机构完全没有对项目绩效目标进行评价。虽然这些机构没有进行很多评价，但是，超过 1/3 机构报告他们还是很大程度上支持部分使用项目管理和项目决策。GPRAMA 颁布之后，越来越多的机构加强了项目评价，很多机构报告其为实施可靠的评价，已付出努力来提高评价能力。[①] 另外，GAO 也发现，"一刀切"的管理方式并不能取得很好的效果，应该允许各机构灵活使用不同的方法来定义自己的项目，但是，要求所有项目指向一个共同的目标或目的。因为各机构定义其使命的方法或途径不一样，所以，该机构及其所有利益相关者对"项目"的定义存在差异。另外，除展开有效评价之外，呈现项目级预算信息、提供了完整的绩效信息、与利益相关者沟通也是 OMB 和各机构进行高效决策应该遵循的具体步骤。[②]

美国政府一直重视公共项目绩效评价，特别是小布什政府推行的

---

① GAO – 15 – 819, *Managing for Results: Implementation of GPRA Modernization Act Has Yielded Mixed Progress in Addressing Pressing Governance Challenges.*

② GAO – 15 – 83, *Inconsistent Definitions and Information Limit the Usefulness of Federal Program Inventories.*

PART 更是对公共项目评价有很大的推动。从 2004 年首批要求 20% 的联邦公共项目必须使用 PART 进行评价，到 2008 年就有 98% 的联邦项目进行了 PART 评价。[①] 另外，GAO 进行的上述研究表明，奥巴马政府用"优先绩效目标"作为联邦政府核心管理工具取代小布什政府推行的 PART 之后，在项目评价实践中并没有取得全面的进步，但是对项目评价必须坚持在政府绩效管理之中来把握，特别是接受机构使命驱动的研究成果是这个阶段比较突出的成就。

其次，关于如何促进项目成功和不断改善项目绩效，目前学界也有不少研究。早在 20 世纪 80 年代《布莱克维尔政治学百科全书》一书就指出，就新公共管理而言传统的研究方法已被以经济学为基础的研究方法所取代。尹贻林（2010）认为，目前关于项目管理绩效改善的路径有管理学范式和经济学范式两种，虽然在两种范式上都取得了较大的进展，但是，仍然没有探索出标本兼治的办法，如图 2 - 3 所示。在追求公共项目绩效改善的过程中，不同的研究或管理实践都可能获得一定程度的改善和成功，但是，单纯用一种方法或途径则很难在复杂背景下使项目取得全面成功。在公共项目管理实践中，通常需要根据具体情况选择具体的改善方法或方法组合。

另外，完整的项目评价体系应该兼顾过程评价和结果评价。目前，很多项目评价体系重视项目后评价。所谓后评价，即在项目结束后实施的评价，侧重于评价项目设计、计划和实施的结果和影响，旨在进行总结经验项目，为其他同类项目提供决策参考（施青军，2014）。但是后评价是有局限性的，后评价的局限性主要体现在缺乏对项目实施过程中的问题进行及时反馈，即因缺乏时效性评价而可能导致应该得到弥补的问题或损失没有得到及时的修正和调整。OECD 认为，在项目实施的各阶段，评价都发挥着重要的作用，不能仅仅在事后才开展评价。[②] 过程评价主要是在项目实施过程中进行的评价，

[①] 孙一平：《美国公共项目评估研究》，中国人事出版社 2011 年版，第 195 页。
[②] OECD, *Network on Development Evaluation Evaluating Developing Cooperation*: *Summary of Key Norms and Standards*. http：//www.oecd.org/dac/evaluationnetwork.

注重项目设计、计划、实施和改进，旨在促进项目绩效的提升。随着项目评价的发展，过程评价越来越重要。早在20世纪90年代，OECD国家就更加倾向于使用过程评价了。① 但是，我国2004年才出台《国务院关于投资体制改革的决定》，规定了我国政府投资项目应该实施后评价。2009年国家发改委发布了《中央政府投资项目后评价管理办法（试行）》，政府投资项目的后评价进行了规范，指出应该从"实施过程、项目效果、项目目标实现"等方面实施评价。2014年8月颁布的新《预算法》将"绩效"作为一条重要原则确定下来，首次以法律形式明确了我国应该推行绩效预算。② 财政系统中加强绩效预算管理，有利于推动我国项目走向规范和科学。比如，《中央级教科文部门项目绩效考评管理试行办法》就对各方职责作了这样的界定：财政部负责制定教科文部门项目考评的规章制度，确定考评项目，指导、监督、检查教科文部门项目考评工作，并选择重大项目直接组织实施考评工作（尚虎平，2008）。

（三）公共服务项目评价的研究现状

我国政府正由增长型政府向民生型政府的转型，全面、公平地提高公共服务的质量和水平成为政府工作的重中之重，这促使了我国的基本公共服务在"十一五"时期获得了很大发展（胡鞍钢等，2013）。2012年，我国相继出台了两份纲领性文件，《国家基本公共服务体系"十二五"规划》（以下简称《规划》）和《社会管理和公共服务标准化工作"十二五"行动纲要》，进一步推动各级政府深入、系统、全面地开展公共服务。

虽然公共服务项目是提供公共服务的重要途径，但是目前我国学术界关于公共服务项目评价的研究成果还比较欠缺。截至2015年12月，以"公共服务项目"为"主题词"在CKNI全文数据库中进行精

---

① Patton, M. Q., *A World Larger than Formative and Summative*. Evaluation Practice, 1996, 17 (2): 131–144.

② 所谓的绩效预算，即是一种以目标为导向、以项目成本为衡量、以业绩评估为核心的预算体制，具体来说，就是把资源分配增加与绩效提高紧密结合的预算系统（参考韩莉《新预算法时代的绩效预算监督研究》，《中国财政》2015年第12期）。

确检索，可以检索到近600篇文章；选择"关键词"进行检索，则可以获得550余篇文献；但是，选择"篇名"进行检索仅有16篇文献。对这些文献进行逐篇梳理，发现其中将研究聚焦在公共服务项目上的文献非常少，绝大多数相关文献是关于公共服务标准化和均等化等主题。在聚焦公共服务项目的10余篇文献中，核心期刊论文仅5篇，其中没有论述公共服务项目评价的文献。所有文献中仅有闫晓勤（2015）在《世界最新医学信息文摘》上发表的《关于基本公共卫生服务项目实施的现状与评价》。因此，虽然我国已经制定和实施了《国家基本公共服务体系"十二五"规划》，并且"十二五"计划已经结束，但是，我国学术界对公共服务项目及其评价的研究却严重滞后。

近年来，世界各国均将PPP模式作为基本公共服务供给的改革方向，其中英国和澳大利亚的PPP模式发展得最为成熟。PPP模式通过加强公共部门与私营组织的合作，将公共部门的权威性和公平性与私营部门的效率性结合起来（隋心，2015）。我国各级政府也正大力发展PPP模式，以便更好地提供公共服务。通过PPP模式提供公共服务，就更加需要规范和科学的评价。

第三节　典型的公共项目评价体系

构建项目评价体系的核心环节和主要工作就是开发评价指标体系。科学、完整的指标体系是评价工作有效开展的前提和基础。因此，对重要的公共项目评价指标体系进行有效梳理，对于开发公共服务项目评价指标体系来说具有重要的参考价值。目前，在国际上认可度比较高的公共项目评价体系有项目评级工具和国际金融组织贷款项目绩效评价体系，我国各政府部门也借鉴西方发达国家的经验开发了一些项目评价体系。

一　美国公共项目评级工具

随着美国政府绩效管理的深入开展，对单个项目进行的独立绩效评价已经不能满足实践的需求了，总统、国会和公民都需要更多关于公共项目执行的信息。基于此，布什政府于 2002 年推出了著名的项目评级工具（以下简称 PART），为跨部门的项目绩效比较奠定了基础。关于 PART 的研究可谓汗牛充栋，本书从基本内容、评价示例、对 PART 的评价及其发展几个部分进行简要介绍。

（一）项目评级工具的基本内容

PART 是一套用来评价美国联邦政府项目绩效表现的调查问卷，具体通过项目目的与设计、战略规划、项目管理、项目结果与问责四个方面的问题，将项目绩效与预算决策连接在一起。这四个部分的问题通常都包含"共同性问题"（所有类型的项目都适用）和"特定性问题"（某种特定项目类型[①]适用），其中共同性问题有 25 题，特定性问题根据项目类型不同，问题的数量就不同，但一般每份问卷大约合计 30 题；另外，这四个部分所有问题的权重分配比例分别是 20%、10%、20% 和 50%。

PART 所有问题构成了一套完整的问卷，但是，该工具对设计我国公共服务项目评价体系的最具借鉴价值的是整个问卷体系的逻辑结构和基本体系。这四个方面体现了项目评价的内在逻辑，权重分配则强调了项目评价的结果导向。下面对问卷体系的四个方面的内涵及目的予以简要说明：[②]

（1）项目目的与设计主要是评价项目目的的清晰性和设计的合理性。这部分主要评价项目、机构或那些政府无法直接控制但对项目有影响的因素（如市场和立法）。项目方案通常应该有助于提高效率（如解决公共利益或外部性）或分配目标（如协助低收入家庭的成本最低或最有效的方式）。明确项目目的对设置项目目标、评价和指标，聚焦战略重点和进行项目管理都非常重要。评价的资料或证据来源包括法规、组织的战略规划和年度绩效计划、绩效预算和其他组织的报

[①] 美国联邦管理与预算局将所有联邦项目分为七大类：联邦政府直接支出项目、竞争性资助项目、分类财政补贴项目、规制项目、资本资产与服务采购项目、信贷项目、研究与发展项目。参见孙一平《美国公共项目评估研究》，中国人事出版社 2011 年版，第 191 页。

[②] 详细论述请参见 Office of Management and Budget, *Guide to the Program Assessment Rating Tool*, 2007。

告等。

（2）战略规划主要评价项目是否有有效的长期的或年度评价计划和目标。这方面主要评价项目规划、优先级设置和资源分配。核心评价内容是项目是否设定了有挑战性且可达到绩效目标，并且有有限数量的绩效评价指标，以确保项目规划、管理和预算的战略性和重点性。评价的资料或证据来源包括战略规划文件、机构的绩效计划与绩效预算报告、评价计划以及其他项目文件。在制定定量绩效目标难度过大的情况下，项目也应采取有意义和适当的方法来展示其取得的成果。OMB和各机构应共同制定定性方法、专家评价或其他更适合的方法。

（3）项目管理主要是对总体财务和项目改进等项目管理进行分级。这方面主要评价项目是否采取有效的管理以促进绩效目标的达成。重点关注领域包括财务监督、项目进度评价、绩效信息收集以及相关管理者问责等。另外，对于不同类型项目的特定重要领域也需要予以重点关注。评价的资料或证据来源包括财务报表、政府问责局报告、审计长报告、绩效计划、预算执行数据、IT计划以及独立项目评价等。

（4）项目结果与问责主要是对战略规划中设定的绩效目标进行评价。这方面主要考察项目能否达成长期和年度绩效目标。这方面通过类似项目的比较来评价项目完成程度，也通多独立评价来确定项目的有效性。评价的资料或证据来源包括GPRA绩效报告、各种评价报告、政府问责局报告、审计长报告以及其他机构的文件；评价结果应该根据最新数据得出。

（二）项目评级工具的评价示例

在评价流程上，PART首先对单个项目进行评价，从而得到被评价项目的等级得分，然后将所有项目的等级得分通过"等级评分卡"汇集起来，从而得到联邦政府所有部门的得分等级。通过对所有项目等级得分的比较，就得出这些项目属于高绩效还是低绩效。开发PART的目的，就是要通过对所有项目的绩效等级进行比较，实现对高绩效项目的激励和对低绩效项目的鞭策，最终促进联邦政府项目整体绩效的全面提升。

在项目评价时，PART 中的四组问题的每个问题都根据所在组的权重分配一个特定的权重，通常都是在组内进行评价分配，但是有时为了强调或忽略特定问题，评价者也可以对分值在组内进行重新分配。每个问题都有"是"和"否"两个答案，每组问题满分都为 100%，评价者根据每个问题提供支撑材料（解释和证据）给出该问题的得分；其中，"是"为满分，"否"为零分，评分时还可以选择"不适用"。但是，"项目结果与问责"部分在很多情况下，得分都不是最高分或最低分，而是介于两者之间，OMB 将每个问题的得分修正为 4 个等级，即是、多数达成、少数达成和否，这 4 种等级得分分别为该题得分的 100%、67%、33% 和 0。[1] 然后，把同组的所有问题的总分与该组的权重相乘，就可以得到该组问题的得分。最后，将四组问题的得分相加就得到整个项目的最后得分。按照项目最后得分，又可以划分为 5 个等级：得分在 85%—100% 为"有效"；得分在 70%—84% 为"基本有效"；得分在 50%—69% 为"尚可"；得分在 0—49% 为"无效"；如果因信息缺失造成没有得分，则为"成效未知"。[2] 比如 2004 年美国"残疾保险"项目 4 个部分的得分分别是 60%、88%、100% 和 58%，乘以每个部分权重之后，得到的总分就是 69.8 分(12 + 8.8 + 20 + 29 = 69.8)，该项目的最后等级为"基本有效"。

PART 会对项目展开连续评价，联邦机构每个季度都会定期评价一次，每个季度的评价结果会随年度评价一并公开；并且也会将当年的评价结果与上一年度的结果进行对比分析，以便得出该项目绩效表现的变化情况。每个接受评价的项目都必须根据 OMB 提出的意见进行整改，以便在下一年再次接受相关评价。PART 是以循序渐进的方式进行推广的，比如 2004 年就只有 20% 的联邦项目接受了评价，到 2008 年就达到 98% 的项目接受了评价。在接受评价的 1017 个项目中，获得"有效"等级的项目占 19%，获得"基本有效"等级的项

---

[1] Office of Management and Budget, *Guide to the Program Assessment Rating Tool*, 2007.
[2] 孙一平：《美国公共项目评估研究》，中国人事出版社 2011 年版，第 194—195 页。

目占32%，获得"尚可"等级的项目占29%，获得"无效"等级的项目占32%，也有17%的项目为"成效未知"。

PART最初设计的目的是用于诊断项目绩效和促进绩效改进，从评价结果来看，很多项目获得的评级都不高（含"成效未知"），这提高了OMB应用评价结果的难度。因为在评价实践中，项目结果不易量化，或效果显现周期过长，或者项目很多都是流程化的工作，这些情况都普遍存在导致很多项目出现"结果未知"的情况，比如2005年OMB对"公共住房"项目的评价就是"成效未知"，4个部分的得分分别为60%、12%、56%和7%。OMB保障项目评价的公正性的办法就是信息公开，通过在阳光下展开对话和争辩来消除评价中的主观性。比如，2005年"公共住房"项目就对每个问题评分公开了解释和证据。

（三）项目评级工具评价及发展

PART获得大量推广有以下两个方面的因素：首先是总统希望通过这一工具提供的绩效信息来证明联邦项目的有效性，从而获得更多的预算资金；其次是国会对联邦项目的支持也需要相关的结果证明，从而为其批准各项预算提供决策依据。美国公共项目评价实践的发展和深化，既体现出实践需求的研究的推动，也表现为研究的深入开展对实践的有效引领。但是，同时也存在一些争议，比如导致政府雇员过分关注于评级得分而忽视绩效目标本身的达成、绩效信息利用不够充分等。

奥巴马政府开始沿用了这一工具，但是，设置了首席绩效官（CPO）全面负责联邦政府的绩效评价和预算工作，首位CPO由杰弗里·森特（Jeffrey Zients）担任（同时兼任OMB副主任）。森特于2009年宣称要升级PART，并建立一个全面的联邦绩效管理框架（晁毓欣，2010）。2010年，GPRAM在国会获得通过，优先绩效目标被写入了该法案，从而促使了美国政府重新回归以GPRA绩效管理框架为核心的管理体系，从而抛弃了布什政府以PART为核心的绩效管理做法，并且从2011年开始，PART就在各联邦机构的绩效报告中消失了。目前，美国政府绩效管理框架包括机构战略规划、机构绩效计划和项目绩效评价，其中战略规划决定机构战略目标，绩效计划的关键是绩效目标，而绩效目标则来源于对战略目标的分解。由于奥巴马政府推行"优先绩效目标"，因此，目标通常又被分为优先绩效目标与非优先绩效目标。通常优先绩效目标由绩效计划中的重点工作任务决定，非优先绩效目标则来源于机构的一般工作或日常任务，两种目标共同支撑机构任务和使命的完成。因此，奥巴马政府推行强调优先绩效目标而不抛弃非优先绩效目标。整个绩效管理体系则以基于结果导向的优先绩效目标为纽带。至此，项目评价成为政府绩效评价体系的一个有机组成部分。

二 国际金融组织贷款项目绩效评价体系

国际金融组织贷款项目绩效评价体系也是被广泛使用的评价体系之一。[①] 国际金融组织贷款项目一般都使用项目逻辑模型，通常包含投入、活动、产出、成效和影响五个关键要素。在坚持相关性、效率、效果和可持续性四项基本准则的基础上，采取绩效评级的方法[②]展开评价。本书重点介绍绩效评价体系的设计及其内容。

（一）评价体系的设计流程

国际金融组织贷款项目绩效评价体系设计分为前期准备、开发绩效评价框架和完成绩效评价实施方案三个阶段，每个阶段又分为若干步骤，如图2-3所示。绩效评价体系设计的主要标志性成果是评价任务大纲、绩效评价框架和绩效评价实施方案。

1. 前期准备

准备阶段一般包括理解评价任务大纲、评价任务分解与分工、案卷研究、确定利益相关者和完成项目基础信息表五个步骤。鉴于评价任务大纲对于评价体系的基础性作用，本书在准备阶段重点介绍"理

[①] 详细情况请参见财政部国际司《国际金融组织贷款项目绩效评价操作指南》，经济科学出版社2010年版，第31页。本书后面不再专门注释该评价体系的文献来源。

[②] 项目评级的评分办法：首先，相关性、效率、效果和可持续性4项准则的权重分配分别为10%、20%、40%和30%。将4个准则均分为4个等级，每个等级的分值为0～3分，然后将每项准则的得分再乘以相应的权重；其次，将4项得分加起来就是项目的最后得分。项目绩效根据最后得分可以分为4个等级：非常成功（≥2.70）、成功（≥2.25，<2.70）、部分成功（≥1.50，<2.25）和不成功（<1.50）。

```
┌─────────────┐  ┌──────────────┐  ┌──────────────────┐
│  前期准备    │  │开发绩效评价框架│  │完成绩效评价实施方案│
├─────────────┤  ├──────────────┤  ├──────────────────┤
│1. 理解评价任务大纲│1. 学习掌握操作指南│1. 设计面访、座谈会和│
│2. 评价任务分解与分工│2. 理解关键评价问题│   实地调研问题清单、调│
│3. 案卷研究   │3. 开发评价指标 │   查问卷等        │
│4. 确定利益相关者│4. 明确证据及其来源│2. 实施时间安排    │
│5. 完成项目基础信息表│5. 选择证据收集方法│3. 形成绩效评价实施方│
│             │6. 形成绩效评价框架│   案             │
└─────────────┘  └──────────────┘  └──────────────────┘
        ↑              ↑                    ↑
┌─────────────────────────────────────────────────────┐
│                  与管理部门沟通                       │
└─────────────────────────────────────────────────────┘
```

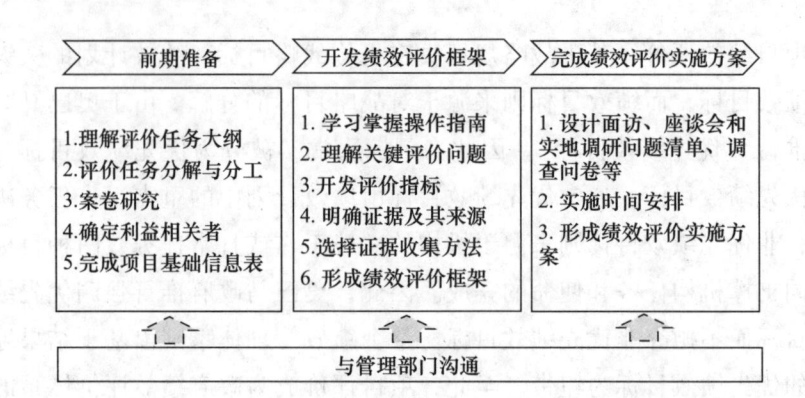

图 2-3 国际金融组织贷款项目绩效评价设计流程

资料来源：财政部国际司：《国际金融组织贷款项目绩效评价操作指南》，经济科学出版社 2010 年版，第 31 页。

解评价任务大纲"。

评价任务大纲（Terms of Reference，TOR）是项目评价书面的纲领性文件，对评价目的和范围、评价方法、绩效评价或分析针对的标准、需要的资源、时间安排和评价报告要求等方面的内容做出详细规定。通常由评价者来制定评价任务大纲，体现了管理部门对绩效评价的各项要求。评价任务大纲对于项目评价体系的重要作用主要体现在如下三个方面：是各类利益相关者就评价任务达成共识的基础；是评价小组进行具体评价设计和实施评价的基础；是评价管理者进行绩效评价质量控制、核查评价任务完成情况的基本依据。

2. 开发绩效评价框架

在准备阶段，开发绩效评价框架是非常重要的工作。绩效评价框架结构以相关性、效率、效果和可持续性四个评价准则为框架主线设计流程。设计阶段的基本流程包括理解关键评价问题、设计评价指标、明确证据来源和选择证据收集方法等环节。

3. 完成绩效评价实施方案

这个阶段的工作一般包括如下三个方面：一是包括设计面访、座谈会和实地调研问题清单、调查问卷等；二是则是制定实施时间安排；三是就是形成绩效评价实施方案。

(二) 评价体系的基本框架及其设计

绩效评价框架具体包括评价准则、关键绩效问题、绩效指标、证据、数据来源、证据收集方法等,如表 2 - 4 所示。

表 2 - 4　　　　　　　　　绩效评价框架结构

评价准则	评价关键问题	评价指标	证据	证据来源	证据收集方法
相关性					
效率					
效果					
可持续性					

理解关键评价问题,以及在此基础上进行项目评价指标体系设计非常重要。《国际金融组织贷款项目绩效评价操作指南》以 4 个评价准则为基础,针对已经完成的项目制定了 13 个关键评价问题(见表 2 - 5),其中有些问题对正在实施的项目有些不适用。不过评价小组也可以根据这些问题进行预测性的回答,并提醒管理者引起注意,从而更好地促进项目的成功。

表 2 - 5　　　　　　　　　关键评价问题及其适用性

评价准则	关键评价问题	项目类型	
		完工	正实施
相关性	1.1 在设计时,项目目标是否符合中国的发展政策和(或)优先重点以及国际金融组织对中国的援助战略?	√	√
	1.2 在评价时,项目目标是否符合中国的发展政策和(或)优先重点以及国际金融组织对中国的援助战略?	√	√
	1.3 项目是否针对中国(或地方)的实际和需求?	√	√

续表

评价准则	关键评价问题	项目类型	
		完工	正实施
效率	2.1 项目是否按照计划的时间周期实施并完工？	√	*
	2.2 项目是否按照计划的资金预算实施？	√	*
	2.3 项目是否实现了所有的预期产出？	√	*
	2.4 项目完工后是否达到预期的经济内部收益？	**	**
效果	3.1 项目是否实现了预期目标？	√	*
	3.2 项目的实际收益群体数量是否达到预计数量？	√	*
可持续性	4.1 项目的管理和（或）运行机构的设置、人力资源经费能否满足项目持续运行的需要？	√	*
	4.2 项目产出能否得到持续的维护和利用？	√	*
	4.3 项目运行所依托的政策、制度能否得到持续的实施？	√	*
	4.4 项目贷款（包括国际金融组织贷款和国内贷款）是否能够按时偿还？	√	*

注：√表示适用；*表示可以根据现有实施和利益相关者的观点做预测评价；**表示如果事先没有设计，就不适用。

评价指标体系是针对关键评价问题而开发的。通过对关键评价问题深入追问，就可以制定出项目的目标体系，然后就可以根据项目目的体系制定相应的评价指标体系，也可以说通过评价指标来对关键评价问题进行分析，从而得出关键评价问题的评价结果。通常一个关键的评价问题不一定就对应一个评价指标，很多时候是一个问题对应几个指标，比如辽宁城市交通项目"相关性"指标就是这样，如表2-6所示。在制定评价指标时，通常还应该遵循 SMART 原则。①

三 我国财政部的公共项目绩效评价体系

我国财政部也开发了一套项目绩效评价指标体系，用于指导我国

---

① 这里的 SMART 原则具体含义如下：指标定义清晰，没有歧义；可衡量的，即有确定的评价基准对其进行衡量；可实现的，即在现实条件下可以收集到相关证据；相关的，即指标与对应的关键评价问题要相关，能够为管理提供有用的信息；有时限的，即具有确定的时间范围。

表 2-6　　　　　　　　S 公司平衡计分卡（示例）

准则	关键评价问题	评价指标
相关性	1.1　在设计时，项目目标是否符合中国的发展政策和（或）优先重点以及国际金融组织对中国的援助战略？	项目目标与当时中国城市交通发展政策的相符程度；项目目标与当时世界银行对中国在城市交通领域援助战略的相符程度
	……	……
	1.3　项目是否针对中国（或地方）的实际和需求？	项目与当前项目所在城市交通发展问题的针对程度；项目与当前项目所在城市交通发展需求的针对程度

公共项目绩效评价实践。2013 年 4 月，我国财政部为贯彻落实《预算绩效管理工作规划（2012—2015 年）》有关要求，逐步建立符合我国国情的预算绩效评价指标体系，不断规范和加强预算绩效评价工作，提高绩效评价的统一性和权威性，全面推进预算绩效管理，印发了《预算绩效评价共性指标体系框架》，为开发项目评价共性指标提供了参考体系。但是，在具体评价时，还应针对具体项目开发个性指标，才能形成完整的项目绩效评价指标体系。该项目评价指标体系共包括一级、二级、三级指标的完整指标体系，如表 2-7 所示。财政部颁发的这套共性指标除涉及项目之外，还包括部门和财政绩效评价的共性指标，这三个指标体系共同形成了完整的绩效预算指标体系。

　　财政部发布的这套评价指标体系，还针对每个三级指标制定了比较详细的指标解释和指标说明。本书在此仅列举了三个指标的解释和说明作为示例，对财政部项目绩效评价共性指标的结构做诠释，如表 2-8 所示。完整的绩效评价指标体系，通常还应该包含指标权重分配和评价标准与财政部这套评价指标体系这两部分内容。因此，在评价实践中，评价者采用科学的方法确定指标权重，并制定具体的评价标准也是必不可少的步骤。

表2-7　　项目支出绩效评价共性指标体系框架

一级指标	二级指标	三级指标
投入	项目立项	项目立项规范性、绩效目标合理性和绩效指标明确性
	资金落实	资金到位率和到位及时率
过程	业务管理	管理制度健全性、制度执行有效性和项目质量可控性
	财务管理	管理制度健全性、资金使用合规性和财务监控有效性
产出	项目产出	实际完成率、完成及时率、质量达标率和成本节约率
效益	项目效益	经济效益、社会效益、生态效益、可持续影响和公众或服务对象满意度

资料来源：财政部官方网站：http://yss.mof.gov.cn/zhengwuxinxi/zhengceguizhang/201305/t20130507_857159.html。

2014年，根据新修订的《预算法》和《国务院关于深化预算管理制度改革的决定》的相关规定，我国各省级财政部门均制定了项目评价共性绩效评价指标体系，29个省级财政部门建立了个性绩效评价指标库。财政部也搭建了"预算绩效管理信息交流平台"，目前已经有22个省份建立或在预算系统中嵌入了绩效管理信息系统，25个省份建立了预算绩效管理信息交流平台。[①] 我国各地也展开了项目绩效评价探索。比如，杭州项目绩效评价实践将项目分为政策类、扶持类、基建类和信息类四大类项目，并且每一类项目均提供了几个可供参考的评价体系示例。在杭州的项目绩效评价指标体系中，评价指标

---

① 财政部预算司：《2014年预算绩效管理工作取得积极进展》，财政部网站：http://yss.mof.gov.cn/zhengwuxinxi/gongzuodongtai/201503/t20150319_1204209.html。

表2-8　项目支出绩效评价共性指标体系的解释与说明（示例）

一级指标	二级指标	三级指标	指标解释	指标说明
投入	项目立项	项目立项规范性	项目的申请、设立过程是否符合相关要求，用以反映和考核项目立项的规范情况	评价要点：①项目是否按照规定的程序申请设立；②所提交的文件、材料是否符合相关要求；③事前是否已经申请过必要的可行性研究、专家论证、风险评估、集体决策等
		绩效目标合理性	项目所设定的绩效目标是否依据充分，是否符合客观实际，用以反映和考核项目绩效目标与项目实施的相符情况	评价要点：①是否符合国家相关法律法规、国民经济发展规划和党委政府决策；②是否与项目实施单位或委托单位职责密切相关；③项目是否为促进事业发展所必需；④项目预期产出效益和效果是否符合正常业绩水平
		绩效指标明确性	依据绩效目标设定的绩效指标是否清晰、细化、可衡量等，用以反映和考核项目绩效目标的明细化情况	评价要点：①是否将项目绩效目标细化分解为具体的绩效指标；②是否通过清晰、可衡量的指标值予以体现；③是否与项目年度任务数或计划数相对应；④是否与预算确定的项目投资额或资金量相匹配
		……	……	……

资料来源：财政部预算司官方网站：http://yss.mof.gov.cn/zhengwuxinxi/zhengceguizhang/201305/t20130507_857159.html。

体系被分为基本指标（或评价指标）和业务指标两大类，还确定了指标的评价标准；并且所有指标均被赋予确定的权重，不过每类项目的权重分配均有差别。

第三章 理论基础

公共服务项目是公共组织系统中的临时性组织，是公共组织提供公共服务的具体措施或行动方案。通过对"化公共战略为公共服务日常行动"相关的理论绩效系统梳理，为构建公共服务项目评价体系建立系统全面的理论基础。基于此，本书对公共组织战略管理、绩效管理、项目生命周期理论、利益相关者、机制设计理论和委托—代理理论等进行概述，以期在创造公共价值视角下，构建公共服务项目评价体系。

第一节 公共组织战略管理

管理大师德鲁克认为，在所有类型的组织中，管理要解决的问题90%是相同的，有差异的地方只有10%。管理企业和管理教会的差异主要体现在基本原则的应用而不在于这些原则本身不同，即差异主要体现在组织的特定使命、组织文化和使用的语言上。使命决定愿景和战略，高效的组织行为均离不开战略的指引。

一 战略与战略管理

战略首先来源于军事领域，很多著名的军事家都对其做过精辟的论述。孙武在《孙子兵法》始计篇中提出了"道、天、地、将、法"整体性的战略体系；克劳塞维茨认为，"战略是为了达到战争目的而对战斗的运用，战略必须为整个军事行动规定一个适应战略目的的目标"。"Strategy"一词来自希腊语中的军事术语"Strategos"，指的是在一场战争或者战斗背后所隐含的筹划、谋略与构想。

在管理学领域，战略已经成为管理行为的方向指引。即使诚如亨利·明茨伯格（Henry Mintzberg）认为的那样，我们对战略的认识就像盲人摸象，没有人具有审视整头大象的眼光，人们仍然试图从局部对战略进行认识。他将战略发展历程归纳为十大学派，其中，设计、计划和定位三个学派是从整体视角对战略本质进行探索，企业家、认知、学习、权力、文化和环境六个学派则是从特定角度对战略进行描述，结构学派强调战略是一个变革的过程，是对其他学派的综合。

很多管理大师都从不同角度对战略的本质进行了界定。伊戈尔·安索夫（Igor Ansoff）强调组织在制定战略时，有必要首先确定组织的性质，认为组织战略一方面应该能够指导企业的生产经营活动，另一方面能够为企业的发展提供空间。明茨伯格将战略的内涵定义为"5P"，即计划（Plan）、策略（Ploy）、模式（Pattern）、定位（Position）和观念（Perspective）。亨德森将企业长期战略的精髓锁定在维持组织的差异化上。波特认为，战略就是要与众不同，强调战略是建立在独特经营之上的活动。哈默尔和普拉哈拉德在界定组织核心竞争力时，提出了核心竞争力的三个特征：聚焦未来而不是沉迷于过去；重视内部资源而不是外部环境；强调建立共同愿景而不是领导人的刚愎自用。关于战略的外延，不同的学者有不同的划分，本书按照层次不同将战略划分为公司层战略、事业层战略和职能层战略。

自从伊戈尔·安索夫于1972年在《战略管理概念》一文中正式提出了"战略管理"的概念之后，战略管理逐渐发展成为管理学科领域中的一门显学，战略管理的研究成果也可谓汗牛充栋，甚至呈泛滥的趋势。战略管理理论研究和管理实践也从重视战略制定过程到更加关注战略的核心内容。

战略管理先驱安索夫率先提出了PEST战略分析框架和指导战略选择的安索夫矩阵。阿尔弗雷德·D.钱德勒（Alfred D. Chandler）在《结构与战略》中提出了"结构跟随战略"的观点，即企业战略选择必须有相应的结构调整跟随。安德鲁斯提出了用于战略分析的著名的SWOT分析。战略管理大师迈克尔·E.波特（Michael E. Porter）出版了著名的竞争三部曲，即《竞争战略》《竞争优势》和《国家竞争优势》,提出了三种基本竞争战略、五力模型、价值链、钻石模型、产业集群理论等影响深远的分析工具和理论。其中,在《竞争优势》一书中,波特使用价值链详细阐述了企业如何建立自己的竞争优势,对价值创造过程的基本活动和支持活动的构成及价值创造的流程进行了阐述,如图3-1所示。价值链的提出开创了价值创造研究的新方法,为组织价值创造流程的深入研究开启了一条有效路径。

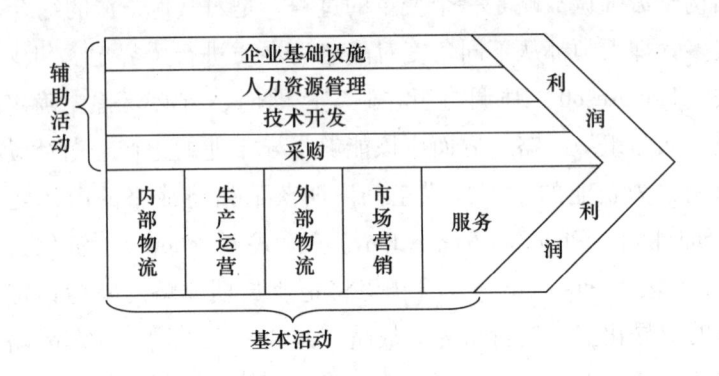

图3-1 基本的价值链

资料来源:[美]迈克尔·波特:《竞争优势》,华夏出版社2005年版,第37页。

钱德勒认为,战略管理是决定企业基本的长期目标和任务,制定行动方案,并配置资源以实现这些目标。大前研一(Kenichi Ohmae)对战略管理进行研究,发现顾客是日本人战略的核心及公司价值的关键所在。在此基础上他提出了"战略3C",即公司自身(Corporation)、顾客(Customer)和竞争者(Competition)是企业获得成功的关键因素。这个战略三角的各方面都是有着自己利益和目标的实体,成功的企业家通常能充分考虑公司、顾客和竞争对手之间的动态的相互作用,并准确制订出指导行动的一系列全面的目标和计划。方振邦等(2014)在前人研究基础上,将战略管理定义为一组管理决策和行动,是外部竞争策略和内部管理的优化组合。基于对战略概念的理解,方振邦等(2015)在构建战略性绩效管理系统模型时,将组织顶层战略的内涵界定为使命(Mission)、核心价值观(Core Value)、愿景（Vision）和战略，并认为战略性绩效管理系统流程一般从审视和重申组织的使命、核心价值观、愿景和战略开始；在化战略为行动的管理体系中，组织的使命和核心价值观通常也是愿景和战略的方向指引。

公共管理学者对战略管理的界定也与以上学者的定义几乎相同。波齐曼（Barry Bozeman）和斯特劳斯曼（Jeffrey D. Straussman）将战略的主要任务定义为处理组织的外部环境、使命和目标，而战略管理途径则体现为界定目标和目的、提出一个能协调组织与环境的行动计划、设计有效的执行方法三个主要特征。[①] 保罗·C. 纳特（Paul C. Nutt）和罗伯特·W. 巴可夫（Robert W. Backoff）认为，战略管理是通过计划、策略、模式、立场和观点等来指导战略行动，从而为组织创造焦点、一致性和目的，并认为战略管理主要解决组织面临日益增加的不确定性未来是如何定位的问题。陈振明对战略管理的界定，则侧重于战略管理过程，他认为战略规划、战略实施和战略评价三个阶段共同构成了战略管理过程。

二 公共组织战略管理

陈振明（2001，2006）认为，在传统的公共行政学中，战略思维是没有地位的，它很少考虑外部环境、长期目标或组织的未来等问题。蓬勃发展的私营组织战略管理对公共组织战略管理的研究和探索有很大的推动。20 世纪 80 年代末 90 年代初以来，战略管理就在公共部门大量兴起，战略管理相关的教材和专著也相继出现；[②] 各国政府也借鉴私营部门经验开展了公共组织战略管理的探索。西方各国在公共组织战略管理实践中进行了广泛、积极的探索，本书仅对几个有代表性国家的探索做简要概述。

首先，美国的战略规划实践。美国有不少州政府在 20 世纪 80 年

[①] Barry Bozeman, Jeffrey D. Straussman, *Public Management Strategies*, San Francisco: Jossey – Bass Publishers, 1990: 54.

[②] 早期的公共部门战略管理相关专著或教材主要有布莱森的《公共组织和非营利组织的战略规划》（1988）、波齐曼和斯特劳斯曼的《公共管理战略》（1990）、纳特和巴可夫的《公共组织和第三部门的战略管理》（1991）。

代初就进行了战略规划实践，其中俄勒冈州的两个详尽的州战略规划可以说是地方政府进行战略规划实践的典型。另外，《政府绩效与结果法案》（1993）规定，到1997年，所有联邦政府机构都必须实行战略规划。该法案极大地推动了美国联邦政府各机关制定和实施战略规划，另外很多非营利部门也制定了战略规划以应对财政紧缩和不确定的环境。

其次，新西兰也进行了政府战略管理相关探索。新西兰以促进政府内部合作为指导来强化战略与绩效的对接，其中，战略结果区（Strategic Result Areas，SRAs）和关键结果区（Key Result Areas，KRAs）是新西兰政府战略管理探索的精髓所在。[①] SRAs 和 KRAs 强调选取几个显著的且在很大程度上能够对整个系统运作产生有益的杠杆作用的目标加以实施，选择性和灵活性因此成为其显著特征。但是，由于没有与评价程序和预算对接，SRAs 和 KRAs 也需要继续完善。

另外，爱尔兰政府也进行了有价值的探索。爱尔兰政府从1990年起就致力于实现以服务成果为导向的公共服务，从而开始了政府改革。到1994年，爱尔兰政府发起战略管理倡议（Strategic Management Initiative，SMI）[②]，旨在提升公共服务水平，并通过高效利用有限的资源为国家发展做出更大的贡献。SMI 通过一系列的战略管理程序保障组织随时关注环境变化和实施各项服务的有效性。每个组织都需要根据战略目标制定《战略宣言》。1997 年通过的《公共服务管理法》要求政府部门制定战略规划，并从 1997 年开始制定客户服务方案。另外，1993 年修订的《主计审计长法》授权主计审计长进行绩效审计，为爱尔兰项目绩效审计提供了法律基础，也为公共战略落地提供法律

---

① 战略结果区是由内阁制定的一系列选择性的、普遍的和跨越任期的政策目标，其目的在于使战略长期聚焦于为数不多的几个极其重要的政策领域。关键结果区则是各部门在 SRAs 基础上设立的一系列重要的中期承诺目标，同时还与部门行政首长的绩效合同紧密联系在一起。参考陈振明《公共部门战略管理》，中国人民大学出版社 2011 年版，第 6 页。

② SMI 包括客户服务、人力资源管理、财务管理、公共事务公开和透明化、规范政府行为和信息技术六个方面。参考周洵《爱尔兰主计审计长公署对政府行政改革的审计》，《中国审计》2003 年第 15 期。

保障。

随着公共管理实践的逐渐深入，公共组织战略管理的研究也取得了较大的进步。

新公共管理学派在公共部门战略上取得了较大的进展。戴维·奥斯本（David Osborne）和特德·盖布勒（Ted Gaebler）在《改革政府》中提出了对政府进行企业化改革的十项原则，为公共管理改革实践者提供了一个概念工具和分析工具。[①] 奥斯本和彼得·普拉斯特里克（Peter Plastrik）在《再造政府》一书中，将公共组织视为一个有机体，再造政府就是通过改变有机体的DNA；他们提出了再造政府的"5C"战略，即核心战略（Core Strategy）、结果战略（Consequences Strategy）、顾客战略（Customer Strategy）、控制战略（Control Strategy）和文化战略（Culture Strategy）；同时为每种再造战略都找到一个解决问题的杠杆支点，并且对每种战略都列举出了三种解决路径，如图3-2所示。

新公共管理致力于建立"为顾客驱动的政府"，但是，在公共管理领域使用"顾客"这个概念存在的问题。在公共服务过程中，要准确区分谁是顾客非常复杂，明茨伯格在界定公民与政府间的关系时，就使用了"顾客、委托人、选民和主体"等概念。[②] 虽然新公共管理理论对提高公共服务质量具有很大的推动作用，但是，仍然存在比较明显的局限性。珍妮特·V.登哈特（Janet V. Denhardt）和罗伯特·B.登哈特（Robert B. Denhardt）在《新公共服务：服务，而不是掌舵》一书中，强调公共服务是服务于公民而不是服务于顾客，强调在

[①] 十项原则是指"起催化作用的政府：掌舵而不是划桨；社区拥有的政府：授权而不是服务；竞争性政府：把竞争机制注入提供服务中去；有使命感的政府：改变照章办事的组织；讲究效果的政府：按效果而不是按投入拨款；受顾客驱使的政府：满足顾客的需要，不是官僚政治的需要；有事业心的政府：有收益而不浪费；有预见的政府：预防而不是治疗；分权的政府：从等级制到参与和协作；以市场为导向的政府：通过市场力量进行变革。"详细论述参考戴维·奥斯本、特德·盖布勒《改革政府：企业家精神如何改革着公共部门》，上海译文出版社2012年版。

[②] 转引自［美］罗伯特·B.登哈特《公共组织理论》，扶松茂、丁力译，中国人民大学出版社2011年版，第115—121页。

重视效率的同时更应该关注公共利益、公民权、责任、以人为本等；在公共管理实践中，更多的应该是服务而不是掌舵，这要求公务人员注重在公民共同利益的满足和表达中的公共服务价值导向。新公共服务理论的发展是以新公共管理为基础的，即是在吸收新公共管理优点的基础上强调观照公共管理的本质特征。

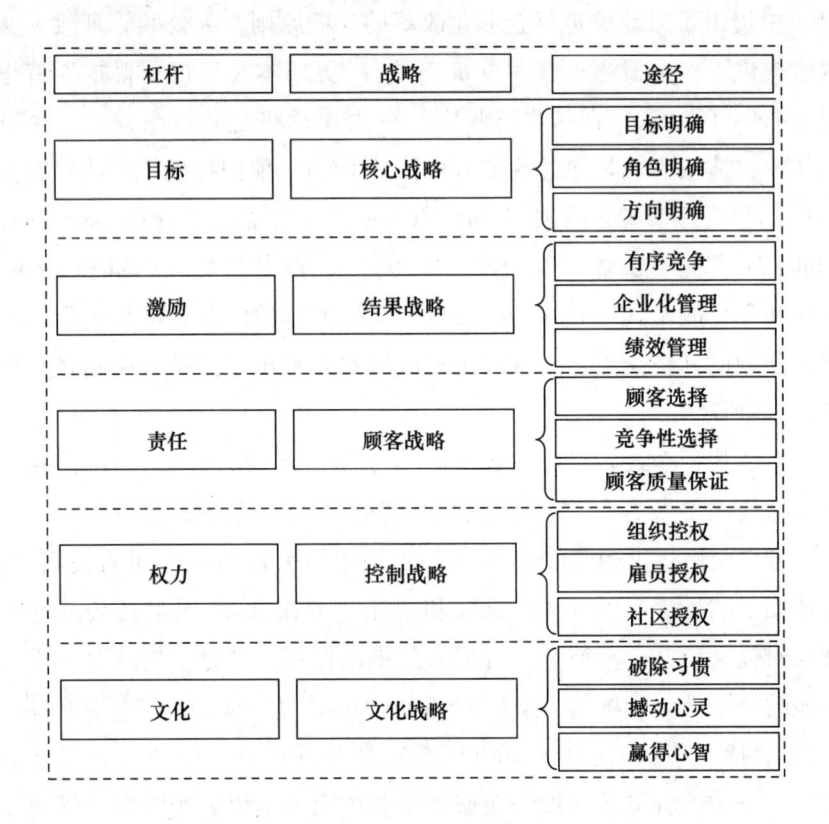

杠杆	战略	途径
目标	核心战略	目标明确 / 角色明确 / 方向明确
激励	结果战略	有序竞争 / 企业化管理 / 绩效管理
责任	顾客战略	顾客选择 / 竞争性选择 / 顾客质量保证
权力	控制战略	组织控权 / 雇员授权 / 社区授权
文化	文化战略	破除习惯 / 撼动心灵 / 赢得心智

图 3-2　"5C" 战略

资料来源：[美] 戴维·奥斯本、彼得·普拉斯特里克：《再造政府》，中国人民大学出版社 2010 年版，第 29 页。

新公共服务为公共组织战略管理的基本方向提供了更加明确的理论基础。马克·H. 莫尔在《创造公共价值：政府战略管理》一书中，开宗明义地提出了该书的目的就是为公共组织管理者构建一套找出问题症结的框架，回答的问题是"公共部门的管理者应该怎样根据所处的环境来思考和行动，以创造公共价值"。基于此，他提出了三角模型分析框架，这对公共组织绩效管理确立价值理性的主导地位有很大的指导作用。莫尔提出的公共战略模型包括围绕公共价值的三个维度：一是使命管理，即确保组织目标符合公共价值的基本要求；二是政治管理，即确保公共价值与政治合法性一致；三是运营管理，即通过有效的运营管理促进战略目标的实现。莫尔认为，战略管理者通常应在努力实现"创造公共价值"这一公共管理的终极目的的过程中，积极开展探索和创新，在实践中不断发现、定义和创造公共价值，从而改善组织的职能和行为，进而推动组织绩效的持续提升。莫尔还在《公共价值：理论与实务》一书中提出了公共价值战略三角模型，具体包括授权环境、公共价值产出和运营能力。[①] 他在《认识公共价值》一书中，从"增加权威以定义价值"和"政策发展、实施和影响趋势"两个维度对战略三角进行重新审视，将战略三角调整为合法性与支持度、公共价值和运营能力，如图3-3所示。

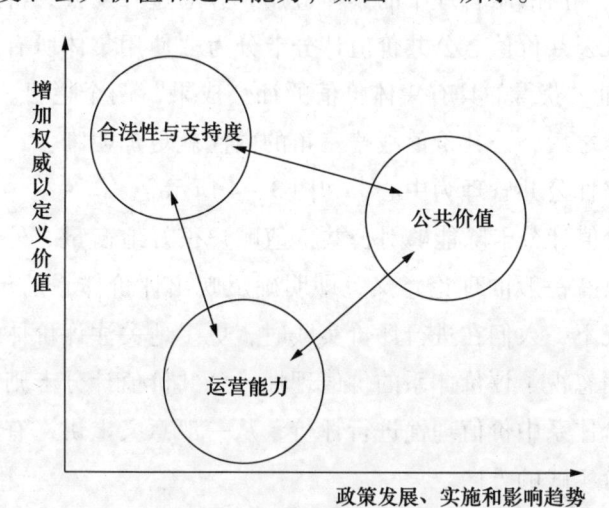

图3-3 公共价值战略三角

资料来源：Mark H. Moore, *Recognizing Public Value*, Cambridge, MA: Harvard University Press, 2013。

[①] John Benington, Mark H. Moore, *Public Value: Theory and Practice*, Palgrave Macmillan, 2011: 5.

莫尔认为，没有一种流程能保障这三个要素的自然对接；要实现三个要素的有效链接，管理者应该致力于诊断组织的政治授权环境和任务环境、观照公共价值创造的战略理念和决断哪些管理行为在特定环境中能够有最大化的公共价值。在使用这个战略三角模型时，管理者通常会发现，关键是使该模型在理论上和实际上均能通过一个固定方法来认识公共价值，即运用公共价值账户。公共价值账户通常仅包括有限的几条绩效指标，这些指标通常与实现组织所追求的终极价值相关。在公共价值战略管理的一个挑战就是公共价值账户不能独立存在，通常需要体现在聚焦管理行为和组织活动中的价值导向管理目标的管理过程之中。公共价值账户的最好表现是在过去的管理实践中创造了什么样的公共价值，但是，战略性公共价值命题是在未来的管理实践中能创造什么新的公共价值。因此，在借鉴平衡计分卡思想和管理体系的基础上，莫尔设计了公共价值计分卡，并将其看作是平衡计分卡在公共部门战略管理中的具体应用，并通过开发公共价值计分卡来强制定义公共价值。公共价值计分卡分为"使用集体所有资产及相关成本"和"获得的具有集体价值的社会成果"两个栏目。① 在融合平衡计分卡之后，公共价值战略三角的内涵就更加明晰了，并且三角均应以战略性公共管理为中心，如图3-4所示。

公共价值计分卡除能够对公共价值账户很好地衡量之外，还在评价实践中具有一般的理论意义，即明确反映出评价体系的价值理性。在通常情况下，人们在进行评价实践时，更多地关注评价体系工具理性部分，而忽视了评价体系的价值理性，公共价值计分卡则对公共组织绩效评价体系中价值理性进行评价，从一般意义上讲，有利于评价者把握评价实践的方向。

三 战略指引下的公共服务项目评价

在战略指引下对公共服务项目评价进行研究，必须在整体性哲学管理哲学理念的指导下对管理过程进行系统分析。但是，西方管理理

---

① Mark H. Moore, *Recognizing Public Value*, Cambridge, MA: Harvard University Press, 2013.

论几乎都是在特定假设下形成的研究成果,如何有效地运用这些理论成果,构建一套基于创造公共价值视角的公共服务项目评价体系,是一项复杂的任务。我们还必须扎根中国公共组织战略的实际,在中国语境中寻求具体的实现路径。

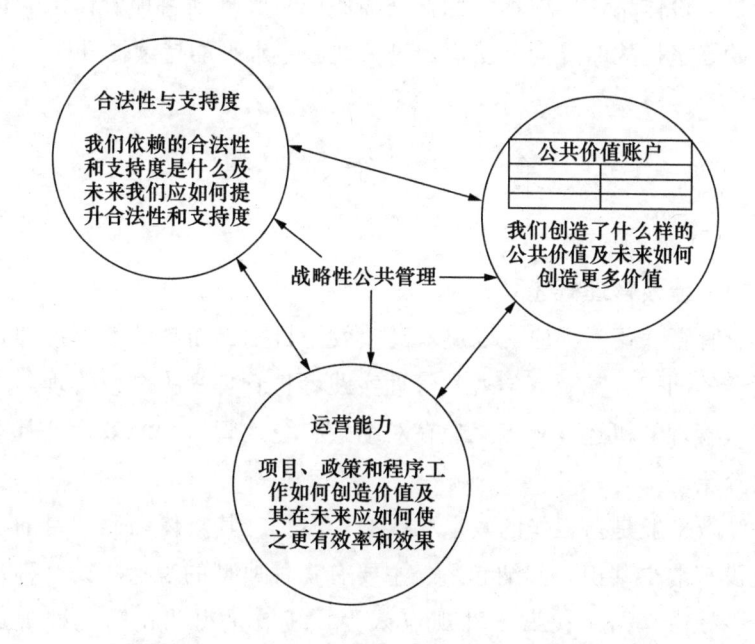

图 3－4　公共部门领导的公共价值计分卡

资料来源:Mark H. Moore, *Recognizing Public Value*, Cambridge, MA: Harvard University Press, 2013。

我国各级各类公共组织的战略,从国家组织结构和国家性质来讲,都要追根溯源到党的章程和大政方针政策之中。我国公共组织使命的根本来源都要追溯到党全心全意为人民服务的根本宗旨,各种公共服务行为都应践行社会主义核心价值观。而"三步走战略""两个一百年"和民族复兴"中国梦"的愿景及各类"五年规划",最终都要各级公共组织来具体执行和落实;其中,公共服务项目作为一个临时性组织,既是践行党的根本宗旨和核心价值观的具体措施,也是促进各党的宏伟愿景和层次公共战略的落地行动方案。

在公共服务项目评价体系构建中强调公共战略，主要就是强调评价体系价值指引的正确性。具体来讲，就是在项目评价标准中，强化创造公共价值的"指挥棒"作用，通过促进项目成功来促进公共组织战略目标的实现。因此，本书坚持在创造公共价值视域下构建公共服务项目评价体系，其根本目标就是确保公共服务项目评价体系的构建工作始终坚持战略导向，从而促进公共服务水平的持续提升。

第二节 绩效管理

一 绩效管理概述

所有管理行为都应该以追求高绩效为目标，而高绩效获得却是一个复杂的问题，甚至有学者和管理实践者将管理视为绩效管理。本书对绩效管理的概述，重点聚焦在对绩效、绩效管理和绩效评价基本概念的介绍上。

绩效一般是指工作的效果和效率。但是，其具体内涵到目前学术界也没有取得共识，归纳起来，主要有三种典型的观点：第一种观点认为，绩效是结果；第二种观点认为，绩效是行为；第三种观点认为，绩效是行为和结果的统一体。本书坚持第三种观点。从绩效的外延来看，绩效通常被按照组织层次的差别被分为组织绩效、群体（主要包含部门和团队两类）绩效和个人绩效三个层次。结合绩效的内涵和外延，本书认为，绩效是组织的使命、核心价值观、愿景及战略的重要表现形式，是组织期望的为实现其目标而展现在组织不同层面上的工作行为及其结果，最终体现为组织内各级人员履职表现和工作任务的完成情况。方振邦（2015）认为，绩效具有多因性、多维性和动态性等特性。

国内外很多学者都对绩效管理的内涵进行了界定，比如赫尔曼·阿吉斯、雷蒙德·A.诺伊、石金涛、彭剑锋等，但是，目前仍然没有取得完全的共识。关于绩效管理的概念，目前也存在三种观点：第一种认为是管理组织绩效系统；第二种认为是管理员工绩效系统；第三种则认为是管理组织与员工绩效系统综合。本书倾向于方振邦教授的观点，他认为，绩效管理是指组织及其管理者在组织的使命、核心价值观的指引下，为达成愿景和战略目标而进行的绩效计划、绩效监控、绩效评价以及绩效反馈的循环过程，其目的是确保组织成员的工作行为和工作结果与组织期望的目标保持一致，通过持续提升个人、群体以及组织的绩效水平，最终实现组织的战略目标。[①] 与绩效分层一样，绩效管理也可以分为组织绩效管理、群体绩效管理和个人绩效管理三个层面。绩效管理通常具有战略性、协同性、差异性和公平性等特征。

根据绩效管理的概念，绩效管理是"化战略为行动"的过程，即将组织的使命、核心价值观、愿景和战略（即组织的顶层设计）转化为组织系统内各级员工行动指南。方振邦提出的"目的、环节和关键决策模型"很好地体现了绩效管理系统的内在逻辑和运行机制，如图3-5所示。绩效管理的主要目的包括战略目的、管理目的和开发目的，一切绩效管理活动都围绕绩效管理的目的展开。绩效管理的目的全面实现有利于保持绩效管理活动的科学性、有效性和合理性，以及通过绩效管理获取人力资源竞争优势。绩效管理系统包括绩效计划、绩效监控、绩效评价和绩效反馈四个环节。这四个环节表现为一个循环往复的闭循环，任何环节的执行出问题都会对整个绩效管理体系带来负面的影响。为了实现三个目的，组织在实施绩效管理的四个环节中，必须把握好评价内容、评价主体、评价周期、评价方法和结果应用五项关键决策，这五项关键决策通常又集中体现在绩效评价环节之中。组织的顶层设计就是通过与评价内容的无缝对接，来引领绩效管理系统和管理行为的主要方向。

绩效评价是绩效管理系统中技术性最强的环节，通常应该在绩效管理系统中把握绩效评价。绩效评价通常指根据绩效目标协议书所约定的评价周期和评价标准，由绩效管理主管部门选定的评价主体，采用有效的评价方法，对组织、群体及个人的绩效目标完成情况进行评

[①] 方振邦：《战略性绩效管理》，中国人民大学出版社2014年版，第10页。

价的过程。绩效评价不能与绩效管理其他环节相脱离，应当把绩效评价放到绩效管理过程的大背景中来考察。在绩效评价实践中，很多人孤立地看待绩效管理评价，既不利于绩效目标的达成，也不利于高绩效系统的建立和绩效水平的持续提升。

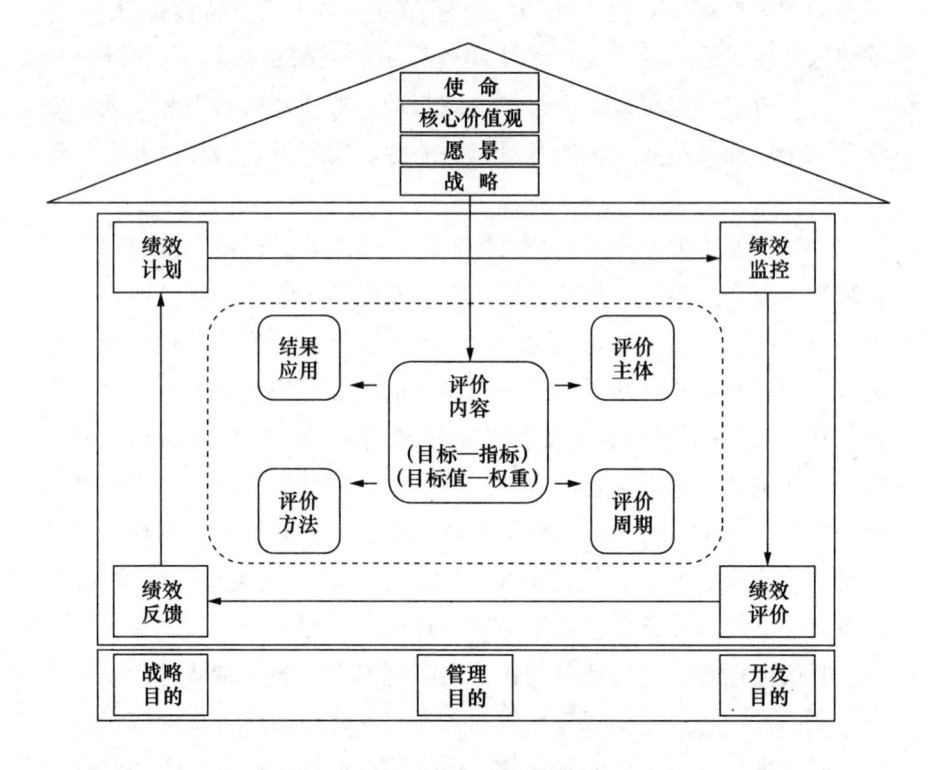

图 3–5　绩效管理系统模型

资料来源：方振邦、冉景亮：《绩效管理》，科学出版社 2016 年版，第 10 页。

二　战略性绩效管理工具

战略性绩效管理工具，既是搭建绩效管理系统的基础，也是连接管理理论与管理实践的桥梁与纽带。绩效管理研究和管理实践的发展与绩效管理工具的发展是同步的。目前主要的绩效管理工具主要有目标管理、关键绩效指标、平衡计分卡、目标和关键成果等，目标管理是另外几个管理工具的基础，本书重点介绍后三个管理工具。

目标管理（Management by Objectives，MBO）是德鲁克于 1954 年

在《管理的实践》一书中提出的。目标管理通常被看作一个管理过程，要求管理者与下属在充分沟通的情况下，根据组织的使命确定一定时期内组织的总目标，然后再对目标进行层次分解，并把这些目标作为组织经营、评估和奖励的标准。充分参与增加了员工对目标的认可度和责任感，从而使其更加投入目标实现的过程之中。目标管理过程通常包括包括计划目标、实施目标、评价结果和反馈四个步骤。当前，目标管理已经作为一种基本原则、一种责任甚至是一种管理哲学融入到了管理实践中。

（一）关键绩效指标

20世纪80年代，管理实践中越来越需要一种管理机制，促使企业战略与绩效管理有机对接起来，将组织战略转化为内部流程和活动，从而促使组织获取持续的竞争优势。关键绩效指标（Key Performance Indicators，KPI）因此应运而生。所谓关键绩效指标，是指将组织战略目标经过层层分解而产生的、具有可操作性的、用以衡量组织战略实施效果的关键性指标体系。其核心思想是聚焦战略目标达成，坚持"二八"原则，坚持以少治多、以点带面。

关键绩效指标一般应达到如下要求：首先，必须确保能够衡量组织战略的实施效果，即要求兼具确保战略导向性和关键性；其次，能体现最能有效影响组织价值创造的关键驱动因素；最后，对组织战略目标有增值作用。制定关键绩效指标通常分为几个步骤：首先，根据组织战略确定关键成功领域（Key Result Areas，KRA）；其次，再将每个关键成功领域细分为若干关键绩效要素（Key Performance Factors，KPF）；最后，再将每个关键绩效要素分解为具体的关键绩效指标。制定关键绩效指标最常用的方法是使用鱼骨图分析法，先制定组织关键绩效指标，形成关键绩效指标库，然后再逐层分解，指导保障所有组织关键绩效指标均有明确的责任者。

关键绩效指标法具有战略性、协调性、便捷性等特征，便于管理者抓住关键工作，是绩效管理领域应用非常广泛的战略性绩效管理工具。同时该方法也存在缺陷：首先，对组织顶层设计界定不明造成战略导向性不明确；其次，关键成功领域之间的相互关系不明确，造成指标之间协调困难；最后，过度关注结果，对管理过程监控不足。

（二）平衡计分卡

20世纪90年代，随着知识经济和信息技术的兴起，以财务指标为主的传统绩效评价模式受到质疑。罗伯特·卡普兰（Robert Kaplan）和戴维·诺顿（David Norton）在对实践调研基础上，于1992年在《平衡计分卡——驱动业绩的衡量体系》一文中提出了平衡计分卡（Balanced Scorecard，BSC），在此之后，他们又联合推出了五本专著，系统全面地构建了"以战略为核心、重视协调一致，并且始终强调有效平衡"的完整理论体系和系统管理工具。

随着理论研究的深入和管理实践的推进，平衡计分卡的功能也逐步完善和丰满，由最初的绩效评价工具向战略管理工具转变，最终发展为集"战略管理工具、绩效管理工具和管理沟通工具"为一体的综合性管理工具。平衡计分卡的有效实施，既有助于"化战略为行动"管理体系的顺利搭建，也有助于绩效管理"战略性、协同性、差异性和公平性"等特征的全面落地。平衡计分卡具体通过战略地图和平衡计分卡（狭义）两个管理工具来实现其管理理念。

1. 战略地图

战略地图是系统全面诠释组织的"顶层设计"，并将组织战略要素之间因果关系进行可视化的管理工具，也是将组织价值创造流程化的方法。组织的顶层设计通常包括使命、核心价值观、愿景和战略；这四者之间的关系是：使命指引核心价值观的形成，使命和核心价值观指引愿景和战略的形成，愿景指引战略的形成。战略地图则是顶层设计中"战略"的可视化表现，具体由财务层面、客户层面、内部业务流程层面、学习与成长四个层面构成。财务层面和客户层面描述的是组织希望达成什么样的结果，具体表现为财务绩效和市场绩效目标；内部业务流程层面和学习与成长等界定了组织如何创造价值，以及创造价值需要什么样的无形资产，具体表现如怎样驱动结果的达成。从各层面的目标体系来看，四个层面的目标自上而下层层牵引，自下而上层层支撑；四个层面的目标形成了具有明确因果关系的逻辑体系。

在明确了组织顶层设计以及战略地图的内在逻辑关系之后，卡普兰和诺顿就创造了战略地图这一可视化的工具将这些逻辑关系展现出来，以促进管理实践的规范化、系统化和科学化。组织客户价值主张的选择决定了战略地图中目标体系的构成，即根据客户价值主张制定战略地图是关键。卡普兰和诺顿归纳出了总成本最低、产品领先、全面客户解决方案和系统锁定四种不同类型客户价值主张，每种价值主张关注的重点均有差异。

　　客户价值主张对战略地图虽然具有决定性作用，但是，四个层面的基本内容是基本确定的，只是不同的价值主张的侧重点不一样。比如，宝马公司选择的是产品领先战略，其绩效管理系统更加强调收入增长和产品创新；而丰田公司选择的是成本领先战略，该公司就更加关注成本控制和内部运营流程的管理。绘制战略地图的关键还是系统、全面、整体地把握整个目标体系，因此，卡普兰和诺顿通过对营利性企业组织的研究、分析和凝练而提出的战略地图通用模板，如图3-6所示。

　　该通用模板始终坚持以战略为核心，并要求目标体系因果关系明确，具体通过依次回答以客户价值主张为主线的四个问题：财务目标如何满足股东的期望；客户目标如何满足目标客户的需求；流程目标回应我们必须做好哪些重点工作；学习与成长目标描述必须在哪些无形资产上做好准备。通用模板规定了战略地图的基本框架：财务层面提出了生产率提升战略（节流）和收入增长战略（开源）供实践者选择，客户层面提出了四种典型的客户价值主张，内部业务流程层面则根据价值创造周期的长短分别提出了四类业务流程，最底层则是三类驱动组织发展的无形资产。战略地图的目标体系绘制了客户价值创造的完整路径，底层是价值创造的源泉，第二层是价值创造的过程，第三层是客户价值的实现，第四层是客户价值的表现。基业长青的企业几乎都是将赚钱当作为客户更好地创造价值的基础，而不是最终目标，这就是所有优秀企业都是"道德"组织的原因。

　　与企业创造客户价值流程不同，公共组织应该以公共价值创造为根本目标，因此，公共组织战略地图与企业不同。目前，开发出来的政府战略地图基本都是在卡普兰和诺顿开发的通用战略地图的基础上进行改进而成，但是为利益相关者价值创造的主线始终是明确的。①

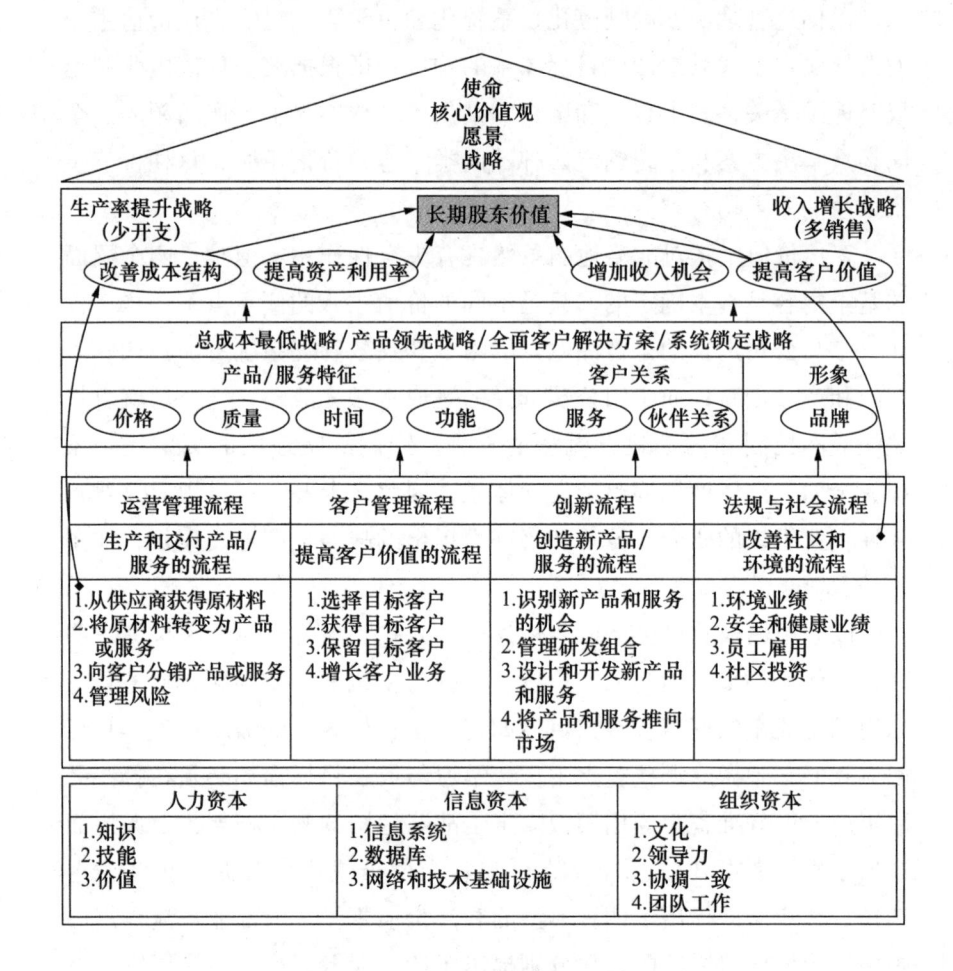

```
                          使命
                        核心价值观
                          愿景
                          战略

  生产率提升战略              长期股东价值              收入增长战略
    (少开支)                                          (多销售)

  改善成本结构  提高资产利用率            增加收入机会  提高客户价值

        总成本最低战略/产品领先战略/全面客户解决方案/系统锁定战略

            产品/服务特征              客户关系            形象
        价格  质量  时间  功能        服务  伙伴关系        品牌

  运营管理流程        客户管理流程        创新流程          法规与社会流程
  生产和交付产品/     提高客户价值的流程   创造新产品/        改善社区和
  服务的流程                            服务的流程         环境的流程
  1.从供应商获得原材料  1.选择目标客户     1.识别新产品和服务  1.环境业绩
  2.将原材料转变为产品  2.获得目标客户       的机会          2.安全和健康业绩
    或服务            3.保留目标客户     2.管理研发组合     3.员工雇用
  3.向客户分销产品或服务 4.增长客户业务     3.设计和开发新产品  4.社区投资
  4.管理风险                              和服务
                                       4.将产品和服务推向
                                         市场

          人力资本              信息资本              组织资本
        1.知识               1.信息系统            1.文化
        2.技能               2.数据库              2.领导力
        3.价值               3.网络和技术基础设施    3.协调一致
                                                 4.团队工作
```

图 3-6　战略地图通用模板

资料来源：方振邦、冉景亮：《绩效管理》，科学出版社2016年版，第218页。

---

① 保罗·尼文对政府战略地图的层面进行了改变，并提出了两种基本模式：A模式的顶层是利益相关者层面和财务层面并列，然后是内部业务流程层面和学习与成长层面；B模式是利益相关者层面处于顶层，然后依次是内部业务流程层面、学习与成长层面、财务层面。方振邦根据中国实际提出了平衡计分卡中国化模式，将政府战略地图改造为三个层面，即利益相关者层面、实现路径层面和保障措施层面。详细论述请参考方振邦、葛蕾蕾《政府绩效管理》，中国人民大学出版社2012年版，第64—66页。

2. 平衡计分卡

绘制完战略地图之后,就需要将目标体系转化为组织各层级的系统行为,这通常就是通过制定平衡计分卡来实现,并且战略地图和平衡计分卡通常是相配套使用。狭义的平衡计分卡是通过将战略地图四个层面的目标转化为衡量指标和目标值,并制订行动方案和预算计划的管理工具。平衡计分卡具体表现为一张二维的表格,如表 3-1 所示。纵向上,由四个层面具有明确因果关系的目标体系构成,目标之间的关系在战略地图中有全面体现。横向上,由具有推导关系的目标、指标、目标值、行动方案和预算等构成;由于指标是由目标推导出来的,而目标之间具有因果关系,因此,指标之间也形成了一定的关联关系。具体来说,目标是战略与绩效指标之间的桥梁,它说明了战略期望达成什么,即要想实现战略在各层面中要做好哪些事情,同时表现为一个动宾词组;指标则紧随目标,用以衡量该目标的实现程度;目标值是针对指标而言的,说明了该目标在特定指标上的期望绩效水平;行动方案说明了怎么做才能实现预定的战略目标,制定行动方案要综合考虑目标、指标和目标值;预算则说明了实施行动方案所需的人、财、物等资源。

表 3-1　　　　　　　　　平衡计分卡(样表)

要素＼层面	目标	指标	目标值	行动方案	预算
财务					
客户					
内容业务流程					
学习与成长					

资料来源:方振邦、冉景亮:《绩效管理》,科学出版社 2016 年版,第 10—19、61—67 页。

不同层面的绩效评价体系，平衡计分卡的内涵不一样。比如，北京市政府制定"提高控制空气质量"这一目标；与之对应的就有防护林种植面积、汽车尾气排放量等指标，同时还会制定应该达到的绩效标准，即目标值；为了实现目标值，就实施了风沙防护林项目和汽车限行政策等，最后每个项目都需要有资金预算支持，否则达成目标值就成为空谈。总之，平衡计分卡提供了最完整的绩效评价体系，为绩效评价体系开发提供了很好的参考样本。

（三）目标和关键成果

1976年，英特尔公司CEO徒安迪·格鲁夫在借鉴德鲁克目标管理思想的基础上，实行了"目标和关键成果"（Objectives and Key Results，OKRs）管理法，谷歌公司将OKRs引进来一直沿用至今，并将OKRs发扬光大。OKRs既是一套定义和跟踪目标及其完成情况的管理工具和方法，也是一套绩效沟通和管理执行的工具，而不是一套完整的绩效管理工具，其评价结果一般不用于晋升。OKRs包括两个部分，目标就是需要完成的具体任务，具体是指某件事情，通常用动宾词组表示，这是引导组织资源配置的方向，即将资源引向哪儿的。关键成果是衡量目标必须达成的产出结果，必要时对于未达成的关键成果还应列出待办事项，这主要体现为如何达成目标，如图3-7所示。

OKRs的基本原理就是通过自上而下层层设定目标，并在目标制定过程中保持上下级之间充分沟通并就目标达成共识；通过形成一个上下级达成共识的目标体系，促进组织形成全面协同的系统体系。可以说OKRs目标形成过程是组织自上而下的战略分解与自下而上的涌现实践需求的碰撞和协调的过程，最终形成具有高度共识的目标体系；在实施OKRs的组织中，通常很多目标都来源于实践，这些工作任务需要通过自下而上的沟通转变为具体目标。在一般情况下，组织内各个层级均不应超过5个目标，每个目标不超过4个关键成果。另外，对目标也有具体要求。首先要求可量化，即能够通过几个关键成果衡量出目标是否达成。其次需要有挑战性：完成60%—70%的目标为正常；完成80%以上为优秀；完成60%以下为不达标；完成低于

40%，不一定就代表失败，更重要的是检验项目是否重要，是否需要继续实施该项目；如果100%完成，则说明目标过于简单。

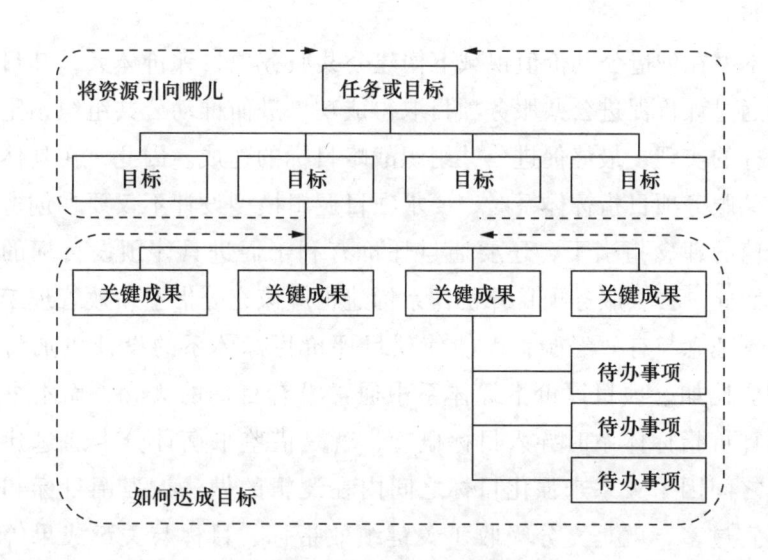

图 3-7　OKRs 系统示意

资料来源：童继龙：《OKR 管理：让每个企业都成为谷歌》，《互联网经济》2015 年第 8 期。

战略决定结构，即为应对复杂不确定环境而对客户需求做出敏捷回应是实施 OKRs 重要原因，适用 OKRs 的组织通常都是网络化或项目化类型的组织。也可以说，OKRs 主要适用于网络化或项目化类型的组织。OKRs 主要是一个沟通工具，即通过及时沟通，让员工了解自己干得怎么样，同时也通过公开透明的绩效系统了解到其他人干得怎么样，从而促进所有员工朝着一个共同目标持续努力。

三　绩效管理视域下的公共服务项目评价

公共组织绩效系统是一个巨型复杂系统，公共服务项目则是这个复杂系统的有机组成部分。公共服务项目评价的直接目的在于"以评促建或以评促改"，根本目标在于推动组织绩效目标甚至组织战略目标的达成。公共服务项目要真正实现创造公共价值的目标，必须通过科学有效的公共组织绩效管理体系才能实现。另外，鉴于评价仅仅是管理系统的一个环节，也需要将公共服务项目评价放在整个项目管理体系的整体性背景中来考量，才更有利于公共服务项目绩效的取得。

本书在创造公共价值视域下构建公共服务项目评价体系，其目的就是通过评价促进公共服务项目取得成功，进而推动公共组织预定绩效目标的实现，最终促进公共组织战略目标的达成。因此，在具体构建公共服务项目指标体系时，要求项目逻辑模型设计不仅要在创造公共价值的理念指引下，还要通过评价有利于促进具体预设目标的达成。因此，公共服务项目评价体系构建也应该充分借鉴绩效管理工具的基本理念与有效经验，以便使项目评价指标体系的设计更加科学合理。比如，项目评价指标体系中通常没有目标的概念，而本书在构建评价指标体系时导入目标概念，就是借鉴平衡计分卡通过建立目标之间因果关系来强化目标之间内在逻辑的做法；强调目标和指标不宜过多，就是充分吸收了关键绩效指标、目标与关键成果等绩效管理工具的基本思想。总体来讲，将公共服务项目评价看成"化战略为行动"的管理体系中的一个环节，有利于保障评价体系构建工作的质量。

第三节 项目生命周期

一 项目生命周期概述

在项目评价过程中，坚持在全生命周期视域下设计评价体系和开展评价工作对促进项目取得成功至关重要。本书仅仅通过项目生命周期的典型概念界定来加深对理论的理解。

PMI将项目生命周期定义为项目从启动到收尾所经历的一系列阶段。项目阶段的名称和具体划分由项目管理和控制的需要、项目自身特征以及项目所在领域等因素共同决定，但是，项目阶段通常会按顺序排列，比如PMI通常将项目划分为启动项目、组织与准备、执行项目工作和结束项目四个阶段。① 克莱兰和雷兰（Cleland and Reland，2002）认为，项目生命周期是管理层必须考虑的长期（战略）和中期（战术）问题，并且还列出了每个阶段应该注意的基本纲要。② 项目评价中，之所以要进行项目阶段划分，主要是通过为项目每个阶段设置起始点、结束点（或控制点），便于管理者通过每个阶段应该达成的中间结果或可交付成果，或者预设的各种里程碑等有效监控或评价，从而助推项目取得成功。

哈罗德·科兹纳认为，因为项目复杂多变，现在各行业，甚至在同行业的不同组织中，也尚未形成划分项目生命周期阶段的共识。他借用系统生命阶段的定义，将项目生命周期分为概念提出、计划、检测、执行和结束五个阶段。在概念提出阶段，主要进行初步评价，对项目风险、时间、成本、质量要求等进行初步的可行性分析。计划阶段则是对第一阶段所提出的各要素进一步提炼，进一步明确时间、成本和质量指标，以及项目所需的支持资源。第二阶段包括初步准备支持系统所需的各种文件。第三阶段是检测阶段，在项目正式开始前对准备工作进行进一步的坚持，特别是确定最终标准工时；另外，还需检测是否所有的文件都准备齐全。第四阶段进入执行阶段，这个阶段要求将项目融入已有的产品或服务中去，而执行期又可以根据产品或服务的生命周期分为引入、成长、成熟和衰退或退出四个子阶段。第五阶段是结束，不仅包括对已经结束项目的总结和评价，还包括以此为基础对新项目和系统进行资源再分配，从而进入新项目的概念阶段。③

二　全生命周期视域下的项目评价

构建项目评价体系的根本目的就是通过评价促进项目取得成功。

---

① ［美］PMI：《项目管理知识体系指南》（PMBOK 指南），许江林等译，电子工业出版社 2013 年版，第 38 页。

② ［美］施图本、巴德、格洛伯森：《项目管理：过程、方法与效益》，清华大学出版社 2009 年版，第 21 页。

③ ［美］哈罗德·科兹纳：《项目管理：计划、进度和控制的系统方法》，杨爱华、王丽珍、洪宇、李梦婷译，电子工业出版社 2013 年版，第 60—62 页。

有学者对项目生命周期不同的阶段的关键成功要素进行了研究，以便更好地识别和管理各种关键成功要素，从而提升项目成功的概率。吕萍和许敏（2007）从项目的定义阶段、计划阶段、执行阶段和交付阶段归纳出了10个项目关键成功要素，并且认为每个阶段的关键成功要素以2—5个为宜。由于公共服务项目种类众多，并且生命周期的划分也还存在分歧，因此，对各阶段的成功要素通常需要针对项目进行具体分析，但是，在全生命周期注重项目成功而不仅仅是重视项目管理成功的理念，对于公共服务项目评价体系的构建具有重要的意义。

在项目各阶段中，需要特别注意项目的早期阶段。由于项目还没有实际开展，同时外在环境也复杂多变，因此，在项目概念提出阶段和计划阶段的很多分析数据通常是基于初步估算的，要准确预测最终结果并不容易。在进行初步的总成本估算之后，项目发起人或组织管理者就应该推动进行成本—效益分析，以确定从系统获得信息的估计价值是否超过了获得信息的成本，如图3-8所示。

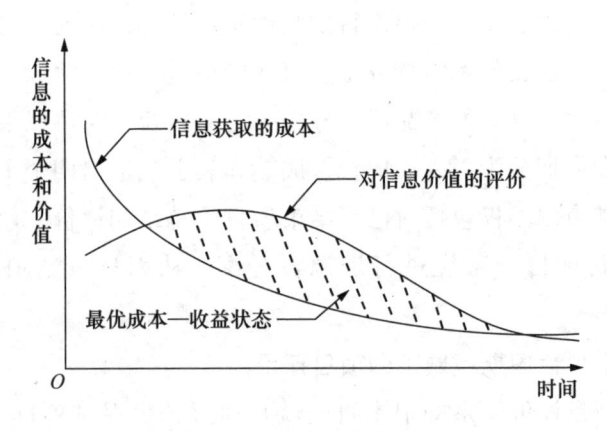

图3-8 成本—收益分析

资料来源：[美]哈罗德·科兹纳：《项目管理：计划、进度和控制的系统方法》，电子工业出版社2013年版，第61页。

在项目早期阶段（如概念提出和计划阶段），项目所需的资源所占的比例并不多，并且在影响总成本的情况下，变更项目的代价也是最小的。随着时间的推移,做出变更或采取修正措施的成本在呈显著上升趋势。其次,由于信息的不完备或不对称,在项目开始时风险和不确定性通常是最大的,随着时间的推移和可交付成果的逐步验收,风险和不确定性迅速降低。另外,项目预算受影响的程度则是在项目初期最大,随着项目的推进,项目预算的调整空间也随之变小。总体来说,项目的变量影响发展趋势如图3-9所示。①

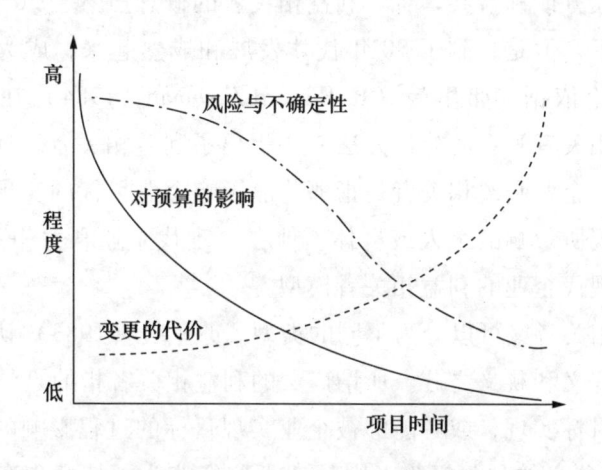

图3-9 随项目时间而变化的变量影响

虽然以上相关理论主要是基于一般项目展开的研究,这些理论同样适用于公共项目评价。何伟怡(2010)就从项目全生命周期成本(Life Cycle Cost, LCC)推广促进机制的视角对公共项目绩效改善路径进行了研究。尹贻林等也在全生命周期视域下对公共项目绩效管理展开了研究。在构建公共项目评价体系时,也应该遵循全生命周期的基本理念和内在逻辑,为科学设计公共服务项目评价体系提供理论指引。

---

① "风险与不确定性"和"变更代价"曲线的文献来源为:[美]PMI:《项目管理知识体系指南》(PMBOK指南),许江林等译,电子工业出版社2013年版,第40页。而项目"对预算的影响"曲线引自施图本、巴德、格洛伯森《项目管理:过程、方法与效益》,清华大学出版社2009年版,第128页。

第四节 利益相关者

一 利益相关者概述

利益相关者这一概念，来源于英文词汇"Stakeholder"，也有人译为利益相关方或利益共享者。利益相关者的概念虽然于20世纪60年代都提出了，但是，到了80年代才发展和成熟起来，成为公司治理的重要理论依据。弗里曼（R. Edward Freeman，1984）在《战略管理：利益相关者管理的分析方法》中提出了利益相关者管理理论。弗里曼认为，企业利益相关者是指那些能影响企业目标的实现或被企业目标的实现所影响的个人或群体。他在《现代企业利益相关者理论》中提出了现代企业的利益相关者模型。[1]

利益相关者又可以分为不同的类型。弗里曼（1983）认为，利益相关者有广义和狭义之分。所谓广义的利益相关者指的是"那些能够影响企业目标实现，或者能够被企业实现目标的过程影响的任何个人和群体"，狭义的利益相关者则是"那些企业为了持续生存所依靠的个人和组织"。[2] 美国学者米切尔和伍德（Ronald K. Mitchell and Donna J. Wood，1997）将利益相关者的界定与分类结合起来，力图具体判断和界定企业的利益相关者。他们认为，企业的利益相关者必须具备合法性、权利性、紧迫性中的一种属性。[3]

随着利益相关者这一概念的推广，项目管理或项目治理领域也开始使用"Project Stakeholder"这一概念。在项目管理中，对Stakeholder的翻译主要有干系人和利益相关者（利益相关方）。在美国项目管

---

[1] R. Edward Freeman, "A Stakeholder Theory of the Modern Corporation", *Journal of Business Ethics*, 2001 (3), pp. 38–48.

[2] Freeman, R. E., Reed, D. L., "Stockholders and Stakeholders: A New Perspective on Corporate Governance", *California Management Review*, 1983, 25 (3), pp. 88–106.

[3] Ronald K. Mitchell and Donna J. Wood, "Toward a Theory of Stakeholder Identification and Salience: Defining the Principle of Who and What Really Counts", *Academy of Management Review*, 1997, Vol. 22, No. 4, pp. 853–886.

理协会（PMI）所著 PMBOK 中，将 Stakeholder 翻译为"干系人"，由于 PMI 系列著作在项目管理领域具有广泛的影响，因此，在项目管理领域，干系人也被广泛接受。干系人具体指能够影响项目决策、活动或结果的个人、群体或组织，以及会受或自认为会受项目决策、活动或结果影响的个人、群体或组织。在国际项目管理协会（International Project Management Association，IPMA）出版的项目管理标准、年报等文献中，或者是在一般管理书籍或文献中，则使用项目利益相关者（利益相关方）的概念。虽然不同的文献中在使用词汇上有差异，但是，这些词汇的基本内涵却是基本一致的，本书统一使用利益相关者这一概念。

之所以被称为利益相关者，即是因为不同的个人或群体对项目有或积极或消极的影响，并且有可能存在相互竞争的愿望，甚至可能存在利益冲突。因此，在项目治理框架中，需要最大限度地回应不同利益相关者的需要或目标，以确保项目价值的最大化，最终保障项目符合组织战略。不同的利益相关者在项目中的责任和权利是不同的，并且可能随着项目生命周期的发展而变化，因此，在项目的全生命周期中，都需有效识别利益相关者并回应其合理需求。为了促进项目取得成功，按照项目管理的要求对厘清各种利益相关者对项目的影响是非常必要的，项目与利益相关者的关系如图 3 – 10 所示。

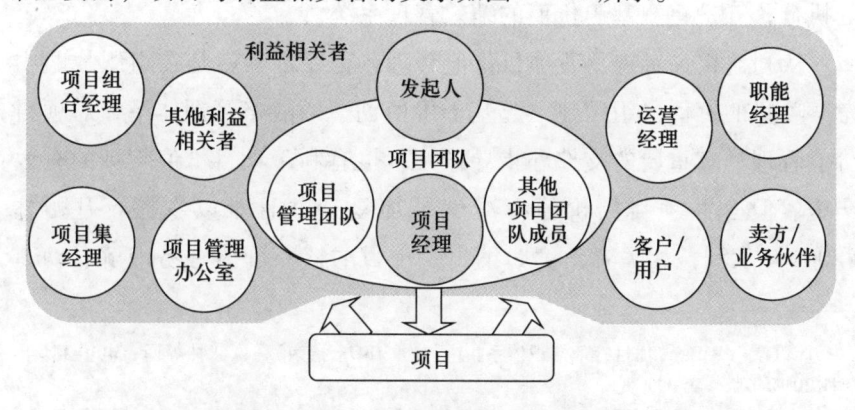

图 3 – 10　利益相关者与项目的关系

资料来源：[美] PMI：《项目管理知识体系指南》（PMBOK 指南），许江林等译，电子工业出版社 2013 年版，第 31 页。

二　基于价值创造视角的项目利益相关者分析

图 3-10 从项目管理的视角对项目利益相关者进行介绍，重视项目发起人和项目团队在项目管理对项目的重要影响。在项目生命周期的不同阶段，平衡不同利益相关者的要求、需求或期望，对于项目成功至关重要。具体来说，就是需要加强利益相关者管理，以便更好地管理利益冲突，以便更充分地促进利益相关者参与项目决策和活动。利益相关者管理通常也是项目管理的重要内容，具体包括识别利益相关者、规划利益相关者、管理利益相关者参与、控制利益相关者参与等过程。① 如何对利益相关者进行有效管理，这还需要追溯到项目管理引入相关利益相关者理论的初衷：一是为了更好地理解项目目的，促进形成项目的价值共识；二是在项目管理活动中更加便于确定利益相关者的责任。②

从价值创造视角来梳理项目利益相关者的需求或目标，既是促进项目取得成功的好方法，也是有效理解利益相关者理论在项目评价中基础性地位的有效突破口。弗里曼将利益相关者就利益相关者引入战略管理体系，他将利益相关者引入价值管理的过程分为五个步骤：一是确定组织价值目标；二是识别关键利益相关者并列出影响组织价值的重要利益相关者；三是制订价值战略计划；四是监控价值战略计划的执行；五是建立基于价值的绩效管理系统。③

从利益相关者视角看项目价值管理，首要步骤就是在组织战略中考察项目的价值。组织建立起基于价值创造的战略管理体系，对项目价值管理具有重要的支撑和指导作用，也有利于项目价值管理的有效实施。但公共项目的价值标准就更加复杂并且难以掌握。尹贻林（2006）从利益相关者角度归纳出了项目的核心价值有易理解、动力

---

①　［美］PMI：《项目管理知识体系指南》（PMBOK 指南），许江林等译，电子工业出版社 2013 年版，第 391 页。
②　Freeman, R. E., Wicks, A. C., Parmar, B., "Stakeholder Theory and 'The Corporate Objective Revisited'", *Organization Science*, 2004, 15 (3), pp. 350-363.
③　［美］弗里曼：《战略管理：利益相关者方法》，上海译文出版社 2006 年版，第 52—58 页。

性、可信性、动态性和主观性、稳定性等特征。不同的利益相关者的需求不一样，其特性也可能不同。不过项目的类型、项目发起人的目的，以及利益相关者价值需求等对项目核心价值的形成具有重要的影响。

把创造股东价值最大化作为经营管理的首要价值在企业管理中没有问题，既为企业经营管理提供了价值标准，也为企业战略制定提供了依据。但是，公共组织的利益相关者构成复杂，造成公共服务项目核心价值实现是一个复杂的动态过程。通常项目所在组织作为项目发起人对项目核心价值体系的形成、管理和实现具有关键性影响。在项目评价实践中，为了促进项目成功，一般需要将项目核心价值与组织价值体系对接，在项目决策和规划阶段就应该形成明确的项目核心价值。将核心价值作为一个重要的输入变量，强化其对项目管理过程、项目内部和外部反馈系统等有效影响，最终使项目输出符合项目预期目标。这个促进项目成功的过程就是达成所有利益相关者核心价值诉求的过程，具体模型如图3-11所示。

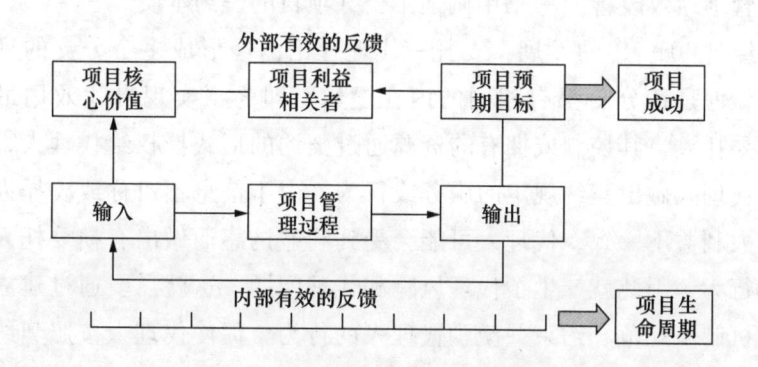

图3-11 项目核心价值实现模型

资料来源：尹贻林、胡杰：《项目成功标准的一个新视角——基于利益相关者的核心价值研究》，《科技管理研究》2006年第9期。

政府部门通常作为公共服务项目的发起人，对项目价值实现与否具有决定性影响。公共部门既是公共利益的代理人又是一个独立的利益主体，还可能导致公共利益受损。因此，公共项目通常应将确保公共利益作为项目的价值共识或核心价值。确保公共利益最有效的途径就是在项目价值实现的过程中坚持公共需求导向，或者强调公共服务供给与公共需求导向的无缝对接。在公共项目管理过程中，平衡各种利益相关者的价值冲突是一个很大的挑战。因此，需要建立一个科学的评价体系，引导公共项目价值管理和评价公共项目价值实现程度。

第五节 机制设计理论与委托—代理理论

一 理论概述

委托—代理理论作为一种完全契约理论，既是契约理论[①]最重要的发展之一，也是构建公共项目评价体系的重要基础。萨平顿（Sappington，1991）认为，委托—代理理论核心任务或理念就是探索在信息不对称和利益相冲突的情况下，委托人如何通过有效的契约设计来激励代理人的问题。[②] 尹贻林和杜亚灵（2010）在《基于治理的公共项目管理绩效改善》一书中阐述了公共项目的契约本质。

经过40多年的发展，委托—代理理论已经形成多个分支的理论体系，但是各分支都有相同的内在逻辑，即为了实现自我效用最大化，委托人将其控制或拥有的资源通过契约的形式授权给代理人，并要求代理人做出契约规定的服务或行为。由于信息不对称或委托人和代理人利益不一致，代理人可能会受到利益诱惑而做出有损委托人利益的行为，因此就产生了代理风险和代理问题。这就需要通过建立有效的机制来规范、约束并激励代理人的行为，促使代理人按照契约约定而做出规定的行为，从而降低代理风险和成本，并提高代理效率。

[①] 契约理论通常可以分为委托—代理理论（完全契约理论）、不完全契约理论和交易成本理论三个理论分支（苏启林，2004）。但是，威廉姆森（Williamson）指出，契约的经济学研究方法主要包括公共选择、产权理论、代理理论与交易成本理论四种。资料来源：Williamson, Oliver E. , "The Theory of the Firm as Governance Structure: From Choice to Contract", *Journal of Economic Perspectives*, 2002, Volume 16 (3), pp. 171 – 195。

[②] Sappington, D. E. M. , "Incentives in Principal – Agent Relationships", *Journal of Economic Perspectives*, 1991, 5 (2), pp. 45 – 66.

即要求在激励相容约束和参与约束两个条件下寻找委托人设计的最优契约，让代理人的努力水平符合委托人的利益（刘有贵，2006）。这一基本逻辑的具体实现也不是一蹴而就的，需要经过委托人和受托人的充分沟通和平衡双方利益的一个过程。这个过程一般可以分为如下几个步骤：委托人首先需要设计出契约；其次就是代理人接受要约（拒绝合同就不存在委托—代理关系了）；再次是代理人克服各种随机影响因素，付出努力履行契约；最后是委托人根据受托人的产出情况进行支付。

委托—代理理论坚持"经济人"假设为理论基础。主要假设是委托人和受托人之间存在利益冲突和信息不对称。事实上，在信息对称但存在利益冲突的时候，委托人和受托人就可能找到一个利益均衡点，从而通过签订契约找到最优方案；如果没有利益冲突时，即使存在利益不对称，委托风险也很小。但是，在既存在信息不对称又存在利益冲突时，代理问题就大量存在。

理解和运用委托—代理理论还需要明确其基本原理。委托—代理理论的基础之一就是机制设计理论。[①] 机制设计提供了一般性的框架，其核心是如何在信息分散和信息不对称的条件下设计激励相容的机制来实现资源的有效配置，而委托—代理理论则主要考虑框架内委托—代理过程中的激励相容问题。

赫维茨提出的机制设计理论主要涉及信息效率和激励相容方面的问题。1960 年，赫维茨发表了《资源配置最优化与信息效率》一文，讨论了在信息不对称的情况下如何通过机制设计使资源配置最优化的问题；他在 1972 年发表的《论信息分散系统》一文中，提出了激励相容的概念。激励相容需要解决的问题就是探索在信息不对称和参与人动机不同的情况下，如何推动个人目标与社会目标保持一致的问题。赫维茨就通过工程项目中委托人如何通过机制设计来激励和促进

---

① 机制设计理论是由里奥尼德·赫维茨（Leonid Hurwicz）率先提出，之后埃瑞克·S. 马斯金（Eric S. Maskin）和罗杰·B. 迈尔森（Roger B. Myerson）对该理论进行拓展和完善。因为在机制设计理论研究上的杰出贡献，他们三人获得了 2007 年的诺贝尔经济学奖。

代理人说真话来诠释激励相容的问题。1973年，他在《资源分配的机制设计理论》一文中，指出机制设计理论最关键的问题是如何将私人信息和激励问题①有机地整合在一起。

迈尔森通过《激励相容与讨价还价问题》等论文和著作，运用机制设计理论和博弈分析方法，为机制设计理论走向应用做出了重要的贡献。迈尔森对机制设计的贡献主要体现在对"显示原理"的研究上，而"显示原理"又极大地简化了机制设计理论问题。根据显示原理，我们只需要关注直接显示机制就够了。但是，激励相容的直接显示机制几乎不可能在现实中找到。通过将机制设计理论与博弈论结合，有利于将复杂的社会选择问题转化为博弈论可以处理的不完全信息博弈，从而使"不可能定理"变成了可以"显示"的机制。在委托—代理中，机制设计可以被看作一个三阶段不完全信息博弈：第一阶段，委托人提供一种包括规则、契约等内容在内的机制；第二阶段，代理人决定是否接受这种机制；第三阶段，代理人根据预定的规则进行博弈。根据显示原理，为了使效用最大化，委托人只需考虑被"显示"的机制，即代理人在第二阶段接受机制，以及在第三阶段如实报告其选择行为。

总之，机制设计理论的思想和框架到目前为止已经影响或改变了包括信息经济学、公共经济学等很多学科，并且成为契约理论、委托—代理理论等诸多领域研究重点。

二　在公共服务项目中的应用分析

尹贻林和杜亚灵（2010）用契约属性来打开项目管理的"黑箱"，并认为公共项目是在公共需求的带动下，各种利益相关者在市场围绕公共产品提供、生产和消费的一系列通过合约缔结而成的、具有生产性功能的临时性契约组织。② 从全生命周期来看，项目评价将

---

① 激励问题主要包括两个方面的内容：一是最优机制，即机制的目标是最大化个人的预期收益，主要是在拍卖理论中最大化委托人即拍卖者的预期收益；二是效率机制，即设计者的目标不是个人收益最大化，而是社会整体的福利最大化。

② 尹贻林、杜亚灵：《基于治理的公共项目管理绩效改善》，科学出版社2010年版，第47页。

评价体系根植于公共需求是项目成功的基础，有效地提供和生产公共产品是公共项目绩效改善的实现路径，而公共产品的最终消费与最初预期目标相一致则是公共项目成功的完整体现，也是事实公共项目的根本目的。

公共项目的所有利益相关者一般包括目标公众、政府部门和市场主体三大类。而这三类利益相关者在公共项目中的契约关系是通过委托—代理的形式确定下来的。公众以层层委托的方式产生了中央政府，这种委托关系确立了政府部门在公共项目中发起人角色的法定地位，然后政府部门又通过契约将项目委托给市场主体。公共项目因此形成了一个多层级委托—代理关系，如图 3 – 12 所示。从这个多层级的委托—代理关系可以看出，要在这个长长的委托—代理链中聚焦公共需求和实现公共利益最大化，是一个非常复杂的问题。为了保障公共项目的成功，促进公共项目决策、实施和运营的全生命周期中维护公共利益就成为必然选择。但是现实中，我国公共项目中代理人危机却时有发生。

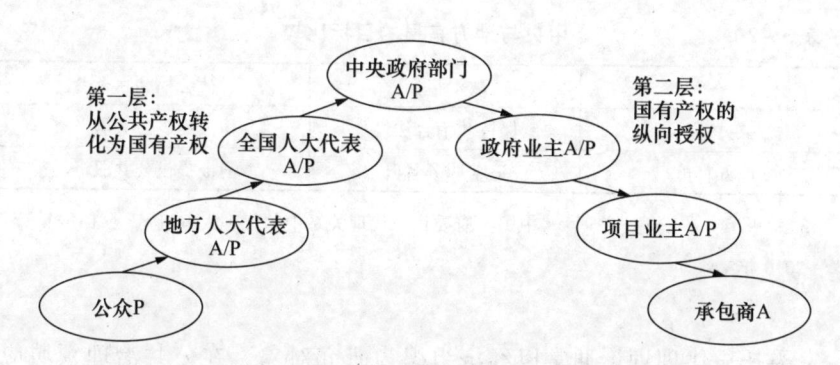

图 3 – 12　公共项目中多层级委托—代理关系

注：A – agent 即代理人；P – principal 即委托人。

资料来源：尹贻林、杜亚灵：《基于治理的公共项目管理绩效改善》，科学出版社 2010 年版，第 49 页。

我国从公众到中央政府的委托关系因为有执政党多为强制、永恒的保障，在理论上这种委托关系能够保障中央政府按照全心全意为人民服务的宗旨来施政。同时，由于单一制国家性质，中央政府和地方政府之间也是强制和永久性的，也从理论上保障地方政府必须执行上级政府的任务和安排；但是，政府领导干部与政府的合约是有期限的，这常常造成我国中央政府与地方政府的委托—代理中普遍存在代理人危机（江依妮、曾明，2010）。我国中央政府官员首要目标是维护其政治目标，即保持政治合法性，这需要中央政府坚持全心全意为人民服务的根本宗旨，体现在社会福利目标上，则需要积极提供公共服务；而地方官员的目标主要是追求职务晋升，因此，在其职务行为中，为了达到晋升目的可能过滤不利信息甚至提供虚假绩效信息，因此，地方政府提供公共服务更多的是任务导向，被动接受上级政府的要求。因此可以说，中央政府官员和地方政府官员的目标在政治目标上存在冲突，而在提供社会福利目标上仅有限共融，如表3-2所示。因此，在信息不对称和目标差异存在的情况下，如何避免代理人危机，设计出激励相容的机制，并使公共利益在各级政府官员的执政行为中获得真正重视，是政府间委托—代理的重要主题。

表3-2　　　　　　　　中央与地方官员的目标比较

	政治目标	社会福利目标
中央官员	保持政治合法性	积极提供公共服务
地方官员	追求职务晋升	消极提供公共服务

资料来源：江依妮、曾明：《中国政府委托—代理关系中的代理人危机》，《江西社会科学》2010年第4期。

委托—代理理论通常以经济组织为研究对象，在公共治理领域应该委托—代理理论来建立治理机制，还需要结合公共组织的基本特征进行专门分析，也有学者因此专门探索构建"政府式"委托—代理理论模型（王金秀，2002）。由于上下级政府间的委托—代理的强制性，导致了在产生利益冲突的时候，地方政府官员提高效率和规避错误的行为常常可能以损坏公众利益为代价。另外，激励主导的机制还容易在政府内部助长钱权交易，并扰乱市场秩序。

另外，由于政府间效用目标的差异，常常诱发代理人问题。一般来说，要找到不同层级的代理人和公众之间的激励相容的均衡点是非常困难的，加上政府对绩效信息的垄断性或者绩效信息不对称性，代理人在目标冲突时往往选择损害公众利益、国家利益和部门利益来维护本部门利益（含个人利益）。公众作为委托人通常获取信息能力有限或能力分散不能形成合力，造成公众监督成本高或没有能力监控，这种窘境使公众做出"搭便车"的选择，从而助长了"代理人问题"发生的频率。因此，需要通过有效的机制设计来保障公众的代理机构能够充分代表其利益和促进地方政府在约束条件下最大限度地维护公众利益。

政府部门与市场主体之间的委托—代理，就需要按照市场规律，设计出政府部门、市场主体和公众等利益主体间的激励相容的机制。另外，利用政府的权威地位，要求市场主体最大限度地向其提供信息反馈，使利益主体之间信息更加对称。总之，公共项目的根本目标是满足公共需求，各利益相关者之间的委托—代理的利益均衡点必须以维护公共利益为根本目标。因此，公共项目评价体系的设计必须在维护各类利益相关者的诉求的情况下充分满足公共需求，切实维护公共利益。

第四章 公共服务项目评价体系设计

构建一套完整的评价体系是一项复杂的系统工程,评价体系开发者和评价实践者都需要对此有系统、全面和深入的认识。评价体系的构建工作就像一座冰山:评价体系构建工作是处于水平线之上的、能够看见的那部分工作;理论基础与内在逻辑的系统梳理则是水平线下那些看不见的、非常重要的基础性工作。正如德鲁克所讲的,"企业的定义只有一个,那就是创造顾客",公共服务项目存在的理由也只有一个,即创造公共价值。本书在创造公共价值理念的指引下,对评价体系构建基础和设计流程进行比较系统的阐释,以期全面阐述公共服务项目评价体系的价值基础、管理基础和内在逻辑。

第一节 公共服务项目评价体系的内容与构想

一 公共服务项目评价体系的基本内容

评价在本质上是一种实践活动,面临的情况不同评价体系设计就应该存在差异,即不存在一种放之四海而皆准的评价体系。评价目的是影响评价体系构成的关键因素。项目评价的目的通常可以分为多种类型,比如,帮助项目决策、评价项目的用途和创意、提高项目管理和指导的绩效、满足项目各利益相关方的要求等[①],评价体系通常需要根据特定的目的进行专门设计。本书从创造公共价值视角对公共服

---

① [美]彼得·罗希、马克·李普希、霍华德·弗里曼:《评估:方法与技术》,刘月、王旭辉、邱泽奇译,重庆大学出版社2007年版,第1页。

务项目评价体系进行研究，要求评价体系有利于公共服务项目实现创造公共价值的目的，即强调整个评价体系的构建始终围绕"创造公共价值"来组织和展开。

为了实现创造公共价值的目的，通常要求项目在全生命周期内取得成功。这就要求将公共服务项目评价放在项目生命周期管理系统中，做好评价内容、评价主体、评价周期、评价方法和结果运用五项关键决策。项目评价体系设计时，设计者必须对这五项关键决策的基本内涵有系统了解，才能设计出体系完整、科学规范的评价体系。即使目的相同，不同的项目评价体系在具体构建时也需要做专门设计，但是，这五项关键决策大体上是一致的。

（一）评价内容

所谓"评价内容"，即"评价什么"，是指如何确定绩效评价所需的评价指标、指标权重、目标值等。在创造公共价值视角下，确定项目评价的内容，是一个复杂的问题。保障项目预定目标能够满足创造公共价值的目的就是一个复杂的过程。在公共组织绩效复杂系统中，将组织战略目标转化为绩效目标和指标，再形成行动方案。作为公共组织实现其绩效目标的行动方案或措施，公共服务项目评价内容的设计需要在组织绩效系统中进行设计，至少需要考虑"将组织的战略目标转化为确定周期内的绩效目标，再将绩效目标转化为可以衡量的绩效评价指标"的过程。

评价内容的确定是构建评价体系的重点和核心，也是决定评价体系科学性和规范性的前提和基础。因此，很多评价体系设计者将确定评价内容作为评价体系设计的主要工作，本书在后面将专章论述评价指标体系的设计过程。另外，评价内容的选择和确定，是坚持价值理性和工具理性的结果，本书也将对评价体系中坚持的价值基础和管理基础进行详细论述，以期能够对评价体系的深层次原理进行更加深入的诠释。

（二）评价主体

所谓"评价主体"，即"谁来评价"，是指对评价对象做出评价的人。评价主体与评价内容相匹配是一个非常重要的原则，即根据评价的内容和指标来选择评价主体。通常来讲，评价者必须对评价内容有所了解是做出客观公正评价的前提和基础。根据这一原则，在选择评价主体时，必须保障评价者对评价内容有相当程度的了解。360度评价主体选择方法更多适用于组织内部对管理者进行评价，项目评价中对评价主体的选择可以借鉴这种方法的精神，选择多个评价主体进行评价，从而保障评价结果的有效性和可信度。

在公共服务项目评价过程中，信息不对称或者信息不全是非常普遍的现象，因此，如何保障评价主体对公共服务项目相关信息的全面掌握，为项目评价主体的有效选择奠定基础，是目前亟待解决的问题。另外，在创造公共价值视角下选择评价主体，其关键是确保项目对象在评价主体中的地位并且获得足够的权重分配。在评价实践中，为了保证评价结果的公正性，也可以委托独立第三方进行评价。

（三）评价周期

评价周期所要回答的问题是"多长时间评价一次"。评价周期不宜一概而论，而应根据管理实际情况科学界定，即评价周期的设置应尽量合理，不宜过长，也不能过短。如果周期太长，评价结果可能出现"近期误差"，即评价者可能根据评价对象近期表现来评断其整个评价周期的表现。如果周期太短，一方面工作量很大，另一方面许多工作绩效尚无法体现出来。

在创造公共价值视角下确定公共服务项目的评价周期，需要按照项目逻辑模型中各个领域的具体要求科学安排评价周期。评价周期选择不仅要考虑评价指标的具体要求，还要考虑评价活动本身的成本。项目评价周期的选择也应该有助于项目绩效的改善。除非政策统一规定评价周期，否则公共服务项目评价周期应该根据项目周期、评价指标和评价目的的不同进行专门设计，以便实现评价的预期目标。

（四）评价方法

所谓"评价方法"，就是判断项目评价指标达成情况时所使用的具体方法。项目评价的方法通常有定量研究和定性研究两大类。在项目评价中，定量研究是最常使用的方法。通常定量研究需要专门的研究设计，具体的研究设计包括实验设计、准实验设计、反身设计、成本收益分析和后评价设计等。① 不同的项目类型需要不同的研究设计；即使是同一类型的项目，研究目的不同，研究设计也应该有差异。因此，定量的研究设计需要评价设计者进行专门的设计。定性研究方法也是一类重要的研究方法，包含着一系列复杂的、相互关联的术语、概念和假设，适用的不同的学科、领域和主题，很多对一个问题深入、详细、全面的研究被归于定性研究的范畴，比如，个案研究、参与性研究、访谈、参观观察、视觉方法和解释性分析等。② 另外，在定性研究中，有时候也可以嵌套定量研究的方法。

本书构建的公共服务项目评价体系，其研究设计是基于创造公共价值的假设。因此，研究方法总体上讲采用以定性评价为主，并嵌套定量评价。各种评价方法各具特点，并无绝对优劣之分，在项目评价实践中，可以根据项目评价的实际需要加以综合使用。

（五）评价结果应用

评价结果能否被有效利用，常常关系到整个项目的成败。如果评价结果没有得到相应的应用，就会产生评价活动"空转"现象，评与不评一个样，评好评差一个样，项目评价失去了应有的作用。评价结果的有效运用，也会反过来促进评价设计和评价实践的科学性和严肃性持续提升。

评价结果的应用通常应该以评价结果的质量为基础，项目评价结果应用甚至会影响评价体系的设计。仅仅从评价结果应用的领域来讲，项目评价结果可以分为用于提升项目绩效、进行项目监督、辅助项目管理决策等类型。本书强调项目在全生命周期中取得成功，即旨在通过评价促进项目绩效的提升。因此，本书构建的评价体系的评价结果应用，要有利于提升公共服务项目的绩效，帮助项目在全生命周期取得成功。

---

① 本书列举的定量研究方法的分类按照宾厄姆等研究，相关详细论述请参考［美］理查德·D. 宾厄姆、克莱尔·L. 菲尔宾格《项目与政策评估：方法与应用》，复旦大学出版社 2008 年版。

② ［美］诺曼·K. 邓津、伊冯娜·S. 林肯：《定性研究：方法论基础》（第1卷），重庆大学出版社 2007 年版，第 2—3 页。

从总体上讲，提高以上五项关键决策的质量既是构建项目评价体系的重要内容，也是保障评价体系规范性、完整性和科学性的基础。鉴于评价内容在五项关键决策的基础性地位和核心作用，本书将研究重心放在确定评价内容上；在具体评价进行实践时，其他四项关键决策则需要进行有针对性的设计。

二　公共服务项目评价体系构建的构想

（一）公共服务项目评价体系的反思

关于项目评价体系设计的研究成果已经非常丰富，甚至有一门学科专门研究项目管理。可以说，项目评价是管理学中研究相对深入和实践相对规范的领域之一。从已有文献来看，研究成果更多地反映评价的工具理性，但是，任何评价体系都是价值理性和工具理性的统一，并且价值理性还是工具理性的指引。特别是公共服务项目涉及众多利益相关者，涉及利益博弈复杂，因此，更加需要正确的价值指引工具理性的有效发挥。在评价体系构建实践中，五项关键决策更多体现的是工具理性，并且工具理性的实现相对容易；而在评价指标的设定、评价标准的确立、指标权重的分配、评价方法和评价主体的选择、评价周期的确定以及评价结果的运用等决策之中，如何保持正确的价值指引是评价体系构建的难点。

本书在创造公共价值视角下，探索构建公共服务项目评价体系，就是确立了"创造公共价值"在公共项目评价过程中的核心地位和关键作用，强调整个评价体系的构建始终围绕"创造公共价值"来组织和展开。从公开曝光的失败项目的经验数据来看，很多项目在决策阶段就因为有悖于公共价值创造而埋下了失败的祸根。因此，项目评价还要有利于促进公共组织如何围绕创造公共价值这一目的的有效配置资源，最终促进组织战略目标的实现。

马克·莫尔认为，创造公共价值是公共战略的根本目标。另外，管理活动应该符合组织战略已经成为基本常识。本书在"化战略为行动"理念的指引下，通过全面追问"为谁服务""怎么服务"和"服务应该达到什么标准"等问题，来明确公共服务项目应该创造什么样的公共价值，并在创造公共价值的指引下来构建项目评价指标体系，来促进这种价值诉求的顺利落地。很多项目之所以失败，就是因为项目设计者战略意志薄弱，甚至在某种程度上背离了组织战略的基本要求，这可能导致评价体系设计和评价实践迷失正确的方向，甚至会加速资源错配而对组织造成更大的损失。

（二）公共服务项目评价体系构建的核心理念

评价体系不仅应该坚持工具理性与价值理性的统一，还应强调价值理性对工具理性的有效指引。因此，本书认为，公共服务项目评价体系应该在创造公共价值视角下进行构建。对于公共服务项目评价体系的价值追问，最终都会落实到项目服务对象的价值体验上。但是，如何才能保障公共服务项目的服务对象有良好的价值体验却是一个复杂的问题。这不仅是因为创造公共价值的方向指引需要经过公共组织系统传导到公共服务项目上来，需要经过一个复杂的过程，而且公共价值本身也是一个复杂的体系，本书将在后面对评价体系的价值基础和管理基础进行详细论述。在此，本书率先介绍公共服务项目评价体系坚持价值理性，应该坚持的几个核心理念。

1. 以人为本的根本理念

加强服务型政府建设和健全公共服务体系，促进人民生活水平和质量普遍提高，是全面建成小康社会的内在要求。这要求政府针对群众最关心最紧迫的利益问题而增加公共产品和公共服务的有效供给，而公共服务项目则是具体的行动方案之一。在传统的项目评价领域，对"事"的关注是核心，甚至是评价的目的。但是，随着"以人为本"的理念在管理领域逐渐受到重视，对"人"的关注逐渐成为项目评价的核心理念。有学者指出，政府是一种用于满足人类需求的创造物[1]，这说明以人为本是政府行为的内在要求。因此，对公共服务项目必须坚持"以人为本"理念有深入理解并对其进行系统梳理，既有利于明确公共服务项目评价体系的逻辑起点，同时也有利于评价标准的明晰。

---

[1] ［美］丹尼尔·C. 缪勒：《公共选择理论》，中国社会科学出版社 2010 年版，第 1 页。

马克思在描述未来理想社会的一般特征和基本价值时指出，共产主义是"以每个人的全面而自由的发展为基本原则的社会形式"。①马克思和恩格斯在《共产党宣言》中也指出，在理想社会里，"每个人的自由发展是一切人的自由发展的条件"。另外，中国共产党将全心全意为人民服务作为其根本宗旨，坚持将"为每一个人的自由发展创造条件"当作党始终如一的历史使命。党的根本宗旨既是党存在的根本理由，也是党一切活动的根本出发点和落脚点。这也从组织科学的角度说明了党坚持以人为本这一基本价值立场的渊源。"人民群众是历史的创造者"这一马克思主义立场和基本原理，也是"以人为本"的理论基础（李慎明，2007）。

但是，我国"官本位"传统由来已久，甚至是根深蒂固。即使古代有强调"民本"的论述，但是，其根本目的也是更好地维护统治者的统治。虽然党在根本宗旨上明确了全心全意为人民服务的根本宗旨，但是在制度设计上，原来坚持"全能大政府"的体制设计并没有有效地体现政府"公仆"和人民"主人"的关系，甚至颠倒了主仆关系，并使"官本位"的传统又有了继续存在的土壤。江泽民、胡锦涛和习近平等党的领导人多次提及"以人为本"的理念，并使之成为指导我国公共服务的核心价值取向。现代政府管理的价值导向终于回归于"以人为本"（汪大海，2005），从而推动我国公共管理实践中由人本理念缺位到人本实践的转变（韩庆祥，2006）。

我国随着改革开放对西方发达国家公共管理先进经验的引入②，公共服务理念在我国公共管理实践中也得到了进一步强化，这为推动"以人为本"由理念向实践转变提供了基础。新公共服务理论强调，

---

① 《马克思恩格斯全集》第23卷，人民出版社1972年版，第649页。
② 西方发达国家普遍重视公共服务，并将加强公共服务作为职能政府的核心职能之一。西方国家的公共服务体系建设在政策取向、制度设计、具体标准及实施办法等方面形成了一系列带有共性的经验，同时具有各自的特点。西方发达国家的公共服务体系归纳起来主要有两种类型：一是"公平与效率兼顾型"，其代表国家为美国、德国和日本；二是"公平主导型"，其代表国家为英国、法国和北欧国家。详细论述请参考姜异康、袁曙宏、韩康《关于公共服务体系和服务型政府建设的几个问题》（上），《国家行政学院学报》2008年第4期。

公共管理应该重视人，而不仅仅是重视生产率，这涉及管理实践中我们对人的最根本的假设的问题。传统公共行政是通过控制手段来提升效率，新公共管理更加强调激励手段的应用，而新公共服务则对公共服务的理想更加推崇，强调人们为了响应公共价值、忠诚、权利和公共利益而行动。① 可以说，公共服务理念在公共管理领域内的强势掀起，这是公共管理领域对"以人为本"这一基本理念的回应。强调管理追求生产效率的持续提升仅仅是过程和工具，其根本目的是满足人民日益增长的合理需求。生产力改进、过程管理和绩效评价等构成的管理系统被视为设计绩效管理系统的重要工具，为"以人为本"这一价值理性提供工具性保障。

2. 公共服务均等化

随着人权理论、社会契约论、公共选择理论、福利经济学等理论在西方社会深入人心并指导公共管理实践，政府逐渐将提供让纳税人满意的公共服务作为其天然职责，因此，西方发达国家普遍将推行公共服务均等化作为重要的政治选择和行动方向。西方国家关于公共服务均等化的成果非常丰富，不仅涉及公共服务均等化的理论基础，还涉及相关制度与机制、公共政策、实践模式和管理措施等。虽然我国在20世纪80年代就初步关注了公共服务均等化的问题，并逐渐引起了党或国家的高度重视，但是，由于我国城乡二元、区域发展极不平衡、贫富差距非常大等现实，造成了我国公共服务存在严重的非均等化现象。总之，我国目前公共服务的基本状况与人民群众日益增长的社会公共需求相比，离达到全面建成小康社会的战略目标还有很大的距离。另外，由于市场经济体制改革，社会公共事业的发展严重滞后于经济发展的程度，私人物品供给过剩更加衬托出公共物品的短缺和供给失衡，公共服务非均等化问题更加突出。从实践中看，我国社会基本公共服务存在"供给不足"和"享受不均"并存的情况（项继权，2007），这种公共服务非均等化不但不利于我国经济平稳发展，

---

① ［美］珍妮特·V. 登哈特、罗伯特·B. 登哈特：《新公共服务：服务，而不是掌舵》，中国人民大学出版社2010年版，第112—118页。

而且对政府公信力、社会凝聚力和社会稳定形成极大威胁（张开云、张兴杰，2011）。

对公共服务均等化的准确理解是有效执行该理念的基础，不少学者都对其进行界定。安体富和任强（2007）认为，公共服务均等化是应当强调将人与人之间所享受到的基本公共服务均等化作为公共服务的终极目标，比如社会保障、医疗卫生、义务教育等。王玮（2009）认为，公共服务均等化的核心要义是所有人，不论身份、地位以及收入等状况如何，均能享有政府提供水平大体相同的公共服务。相关探索表明，有效地把握"均等"的标准和公共服务供给制度是实现公共服务均等化的关键。

公共服务均等化标准是保障相关政策具有可操作性和可监督性的基础，公共服务供给的水平应该和经济社会发展水平相适应。从理论上说，公共服务均等化的标准有最低均等标准、基本均等标准和完全均等标准三种（王玮，2009）。执行最低均等标准，即要求政府必须保障不同地区的人都能享受底线水平的公共服务，也说明只需强制为这种预设最低水平公共服务财政保障；完全均等标准则是指要求各地均享受完全一致的公共服务水平，为所有社会成员提供完全公平的公共服务环境；基本均等标准要求不同地区基本的公共服务达到平均水平。通常制定最低标准对改善公共服务均等化的帮助不大；而完全均等标准则过于理想化也会拉低整个社会的效率；基本公共服务则因将公共服务限制在基本范围，会兼顾公平与效率。基本公共服务均等化强调所有人平等享受基本公共服务是人们基本的权利，政府应该通过科学的机制或制度设计保障所有人在"基本"领域平等地享有基本公共服务（项继权，2008）。

公共服务均等化是当代公平正义理论在公共服务领域的具体体现。其中，公平又可以分为不同类型，本书将公平分为起点公平、机会公平和结果公平（徐梦秋，2001），我国更加注重结果公平。关于正义，我国则更加重视实质正义而不是程序正义。罗尔斯用"基本善"来衡量作为公平的正义，对公共服务均等化也有重要的指导作用。著名经济学家阿玛蒂亚·森的正义的理念则更强调政府应该保障教育、医疗、保障等，强调价值理性通过具体的路径才能实现。

我国目前公共服务均等化除在基本理念上存在差距之外，公共服务供给的差异化制度设计也是造成我国城乡、区域等公共服务非均等化的重要制度性障碍。因此，要求按照公共服务均等化的基本理念，坚持全面深化改革，至少需要在如下几个方面做出努力：一是改善公共财政制度和强化公共服务；二是继续完善以公共服务均等化为导向的财政转移支付制度，并加强转移支付后的监管；三是继续完善财政体制，主要是健全财权与事权相匹配的财政体制，减轻地方财政的压力。

从推动公共服务均等化的实践来看，各国比较通行的做法通过公共服务项目来具体落实各项制度设计。公共服务均等化理念的有效实施，对公共服务项目的范围和力度有重要影响，可以说公共服务均等化思想是公共服务项目健康快速发展的基础。新公共服务理论强调服务的公平均等，首先就强调提供方和受益人的平等，服务的是对象是公民，而不是顾客。另外，在实现途径上，更加强调民主和公民参与在满足公共需求、实现公共利益过程中的基础性地位。因此，在公共服务项目评价实践中，应该从目前强调评价的工具性向强调价值性与工具性的有效平衡转变，也只有这样，才能持续推动公共服务项目获得成功。

3. 公共服务标准化

在公共服务均等化受到持续关注之后，公共服务的标准化问题就成了新的焦点之一。西方发达国家对公共服务标准化的探索已经持续很多年了。克林顿政府借鉴私人企业服务顾客的经验开展了公共服务标准的探索，在1994年、1995年和1997年，由国家绩效评审委员会出版了《顾客至上：服务美国民众的标准》《顾客至上：95年服务美国民众的标准》和《顾客至上：97年服务美国民众的标准》三份报告，以公共服务标准手册的形式订立了几千种公共服务标准。1997年，英国政府制定了公共服务九条基本原则，开始推行公共服务承诺制，同时还要求地方公共服务机构根据本部门和辖区的情况，编制相应的承诺服务标准。为了探索向公民提供及时、高效和满意的公共服务，法国政府也要求相关机构简化行政程序，并于2004年颁布了公共服务质量标准。此外，很多西方发达国家都进行了相关探索，比如加拿大的《政府公共服务2000》、爱尔兰的《优质顾客服务行动》、意大利的《服务宪章》、西班牙的《"公民第一"的服务改革运动》、比利时的《公共部门顾客宪章》、希腊的《公民宪章》以及葡萄牙的《质量宪章》等（陈振明、耿旭，2014）。另外，国际标准化组织（ISO）也在1996年提出了"服务标准化"，这也推动西方各国公共服务标准化的进程，全世界有很多公共组织（如美国白宫、英国唐宁街）都通过导入ISO9000来规范其服务流程和统一服务标准。

我国也在服务标准化的基础上展开了公共服务标准化的探索。关于服务标准化，我国先后颁布实施了《全国服务标准2005—2008年发展规划》和《全国服务业标准2009—2013年发展规划》，虽然这两个规划的标准化还不高，但是，在此基础上，国家标准化管理委员会于2010年发布了《公共服务标准化指南（征求意见稿）》，从范围、类型、制定、实施、评价以及改进等方面对公共服务标准化进行了规范。2012年，在《国家基本公共服务体系"十二五"规划》和《社会管理和公共服务标准化工作"十二五"行动纲要》两个文件中，对教育、社保、医疗等基本公共服务的标准进行了规范。国家标准化管理委员会批准实施了《行政服务标准化工作指南》等一系列文件。不过，从这些文件的实施可以看出，公共服务管理具有高度复杂性，要真正有效地推行公共服务标准化还需要做好顶层设计，以便对公共服务标准有更好的指导（卓越、张世阳、兰丽娟，2015）。我国地方政府也积极展开了公共服务标准化的探索，比如福建漳州市根据国家《关于深化政务公开加强政务服务的意见》和福建省《关于提高行政机关办事效率的十条意见》的精神，按照"标准化、高效化、均等化、便民化"的原则，实行了"行政审批最少、程序最简、效率最高、服务最优"的行政服务标准化实践。陈振明和耿旭认为（2014），漳州的行政服务标准化处于对效率、回应性和公平性的追求阶段，即处于标准化的起步阶段；还需要更进一步追求以"参与性、协作性和整体性"为特征，特别是以公民为中心的公共服务标准化，这才是公共服务标准化建设的价值和实质所在。

通常公共服务标准化的评价在很多时候都以公共服务绩效评价为基础。比如，伯恩（G. A. Boyne）认为，公共服务绩效应该具体从以下几个方面进行评价：投入数量和质量、效率、公平性、产出结果、物有所值、服务对象满意度等。[1] 目前主要使用的评价工具主要有平衡计分卡、公共服务改进框架、世界银行的公共服务与治理的分析框架等。

以上关于以人为本、公共服务均等化和标准化等理念的研究，更多的是在公共管理视域下的梳理。公共服务项目作为公共组织实现战略目标的行动方案或具体措施，同样需要坚持这些核心理念。在公共服务项目评价实践中，还要强调政治化价值、制度化价值和管理化价值的有效平衡。

第二节 公共服务项目评价体系的价值基础

在评价体系构建和评价实践中，如何使"以人为本"价值导向顺利落地是一个复杂问题。"以人为本"需要始终将为人民群众创造价值作为公共服务项目评价体系的目的，并将公共性视为公共服务项目的本质属性。这样，有利于人们更加明确公共服务项目价值基础。本书试图通过对公共需求与公共服务、公共利益和公共价值等概念体系的分析与整理，来探索这些概念的内在逻辑，从而为公共服务项目评价体系构建建立比较坚实的价值基础。

一 公共需求与公共服务

需求是社会发展的原动力，满足需求是人类社会一切活动的起点。公共需求则是现代公共管理活动的逻辑起点，是公共服务供给的根本依据。将满足公共需求与供给公共服务联系起来理解，是构建公

---

[1] Boyne, G. A., Sources of Public Service Improvement: A Critical Review and Research Agenda. *Journal of Public Administration Research & Theory*, 2003, 13 (3), pp. 94–134.

共服务项目价值基础的重要组成部分。

(一) 公共需求

研究公共服务的有效性问题，需要从界定公共需求开始。探索公共服务项目评价价值基础，首先就应该从梳理需要和需求的概念开始，其次在比较个人需求和公共需求中得以深入。在管理实践中，公共服务项目评价还应该以如何敏捷地满足公共需求为准绳。

在组织行为学中，"需要"是最重要的概念之一。人的需要是人的一切行为的初始动因，是引发人的行为的最深层次的动力源泉。人类心理学之父亚伯拉罕·哈罗德·马斯洛（Abraham Harold Maslow）率先从人的行为动机角度开创了对人的行为进行研究的新领域，提出人的需要层次理论[1]，并认为人是一种不断满足需要的动物。此后，需要理论就成为管理学研究和管理实践的关注热点和重要领域，先后涌现出了双因素理论、ENG 理论、成就动机理论、强化理论、期望理论、公平理论以及综合型需要理论等。而"需求"则通常被看作经济学词汇，指人们在欲望驱动下的一种有条件的、可行的，又是最优的选择，这种选择使欲望达到有限的最大满足，即人们总是选择能负担的最佳物品。需求不等于需要，个人需要转化为现实的需求，通常应该满足三个条件：对物品的需要或偏好、价格合适和具有购买能力。

公共管理学科作为一个交叉学科，注重应用各学科的相关知识解决现实的公共问题。由于与公共服务的"供给"相对应的是"需求"一词，因此，本书在讨论时使用"需求"这一概念。但是，在行为学相关研究中，也使用"需要"一词。因此，本书虽然使用"需要"一词，但是，关于需要和需求两个词，本书不做严格的区分。

马克思认为，人的本质是一切社会关系的总和。人的需求是马克思历史唯物史观的一个基本范畴，是一切实践活动的驱动力。马克思指出，在任何社会生产中，社会产品均可分为满足个人需求的物品和

---

[1] 马斯洛在 1943 年发表的《人类动机的理论》一书中提出了需要层次理论。他认为，人通常都具有多种复杂的需要，这些需要是个体行为的内在力量，并且这些需要对个人行为影响的强度是不同的，是有层次差别的。需要层次理论将个人需要由低到高分为五种类型：生理需要、安全需要、社会需要、尊重的需要和自我实现的需要。

满足社会需要的物品，并且剩余劳动的那部分产品总是用来满足社会需求。① 马克思主义的社会需求是一个多维构建，从性质上看，需求一般可以分为个人需求和公共需求两大类。另外，还可以从时间、空间、对象等视角，将其分为不同的种类（鲍宗豪，2008）。在社会总需求中，公共需求是各种需求的主要因素。在研究公共需求时，有必要对人的需求进行讨论，以明确其基础和边界。

刘太刚（2012）将个人需求当作公共管理的原点，认为当个人需求超出其本人和家庭的满足能力时，个人和家庭无法解决的需求就是个人需求的溢出，这部分溢出的需求就会生成公共事务。② 刘太刚将公共管理的原点追溯到个人需求，并通过个人需求的溢出来生产公共事务，这种理论构建界定了公共事务的基础是需求，为公共管理追溯到理论原点做出了贡献。

本书对公共需求的研究主要从个人需求为基础来进行探索。个人需求通常是指单个人内在的、不依赖他人而独立存在并且能得到满足的需求，通常具有内在性和分散性的特点。很多人对个人需求的研究都以马斯洛的需要层次理论为基础。事实上，马斯洛也提到了社会的需要，他后期的研究也将个人需要放在社会关系和社会活动中去分析。公共需求作为社会需求的主体，通常是指众多个人作为一个整体时产生的需求。具体来讲，公共需求不是一个抽象物，而是整体中的个人所具有的真实的需要。这种需要是在一定范围内的众多个人的整体性需求，而不是特定个人或者少数人的需要；也可以说公共需求不是个人需求的加总，而是公众需求交叉领域，或者是公众取得共识的

---

① 马克思：《资本论》第三卷，人民出版社 1975 年版，第 992—993 页。
② 中国人民大学公共管理学院刘太刚教授构建一套理论框架，即需求溢出理论，作为界定公共管理的起点。该理论认为将个人的需求溢出当作解决公共管理终极使命的理论原点。该理论围绕解决个人需求溢出的问题为主线构建了包含公共管理的道、术和器三个层面的知识体系。其中，个人需求溢出的价值判断体系是公共管理的道，具体包括个人需求溢出的价值判断和价值顺序的判断；公共管理的器则是具体解决需求溢出问题的工具和资源，主要包括人财物等有形资源；公共管理的术，则是指运用公共管理的器来解决需求溢出问题的具体的方法和策略，比如资源配置方式和绩效管理方法等。整个理论体系坚持"以道统术和以术御器"和"道、术、器协调统一"。详细论述参考刘太刚《公共管理学重述：需求溢出理论的逻辑思路与基本主张》，《中国行政管理》2012 年第 8 期。

那部分需求。公共需求通常具有正外部性和整体性（不可分割性）的特点。

公共管理学科应该有自己的边界。本书认为，公共管理的逻辑起点只需要追溯到公共事务产生的起点就行，即追溯到个人需求溢出的部分即可。因此，我们应该将公共需求当作公共事务的逻辑起点。

(二) 公共服务

"公共服务"是本书的核心概念之一，是与公共需求对应的一个重要概念。公共需求决定了公共服务的供给及其有效性，而公共服务的有效供给则是公共需求得以满足的基本保障。因此，本书将公共服务的概念与公共需求的概念作为一组概念来论述。

唐铁汉和李军鹏（2005）对公共服务的理论演变历程进行了梳理，发现公共服务的研究历程经历了三个阶段。一是社会政策学派与公法研究阶段。德国社会政策学派杰出代表瓦格纳于19世纪后期和法国公法学者莱昂·狄骥于20世纪初期最早提出公共服务的概念。二是公共经济学研究阶段。1954年，萨缪尔森在《公共支出的纯理论》一文提出了"公共产品"的概念，他认为，政府应该在市场失灵时提供公共产品以调节经济运行，这导致公共产品逐渐成为公共财政的重要概念。三是新公共管理研究阶段。有公共管理学者将公共行政定义为"提供公共服务的制度性设置"，随着经济学分析方法在公共行政学研究中的普及和新公共管理运动的兴起，政府提供公共服务强调顾客导向，并制定了相应的公共服务目标。比如，美国政府制定了《顾客至上：服务美国民众的标准》，英国政府则推行公共服务承诺，各国政府的实践进一步推动公共服务逐渐成为当代公共管理的重要概念之一。新公共管理运动主要以公共选择理论为基础，试图界定组织使命、再造政府机构和制定服务供给机制以提高绩效和落实管理者责任。公共选择理论从市场和顾客的立场上来审视政府，引进在私营部门证明是有效的管理技术和高绩效的价值体系，从某种程度上提升了政府效率和提供了某种程度的令人信服的政府模式。另外，登哈特夫妇在《新公共服务》中对传统公共行政理论和新公共管理理论进行比较研究，并在公民权理论、社区和市民社会理论、组织人本主义以及组织对话理论等理论的基础上，构建了新公共服务理论体系。在新公共服务理论框架中，传统公共行政或新公共管理的优点仍然可以发挥作用，但是，应该被置于以民主、社区和公共利益为核心的框架体系之中；而未来的公共服务，则将以公民对话协商和公共利益为基础来进行构建。对公共服务在西方国家的发展历程的梳理，有利于我们深入全面地理解这个重要概念的基本内涵。

"新公共服务"理论是本书理解"公共服务"的基础。在"新公共服务"理论体系之中，公共性被看成是公共服务的本质属性（鄢爱红，2006）。新公共服务还吸收新公共管理的理念，强调兼顾服务效率和效果，即要求在坚持公共性（公共利益）的前提下，充分吸收新公共管理的优秀成果，以提升公共服务的质量和有效性。虽然政府执掌公共权力，主要是为维护社会公平和正义而提供优质高效的公共服务，同时也注重监控"公器私用"的行为发生。但是，公务员作为公共权力的执行者，是拥有私人利益的，这导致了政府公权力具有"二重性"。如果一味地注重效率和效果的提升，而对公共利益关注不足，非常容易导致公共服务背离其"公共性"这一本质属性的现象发生。因此，本书坚持在坚持公共性前提下，充分借鉴新公共管理在管理工具和技术上的优势，来助推公共服务水平的持续提升。

对公共服务概念的理解，首先需要明确其哲学理性基础。马庆钰（2005）认为，公共服务的理性渊源主要包括三个方面：人权价值、公民与国家关系、以需求促供给的功利主义目的。[①] 赵辉（2010）认为，公共服务缘起于对社会的人文关怀，其目的是满足公共需求和实现人的全面发展。鄢爱红（2006）认为，公共服务的本质属性是

[①] 马庆钰教授对这三个方面进行了全面论述：第一，实现普遍人权是公共服务的价值基础。很多公共服务都是源于对人的关怀，并且维护普遍人权也是世界多数国家政府的共识。第二，公民与国家关系是公共服务的基本依据。由于国家起源于公民让渡部分权利和履行必要义务，因此国家和公民就存在一种契约关系，也就使国家具有对公民的基本生活承担一定责任的义务。第三，以需求促供给是公共服务的现实动因。基于凯恩斯"需求创造供给"定律，很多国家提供公共服务的功利主义动机是通过提供全面的公共服务来促进国家经济的健康发展。参考马庆钰《关于"公共服务"的解读》，《中国行政管理》2005年第2期。

"公共性",政府作为掌舵者和划桨者,在使用和分配公共资源时,必须是无私的政府,而不能仅仅为满足某些人和某些特殊利益集团的需求服务。

对于公共服务的具体含义,有很多学者从不同侧面进行了探索和研究。登哈特对公共服务的理念进行了归纳,并列举几种重要理念:服务于公民而不是顾客、追求公共利益、更加重视公民权而不是企业家精神、思考应具有战略性而行动则需体现民主性、承认责任并不简单、服务而不是掌舵、重视人而不只仅仅重视效率。[①] 马庆钰(2005)认为,公共服务是政府在纯粹公共物品、混合性公共物品以及带有生产的弱竞争性和消费的弱选择性私人物品的生产与供给中的职责。唐铁汉(2005)认为,公共服务通常是指政府满足社会公共需要、提供公共产品的服务行为的总称,通常分为维护性公共服务、经济性公共服务和社会性公共服务。胡鞍钢等(2013)认为,从广义上讲,政府行使公共权力的一切行为都具有公共服务的性质,即政府公共行政的核心就是服务;从狭义上讲,公共服务是那些能够直接满足公民生活、生存与发展的各种直接需求和影响公民福祉的政府职能。

学术界目前对于公共服务的概念认识还没有取得一致意见。公共服务通常可分为基本公共服务和一般公共服务,由于本书公共服务项目评价体系的目标是建立共性指标,因此更加倾向于对基本公共服务的准确理解。陈海威(2007)从均等化、基层和底线保障的角度出发,指出基本公共服务是指一定经济社会条件下,为了保障全体公民最基本的人权,全体公民都应公平、平等、普遍享有的公共服务,是诸多公共服务中具有保障性质和平等色彩的服务类型。而在国家基本公共服务体系"十二五"规划中,基本公共服务是指建立在一定的社会共识的基础上,由政府主导提供的,与经济社会发展水平和阶段相适应,旨在保障全体公民生存和发展基本需求的公共服务;还对基本

---

① [美]珍妮特·V.登哈特、罗伯特·B.登哈特:《新公共服务:服务,而不是掌舵》,中国人民大学出版社2010年版,第30—31页。

公共服务的范围进行了明确界定，还对基本公共服务标准、均等化、服务体系以及重点任务进行了规划。

二 公共利益与公共价值

前面已经论述了需要根据公共需求提供公共服务，这契合了公共服务的一个合法性问题，要求公共服务建立在满足公共需求之上，就是一种维护公共利益的行为。维护公共利益的行为应该能够创造公共价值。

（一）公共利益

公共利益在政治学、法学、公共经济学等学科中都是一个非常重要的概念，但也是一个难以界定的概念。虽然公共利益这个概念也是公共管理领域的核心概念之一，但是，到目前为止，学术界也没有取得共识。本书认为，对公共利益的准确理解，首先应该从准确理解利益的内涵和外延开始，其次才是准确把握公共利益的概念。

利益是一个非常重要的概念，也是中西方管理思想史中的古老话题。我国古代《管子》就有关于人总是趋利避害的说法。马克思则认为，人的利益首先起源于人的需要，人们所争取的一切都同他的利益有关。对利益进行准确界定却是一个复杂的问题，不同人的理解可能存在差异。《中国大百科全书》（1982）将利益定义为"人们通过社会关系所表现出来的不同需要"。[①] 王伟光（1997）认为，利益就是一定的客观需要对象在满足主体需要时，在需要主体之间进行分配时所形成的一定性质的社会关系的形式。张玉堂（1998）对利益进行了综述研究，发现大多数人是从需要利益之间的本质关系中来定义利益的概念。陈庆云（2005）认为，利益是人们为了生存、享受和发展所需要的资源和条件。从上面的定义可以看出，利益产出与需要联系在一起，但是，需要与利益是不同的概念，需要不等于利益。需要体现人们对客观对象的直接欲求，反映的是人们与客观对象之间的直接依赖关系；而利益体现了人们对客观对象理性层面的关心、认识和兴趣，反映的是人们因依赖客观对象而产生的相互关系，其本质是一种

[①]《中国大百科全书》（哲学卷），中国大百科全书出版社1982年版，第483页。

社会关系；需要必须经过社会关系这一中介才能转化为利益。

另外，对利益概念的全面理解，还需对其外延有一定的了解。利益的分类方式有很多：按照主体不同，可以分为个人利益、群体利益、组织利益、公共利益等形式；按照空间维度，可以分为地方利益、国家利益、全球利益；按照时间维度，可以分为短期利益、长期利益。在现实生活中，某种特定的利益常常是一个复杂的多面体，需要使用利益分析方法对其具体问题具体分析，以明确其具体含义。但是很多问题很难做出平衡和决断，利益问题成为一个复杂的问题，正如李克强所说，"触动利益比触动灵魂还难"。在公共管理领域，特别关注个人利益与公共利益这两个概念。功利主义对公共管理的影响非常大，功利主义哲学家杰里米·边沁（Jeremy Bentham）认为，"最大多数人的最大幸福是正确与错误的衡量标准"，社会功利主义（utilitarianism）用个人利益的简单叠加的方法来表达公共利益，认为公共不是抽象的，而是由实实在在的特定个体组成，个体就是整体存在的根据。这种理解不够全面，甚至会产生严重的道德风险；必须在全面理解利益的基础上，才能更好地理解公共利益。

马克思在对黑格尔法哲学进行批判时指出，理解人类发展历程的钥匙在市民社会之中，而不是被黑格尔描绘成"大厦之顶"的国家之中。马克思所指的市民社会的核心问题就是利益和利益关系（特别是个人利益与共同利益）问题。与黑格尔将市民社会最终统一到理性国家不同，马克思明确认为，政治制度本身只有在各私人领域达到独立存在的地方才能发展起来。马克思还指出，市民社会决定国家而不是国家决定市民社会；在官僚政治中，国家利益成为一种同其他私人目的相对立的特殊私人目的。① 从以上论述可以看出，马克思认为，个人利益、共同利益和国家利益等概念既有区别，又辩证统一。

公共利益（Public Interest）这个概念到目前为止也没有取得共识。西方学者如沃尔特·利普曼（Walter Lippman）、格伦顿·舒伯特（Glendon Schubert）、弗兰克·萨洛夫（Frank Sorauf）以及霍华德·

---

① 沈湘平：《个人利益、普遍利益与公共性批判》，《哲学研究》2008 年第 10 期。

史密斯（Howard Smith）等从不同侧面对公共利益这个概念进行了探索。比如，萨洛夫认为，公共利益承载着多种重要的价值，既可能是一种伦理或理性原则，也可能是大多数人的共识或目标；在具体表现上，可能是一种混合物或利益均衡，但是，在多数时候又体现为个人利益的总和。① 这些探索虽然没有取得共识，但在某种程度上说明了公共利益在公共管理中的重要性，也使人们从不同的视角审视了公共利益的复杂本质。作为新公共服务的一个重要概念，登哈特在承认公共利益的易变性和歧义性的前提下，对公共利益进行了描述性定义。他认为公共利益对于不同人意味着不同的东西，它会随着时间的推移而发生变化，也会激发行为，塑造我们的思想，不能进行测量，并且既涉及实质又涉及过程。② 著名经济学家弗里德利希·冯·哈耶克（F. A. Hayek）也曾说过："共同利益或公益这两个术语直到今天仍是最难给出明确定义的概念。"③

我国学者也对公共利益的概念进行了研究。陈庆云（2005）认为，公共利益是具有社会分享性的，为人们生存、享受和发展所需的资源和条件。公共利益可以分为不同的层面：既可以分为完全自愿分享型、自愿分享与强制分享并存两种形式；也可以分为抽象的公共利益和具体的公共利益。抽象的公共利益体现在价值、规范和理念层面，这是确定公共组织行为导向、边界和合法性的基础；具体的公共利益则属于事实或描述性层面，通常体现在各种具体的公共产品和公共服务行为。齐明山（2006）认为，公共利益是社会中客观存在的与公众有关的，为满足社会成员的需要而对个体利益的综合和整体性抽象。张康之（2012）认为，公共利益是一个抽象的概念，产生于社会分化过程中，是在一个社会同质性完全消解之后才能产生出来的一种

---

① Frank J. Sorauf, "The Conceptual Muddle". In Carl J. Friendrich, *The Public Interest*. New York: Atherton, 1962.
② [美] 珍妮特·V. 登哈特、罗伯特·B. 登哈特：《新公共服务：服务，而不是掌舵》，中国人民大学出版社2010年版，第49页。
③ [德] 弗里德利希·冯·哈耶克：《法律、立法与自由》（第二、三卷），中国大百科全书出版社2000年版，第2页。

抽象的利益形式。随着利益诉求的差异化，这些原子化的利益主体千差万别的背后那种可抽象的因素就是公共利益。① 张成福和李丹婷（2012）从公共治理的视角对公共利益的概念进行了界定，认为公共利益是在多元社会的治理过程中，政府与利益相关者关于利益和利益分配问题上所达成的共识。公共利益不是超越所有利益相关者之上的某种神圣的利益，也不是个体利益和群体利益的简单集合，更不是一成不变的。公共利益通常表现出无偿性、共享性、难以精确计算和测量等特征。郭榛树（2013）对公共利益的基本属性进行了归纳，他认为主要包括以下三点：一是利益来源的集体性，即公共利益主要由集体行动来提供，但也不排斥个人提供公共利益；二是利益主体的广泛性，即利益主体应为社会大多数成员，甚至是全体成员；三是利益效用的平等性，即利益成果的共享性。

从以上研究可以看出，人们对公共利益的理解虽然还没有取得共识，但是，其基本含义也大致清楚了。目前，公共利益的关注的焦点还是在于规范层面，主要在于与公平、正义等价值主张的关系上；至于实践中的公共利益，则更加关注实践和具体行为是否是基于民众的需求，是否偏离了实践确定的价值原则。由于现实的复杂性、价值观和立场的差异，不同的人对于公共利益的认识也有一定的差异。因此，实践中的公共利益通常很难做出明确的界定，需要使用利益分析方法，具体问题具体分析，不过，在任何情况下都应该遵循一定的价值原则，以实现其基本功能。②

（二）公共价值

创造价值是企业管理研究和管理实践的根本目标和核心话题，这在中外管理学界都已经取得共识。在企业管理领域，价值创造的目标

---

① 张康之：《寻找公共行政的伦理视角》，中国人民大学出版社2012年修订版，第8—9页。

② 关于公共利益在公共管理中发挥的基本功能，顾塞尔（C. T. Goodsell）主张分为凝聚、合法化、授权和代表四种类型。详细论述参考 C. T. Goodsell, "Public Administration and Public Interest". In: G. L. Wamsley et al. (eds.), Refounding Public Administration. Newbury Park. CA: Sage, 1990。

是什么、衡量价值实现的标准、价值评价工具等领域的研究和实践均取得了重要进展，价值管理也成为企业管理的一个重要研究领域。马克·H. 莫尔认为，在公共部门，公共管理的目标就是创造公共价值。但是，公共部门管理工作的总体目标没有企业管理那么清晰，管理者需要创造的价值更加模糊，如何衡量价值是否实现更加困难。① 创造公共价值这一重要命题的起点，就是对公共价值概念的准确理解。

对公共价值的理解同样首先应该从理解价值为起点。价值是一个非常复杂的概念，既包括具体层面的事实，也包括抽象的判断。《现代汉语词典》指出，价值通常是指用途或重要性。另外，在不同学科领域对价值的理解不一样，价值在政治经济学领域是指凝结在商品中的社会必要劳动；而哲学领域引入价值的概念，不是做出需要的满足和兴趣所向的经验性描述，而是为了通过"价值"来揭示人类生活的本质：通过创造价值而享用价值，进而实现自身的价值；② 在公共管理领域，价值的概念就相对复杂，比如指效率、效果和公平等。

公共管理的复杂性也表现为公共管理领域价值的复杂性。在公共管理领域既涉及具体的经济价值，也涉及抽象的价值判断；经济价值主要是成本、效率、效益，抽象的价值判断则包括公平、正义、诚信等。著名经济学家道格拉斯·C. 诺思（Douglass C. North）通过对制度变迁的研究，发现社会强有力的道德和伦理法则是使经济体制可行的社会稳定要素，而明确的价值体系作为一种降低交易成本的有效的制度安排，有利于人们形成一套行为价值准则，使决策过程简洁明了，决策执行和交易成本也相应减少。尼克拉斯·卢曼（Niklas Luhmann）认为，法律规范并不是社会群体中唯一认为有效的规范；在习俗转化为强制性的法律义务时，通常并未增加任何有效性，但如果当法律与习俗相背离了，法律对人行为的调节常常会以失败告终。③ 卢

---

① ［美］马克·莫尔：《创造公共价值：政府战略管理》，清华大学出版社 2003 年影印本，第 28 页。
② ［德］杜威：《评价理论》，上海译文出版社 2007 年版，序言第 13 页。
③ ［德］尼克拉斯·卢曼：《信任：一个社会复杂性的简化机制》，瞿铁鹏、李强译，上海人民出版社 2005 年版，第 15 页。

曼进而把复杂的社会问题，纳入以"信任"为基础的理论框架中，构建出一个化繁为简的有效机制。卢曼的研究从另外一个侧面说明了价值对实践具有指导作用。因此可以说，价值理性与工具理性正逐渐走向统一，公共管理艺术的精髓就在于实现多元价值的整合。但是，在公共管理实践中，各种价值之间的冲突、碰撞、融合与超越也成为一种常态，如何平衡这些多元的价值成为一个难题。

由于在理论上受逻辑实证主义和管理主义潮流的影响，管理技术在公共管理领域大行其道，公共管理领域忽略对公共性的有效回应。在实践领域，受功利主义和市场原教旨主义的影响，造成对效率的盲目追崇，也使"公共性"这一公共管理的本质属性在实践中不断衰落和丧失，甚至催生了大量反公共性的行为。虽然新公共管理的"市场化""顾客导向""企业家精神"等理念对提升公共组织服务水平和公众满意度等具有较大的贡献，但是同时也弱化了公共管理的公平和正义的价值，造成了公共管理的价值困境的普遍存在。因此，公共管理如何走出价值困境成为时代的诉求。

公共价值的概念最早由莫尔提出，是指公民对政府期望的集合，主要表现为结果、信任、公平、道德、合法性和责任等，是公共管理的终极目标。巴里·波兹曼（Barry Bozeman，2007）认为，公共价值是一个多元化的规范共同体，具体包括：公民应该（不应该）拥有的权利、利益和权力；公民对社会、国家和他人的义务；政府或公共政策应该遵循的基本原则。[1] 波兹曼还提出了公共价值失灵模型，强调公共政策和公共管理必须承载公共价值。[2] 马克·R. 罗格斯（Mark R. Rutgers，2014）在对价值、事实与价值等概念界定的基础上，对公共价值的概念进行了综述，发现很多学者都没有对公共价值做出明

---

[1] Barry Bowman, *Public Values and Public Interest: Counterbalancing Economic Individualism*. Washington. Georgetown University Press, 2007, p. 13.

[2] Barry Bowman, "Public-Value Failure: When Efficient Markets May Not Do", *Public Administration Review*, 2002 (2), pp. 145-161.

确界定，并认为，把握公共价值的关键在于抓住价值的"公共性"。[1]

公共价值管理的兴起，为公共管理领域的研究注入了新的活力。何艳玲（2007）认为，公共价值管理作为一个新的行政学范式正在兴起。杨博和谢光远（2014）则认为，公共价值管理展示出了成为公共行政理论新范式的潜力。汪大海和刘金发（2011）将公共价值管理界定为继传统公共行政、新公共行政、新公共管理和新公共服务的第五个行政范式。正如罗森布鲁姆所说，各种范式都有其价值、起源和结构，而这些范式的持续演进进一步加速了公共行政价值的多元化。欧弗林（Janine O'Flynn，2007）通过比较研究新公共管理和公共价值管理两种范式，认为公共管理的目标应该由新公共管理追求的结果和效率导向转向公共价值管理范式的公共价值创造导向。[2] 公共价值是由公共偏好决定的，服务、结果、合法性、公平等公共性特征一般通过参与和互动等民主程序得以实现[3]，甚至有学者认为，政府的合法性取决于它如何创造公共价值。[4]

三 公共性及其内在逻辑

前面已经对公共需求、公共服务、公共利益和公共价值几个重要概念进行了全面讨论。但是仅仅这个概念还无法构建出公共服务项目评价体系的价值理性的完整图景，只有全面回答了公共服务项目评价体系的价值理性的"构成和内在特征是什么、是如何指导工具理性的"等重要问题，才能为评价实践提供理论指引和评价准则。本书认为，探求公共服务项目评价体系价值理性的钥匙就是对"公共性"进行深入全面的分析和理解。

---

[1] Mark R. Rutgers, "As Good as It Gets? On the Meaning of Public Value in the Study of Policy and Management", *The American Review of Public Administration*, 2014 (3), pp. 1 – 17.

[2] Janine O'Flynn, From New Public Management to Public Value: Paradigmatic Change and Managerial Implications. *Australian Journal of Public Administration*, 2007, 66 (3), pp. 353 – 366.

[3] RFI Smith, Focusing on Public Value: Something New and Something Old. *Australian Journal of Public Administration*, 2004, 63 (4), pp. 68 – 79.

[4] Gains, Francesca and Stoker, Gerry, Delivering "public value": Implications for accountability and legitimacy. *Parliamentary Affairs*, 2009, 62 (3), pp. 438 – 455.

（一）公共性的概念

由于福利国家、人民社会主义等理念的推行，造成官僚主义、政府管理失控、财政危机和效率低下等困难，传统的依靠制度和体制的方法来提升行政效率的做法效果不再显著，进而导致公众对政府产生了信任危机。这就导致了以效率、效益为导向的管理技术和市场化导向成为解决这场危机的有效手段，这场运动被称为新公共管理。赫克歇尔（C. Heckscher）、迈克尔·巴扎雷（Michael Barzelay）、克里斯托弗·胡德（Christopher Hood）、戴维·奥斯本（David Osberne）等作为这场运动的代表人物，出版了系列著作，也引起了巨大的反响。项目管理在公共管理领域的大量推行就是这场运动的重要产物。在这场公共管理现代化的运动中，也存在过分追求工具理性的倾向，将公共管理变为执行活动或管理工具，没有全面体现公共管理的价值目标和价值责任，民主、公平、正义等价值导向没有受到足够的重视，甚至遭到忽视。关于这方面的研究国内学者也不少，比如，张成福（2001）、蔡立辉（2002）、赵晖（2010）等。

这正如韦伯所说的工具理性对价值理性的遮蔽，致使公共管理偏离了方向，从而造成了"有管理无公共"的困境。也可以说，工具理性的盛行导致了价值理性的逐渐式微，但是价值理性缺失的严重后果又促使了价值理性的觉醒；在公共管理领域，就表现为公共性在迷失之后又受到广泛重视。欧文·E. 休斯（Owen E. Hughes）甚至批判到，经济学和私营组织管理方法是新公共管理的基础，但是对于私营组织有用的经济学知识，运用到公共管理中完全是一种拙劣的构想。公共性的缺失直接影响了现代公共管理的合法性根基。著名政治学者西摩·马丁·李普塞特（Seymour Martin Lipset）对政治系统的有效性和合法性进行了研究，认为有效性主要是工具性的，而合法性主要是评价性的；组织的合法性来源于组织本身是否符合其应有的价值标准。[①] 因此，公共性作为公共管理的根本性价值标准，又重新被发掘

---

① ［德］西摩·马丁·李普塞特：《政治人：政治的社会基础》，张绍宗译，上海人民出版社1997年版，第55页。

出来了。

"公共性"从价值发掘到价值认同经历了一个漫长的过程。虽然汉娜·阿伦特（Hannah Arendt）论述了古希腊城邦政治的公共领域，但是真正将公共性带入公共领域，成为理论界所熟知的话语，当首推尤尔根·哈贝马斯（Jürgen Habermas）。他在《公共领域的结构转型》和《在事实与规范之间》两部著作中均论及了公共性（公共领域）。哈贝马斯对公共性的起源进行考察，发现虽然古希腊、罗马也公私分明，但没有形成公共领域；到中世纪则出现"公私不分、公吞没私"，直到17—18世纪以来，公共领域才从私人领域真正诞生，至此才产生了真正意义上的公共性。① 我国学者王乐夫（2003）也对公共性演变进行了研究，认为公共性首先发源于古希腊朴素的民主制；之后，由于国家权力扩张，表现为"公吞没私"和国家全面控制，这个阶段国家权力就是公共性的体现；直到近代，"公"与"私"都有独立领域并完全分离之后，特别是受政治行政二分法的影响，经济思维和技术主义对公共价值形成冲击，公共性就更加强调参与和民主形式；目前，随着第三部门的发展，"公"与"私"又出现了融合的趋势，公共性突破了公共部门的范围，引发了公民参与和公共管理改革的浪潮。

我国学者王乐夫（2003）、詹世友（2005）、任剑涛（2011）等总结了"公共"的来源：一是古希腊时期，强调个人能超出自身利益去理解并考虑他人的利益；二是古罗马时期，指公共事务或人们共有的东西；三是现代条件下的语意，主要表现为关注公共利益、聚焦公共问题和采取公共形式。

"公共性"已经成为公共行政领域的一个重要的概念，目前已经有不少学者从不同视角对其内涵进行了探索和研究。任剑涛（2011）对公共和公共性进行了研究，认为应该勾画出概念的边界；"公共"作为一个实质性的概念包含如下两层意思：一是与私人相对的领域，

---

① 详细论述参见［德］哈贝马斯《公共领域的结构转型》，曹卫东等译，学林出版社1999年版，第1—25页。

二是自身包含实质性含义与形式性含义，其中的形式含义目前多称为"公共性"。公共性作为公共管理的本质属性，也作为公共管理的基础和核心，其内涵包含了一个多元化的体系。首先，公共性被当作公共政策和公共行为的一种分析和评价工具来分析，陈潭（2002）将"公共性"称为一种"一般分析范式"。其次，公共性被当作价值体系，具体表现为民主、平等、公平、正义、法治、参与等，有学者也称为"公共精神"。最后，公共性作为一种价值基础存在，这要求公共组织将公共性作为其行为的最高原则，包括组织设计、运行机制、基本政策、具体行为均应一以贯之地体现"公共性"。比如，哈贝马斯就曾指出"公共性成为国家机构本身的组织原则"，并且"应当贯彻一种建立在理性基础上的立法"，他强调公共性应该作为一种理性并且将其转化为具体立法。王乐夫（2003）从多个层面对公共性进行阐释：从伦理价值上是指公平与正义；从权利运用上指合法性；在运作中指参与性；在利益取向上强调公共利益指公共组织的最终目的，且必须克服个人和部门私利；在理念上是一种开放理性或道德。总之，他将公共性定位为公共组织活动的最终价值观，在此之下具体包含公平、正义、自由、平等、民主、公开和责任等多元化的价值体系。

从以上分析可以看出，公共性作为公共管理的本质属性，是一个复杂的多维构建。如何才能使其更好地指导实践，并通过实践反过来进一步强化公共性，就成了一个评价理论和评价实践必须回答的重大问题。笔者认为，回答这一问题的第一步就是必须将公共性进行操作化或解构，使之有高度抽象变为便于人们把握的价值体系。回答这个问题是公共管理学科的基础性问题，也是一个难题。回答这个问题要求付出极大的努力，但是却不一定能看出显著的成果，本书试图从公共性的逻辑起点和基本体系两个方面进行深入的探索和研究。

（二）公共性的逻辑起点

公共性的逻辑起点是公共性基本体系的起始范畴或本原，具体路径通常就是从探索其起始概念开始。正如黑格尔追问的"科学应该以什么为开端"的问题，他认为，逻辑起点（开端）应该是一个最简单、最抽象的规定，这个起点本身不能包含着一种关系，不以任何东西为前提，也不借助任何东西为中介。① 具体来说，从要求公共性的逻辑起点出发，可以由抽象到具体地演绎出公共性的完整体系，通常还需要保持这个体系的推衍能力或结构能力。

目前，关于公共性本身的逻辑起点的研究还比较少。不过，也可以从相关领域的逻辑起点的研究得出启示。马克思将"商品"作为《资本论》的逻辑起点，吴水澎（2001）将"价值"看作会计学的逻辑起点；张庆东（2001）认为，"公共问题"是公共管理研究的逻辑起点；孙长青（2004）认为，"公共利益"是公共政策的逻辑起点；吴元其和王辉（2004）认为，"利益"是行政哲学的逻辑起点；姜键（2011）认为，"公共行为"是公共行政的逻辑起点；郭榛树（2013）认为，公共利益是社会主义核心价值体系的逻辑起点。在公共管理这个特殊的学科体系内，公共性是一个多元化或多层次的价值体系，并且作为公共管理的本质属性，也需要对其逻辑起点予以准确的回答，便于公共管理研究和管理实践的系统构建。

按照黑格尔的观点，公共管理的逻辑起点首先就应该是一个点（本原）而不是一个体系。弗朗西斯·赫塞尔本（Frances Hesselbein）认为，"一切工作都源于使命，并与使命密切相关"。赫塞尔本还率先提出使命管理的概念，并提出了以使命为核心的"圆形组织模型"，强调组织内所有人的连接点都是出于同心圆核心的"使命"。彼得·德鲁克（Peter Drucker）在《管理的实践》中率先关注"使命"，提出员工应该有使命感；他在《管理：使命、责任与实务》的"使命篇"中将使命界定为组织机构"为了某种特殊的社会职能而存在"。② 吉姆·柯林斯（Jim Collins）和杰里·波拉斯（Jerry I. Porras）在《基业长青》中将公司使命界定为："是除了赚钱之外存在的根本原因，

---

① 详细论述参考黑格尔关于"必须用什么作为科学的开端"。本处引用黑格尔《逻辑学》（上卷），商务印书馆1982年版，第60—61页。
② ［美］彼得·德鲁克：《管理：使命、责任与实务》，机械工业出版社2009年版，第39页。

并且对使命的内涵进行了全面界定。"① 方振邦认为，使命是组织存在的根本原因，概括了组织为人类所做的贡献和创造的价值。② 根据以上管理学家的论述，使命是组织存在的理由，也是组织管理的逻辑起点。

德鲁克认为，非营利组织管理实践的优势之一就是工作人员有很强的使命感，即以使命为导向，管理非营利组织往往比营利组织要求更高。赫塞尔本则认为，非营利组织应该有强有力的使命，启迪组织成员知道他们做的事情是什么，明白为什么会做这些事情，从而通过使命将大家凝聚起来。非营利组织的最重要体现就是改变人的生命，志愿者精神仅是一种价值观，更重要的是一种强大的推动力，促使其成员在日常行动中体现出这种价值导向。非营利组织需要以人为本的管理，充分尊重和他们一道工作的人，并且还需要强有力的管理原则。③ 正如德鲁克所说，所有类型组织管理的基本原理都差不多。公共组织也与非营利组织和企业管理的基本原理90%以上是相同的。陈辉（2007）就对公务员的使命管理进行研究。他认为，使命是对社会需要的本质性、终极性回应；而公务员平凡的公共服务工作背后需要不平凡的使命作为支撑，是使命感赋予了公共服务的意义感和存在感。由于我国理性化管理相对缺失，造成我国公务员要求和管理实践存在脱节的现象，也弱化了公务员使命管理。

（三）公共性的基本体系

在明确了公共性的逻辑起点为公共组织的"使命"之后，接下

---

① 柯林斯和波拉斯认为，使命是组织地平线上的恒久指引明星，永远激励组织不断前进。与特定的目标和业务策略不同，使命是永远不能完全达成的。正如迪士尼乐园的使命是"用我们的想象力，带给千百万人快乐"，沃尔特·迪士尼解释道："只要世界上还有想象力存在，迪士尼乐园就永远不会完工"。明晰"使命"的途径就是探索员工"为什么走到一起"的根本原因，不断追问"为什么不干脆把这个组织关闭，出售资产，获得利润"，这个问题最深层次的答案是明晰使命的有效方法。高瞻远瞩的公司常常从哲学而非经济学的角度思考其"存在的理由"。详细参见［美］吉姆·柯林斯、杰里·波拉斯《基业长青》，中信出版社2009年版，第63、82—87页。

② 方振邦：《战略性绩效管理》，中国人民大学出版社2014年第4版，第103页。

③ 转引自焦晶《赫塞尔本把火炬传下去》，《中外管理》2009年第12期。

来就需要探寻在这个逻辑起点上派生出来的公共性基本体系的具体构成。本书首先从一般管理实践入手，去探索公共性基本体系的构成。

在管理实践中，使命确定之后，管理者接下来最应该采取的根本措施就是动员更多的人加盟到为实现组织使命的宏伟事业之中。因此如何唤起更多的人加入队伍以及如何激发并凝集组织成员的力量，就是管理者必须完成的最紧迫的任务。IBM 的成功经验对此具有重要借鉴意义。小托马斯·沃森（Thomas J. Watson Jr.）将一家公司的成败归因为帮助员工找到彼此共同的宗旨方面做了些什么，以及在环境发生变化时，如何维系这种公共宗旨和方向感。他认为，"信念的力量"，以及这些信念对员工的吸引力。IBM 最终取得成功就在于忠实地遵守这些信念（即核心价值观）。[①] 其他高瞻远瞩的公司的成功实践也带来如下启示：确保核心价值观能够打动人心，保持简洁、明确、清楚等特点，并能够提供实质的指引。

所谓核心价值观，就是一个组织实现所肩负使命的过程中，必须长期坚持的深层的、根本的信仰和价值准则，也是指引组织决策和组织成员日常行动的永恒原则。[②] 在公共管理实践中，核心价值观就体现为追求公共组织使命过程中必须创造的公共价值。西方公共管理学界，将公共价值分为基于使命和非基于使命两类价值。效率、成本、质量等通常被作为基于使命的价值；自由、民主、平等、法治、公民参与等价值被看作是公共管理中非基于使命的价值。不过，这两类价值都被看作是政治的产物。大卫·H. 罗森布鲁姆（David H. Rosenbloom）对基于绩效导向的公共行政中的非基于使命的公共价值进行

[①] 本段话转引自［美］吉姆·柯林斯、杰里·波拉斯《基业长青》，中信出版社 2009 年版，第 82—83 页。小托马斯·沃森关于 IBM 如何坚守经营信念和理想，恪守核心价值观的完整思想，请参考［美］小托马斯·沃森《一个企业的信念》，中信出版社 2003 年版。

[②] 方振邦：《战略性绩效管理》，中国人民大学出版社 2014 年第 4 版，第 105 页。

了研究。①

在我国公共管理实践中，公共价值受到国家性质的深刻影响，坚持的是政治领导行政而不是政治行政二分的基本范式。因此，我国公共价值的分类方式与西方国家有本质的差异。我国国家性质决定了，我国公共组织的使命的本原就是共产党全心全意为人民服务的根本宗旨。党通过其执政党地位和系统的制度设计，将这一根本宗旨贯彻到公共组织的具体使命之中。基于党的根本宗旨，我国公共组织需要遵循一个完整的核心价值体系，具体包括国家、社会和个人三个层次，即"在国家层面倡导富强、民主、文明、和谐，在社会层面倡导自由、平等、公正、法治，在个人层面倡导爱国、敬业、诚信、友善"的核心价值体系。可以看出，履行"全心全意为人民服务"这一根本宗旨需要恪守的核心价值体系，并且这个价值体系中没有包括效率、成本、质量等西方国家已经取得共识的价值准则，事实上由我国国家性质和党的性质决定，我国只能将效率、成本、结果等价值导向当作实现社会主义核心价值体系的前提条件和基本手段。

我国公共价值体系的内在逻辑结构与基业长青公司保存核心理念的成功经验具有一致性。这些公司通常会追求一组目标，追求利润只是其中一种，并且可能不是首要目标。② 我国的国家性质和党的根本宗旨决定了我国公共组织追求的核心价值体系一组跨越时空的理想，也体现出人类发展恒久的真理；这些基本价值准则不会因形式变化而

---

① 非基于使命的价值即是指不直接支持公共部门实现其中心任务或核心活动的价值。目前对于非基于使命的价值是否适用于公共管理实践还存在激烈的争论，比如史蒂文·凯尔曼完全就反对在实现组织使命时必须坚守非基于使命的价值，维克多·汤普森甚至认为，在公共管理实践中坚持这些价值就是"大众主权的偷窃"，还有一些学者在特定领域反对将非基于使命的公共价值强加在机构运行上。罗森布鲁姆认为，虽然非基于使命的公共价值极大地提升了公共管理的复杂性，但是忽视这些价值将对公共管理实践造成不可估量的损失。详细参考大卫·哈里·罗森布鲁姆、敬乂嘉《论非基于使命的公共价值在当代绩效导向的公共行政中的地位》，《复旦公共行政评论》2012 年第 2 期。

② 高瞻远瞩的公司在追求利润的时候，还追求更广泛、更有意义的理想，这些理想常常表现为一组永远追求的基本准则（核心理念）。利润不是其追求的最终目的，利润仅仅是生存的必要条件，或者是达成更重要目的的手段。利润就像人体需要的氧气、水、事物一样，这些东西不是生命的目的，但没有它们就没有生命。详细参考［美］吉姆·柯林斯、杰里·波拉斯《基业长青》，中信出版社 2009 年版，第 60—87 页。

发生改变，是我国公共组织应该永远追求的行为准则。在我国公共管理实践中，追求效率、结果、成本等价值主张，是实现社会主义核心价值体系的必要条件，而不是我国公共组织追求的最终价值准则。贝丽尔·雷丁（Beryl A. Radin）对公共组织绩效管理中的责任、复杂性和民主价值进行深入研究后发现，如果过度强调或者仅仅聚焦在效率等绩效结果上，而不承认公共管理行为和目标的复杂性，那么公共管理只能在整个公共行政理论与实践体系中占据一个有限空间。[1] 罗森布鲁姆认为，在目前公共管理实践中，对自由、民主、法治等价值理念的忽视对公共组织绩效造成了不可估量的损失。雷丁和罗森布鲁姆的研究说明我国公共价值体系的基本结构具有合理性。

　　管理的核心问题就是价值创造、价值评价和价值分配问题。吴春波（2001，2014）认为，人力资源管理的本质就是全力创造价值、科学评价价值、合理分配价值，并且认为，整个管理流程应该以价值创造为核心。但是，价值评价和价值分配对价值创造也有决定性的影响。价值分配一定会涉及利益问题，在公共管理领域，确保公共价值就是保障公共组织对公共利益进行权威分配的基本准则。詹姆斯·麦基尔·布坎南等（James M. Buchanan）认为，现代政治并非原则政治，而是一种利益政治；而这两种导向的判断标准就是是否遵循了普遍性原则，即是否平等地对待全体公民，区别对待公民（无论奖励还是惩罚）均违背普遍性原则，必然导致利益政治。布坎南还认为，普遍性原则应该贯穿于政治之中，是否满足普遍性原则（含平等原则等变体）还被看作国家合法性的基础。[2] 布坎南对普遍性原则的论述仅仅从民主和公平等视角进行论述，就发现在现实的利益政治中贯彻普遍性原则是一个难题。我国社会主义核心价值体系是一个多元的价值体系，如何在坚持这个复杂价值体系的同时，进行价值（利益）分

---

[1] Beryl A. Radin, *Challenging the Performance Movement: Accountability, Complexity, and Democratic Values*. Washington D. C.: Georgetown University Press, 2006.

[2] ［美］詹姆斯·M. 布坎南、罗杰·D. 康格尔顿：《原则政治，而非利益政治：通向非歧视性民主》，社会科学文献出版社2008年版。详细论述请参考该书序言、前言以及第一章相关内容。

配,就是更加复杂的问题。受布坎南洞见的启示,在进行价值分配时必须贯彻和坚持一定的价值原则,但是理想的原则如何体现在现实利益分配之中,是公共管理研究和管理实践必须回答的重要问题。

科学评价价值和合理分配价值,有利于从根本上唤起全体成员去奉献和创造公共价值。但是利益分配是一个复杂的问题,同时也是一个复杂的博弈过程。大卫·休谟(David Hume)认为,个人利益都是不同的,公共利益虽然是相同的,但是,人们对它的看法却不一样,因此它成为巨大纷争的根源。如果人们仅从特殊利益角度来调整人们的行为,不论是基于个人利益还是公共利益,最终都会陷入永无止境的混乱之中,政府治理也会因此在很大程度上失效。因此我们必须从一般性规则出发,并根据普遍利益来调整我们自己的行为。哈耶克认为只有在为实现普遍利益(共同利益)或公益的时候,才能允许对个人施以强制,这应该是一项基本原则。由于公共利益的概念很难界定,如果认为公共利益是个人利益的总和,但是如何把不同的个人利益整合起来又是一个难题。因此人们要求政府提供最重要的公共产品而不是直接满足其特定需求,我们不能把公众关注的焦点引向其特定的需求。① 查尔斯·E.林布隆在《政策制定过程》(1988年版)中指出,人人共享的利益也许并不存在,存在的只是各种各样的局部利益。戴维·伊斯顿(David Easton)在《政治生活的系统分析》(1999)中指出,政治系统通过输出公共政策,来对全社会价值进行权威性分配,来确定享用或排斥特定资源的权利。

公共政策是不是就能保证公共利益呢?这仍然是一个需要不断探索和研究的复杂问题。从理性上讲,政府就应该是公共利益的代表,应该以维护公共利益为己任,可以说这已成为现代合法政府的基础。但是,按照布坎南的经济人假设,政府有其自身利益,政府也可能利用权力为自身谋利益。这造成政府作为公共政策的制定者,也不一定必然就代表人民的利益。官商勾结、贪污腐败、为政不为等现象均与

---

① [德]弗里德利希·冯·哈耶克:《法律、立法与自由》第二、三卷,中国大百科全书出版社2000年版,第1—5页。

维护公共利益严重相悖，也使人民利益失去保障。可以说，公共政策很难从客观中立的角度去代表或维护公共利益。从以上分析可以看出，政府是公共性和自利性的矛盾体，从政府的本原来讲，公共性应该是政府的主要属性，当政府在处于两难选择时，政府应以公共性为首要价值选择，但是，公共性与自利性始终处于动态博弈之中。任剑涛和王炜（2007）也认为，政府的确与公共利益不是一回事。只有对政府和公职人员权力进行必要的限制，并且用制度保障他们为增进公共利益做出奉献，才能确保公共利益的顺利实现。

在现代社会中，各种利益相关方的博弈始终是一个常态。如何在博弈中确保公共利益已经成为公共管理领域的一个重要主题。亨利·明茨伯格在《社会再平衡》（2015）中指出，西方社会的利益冲突主要表现为国家利益、社会组织利益以及个人利益之间的冲突；而一个国家的良性发展，需要公共组织、私营组织和社会组织三大部门的平衡发展。他认为美国出现了严重的失衡，私营部门成为社会的主宰，社会已经变成公司化了的社会，而政府相对于市场来说也空前的衰落。我国与美国相反，呈现政府权力过大，而社会建设相对滞后，个人利益保障不力，这也不符合明茨伯格健康平衡社会的理念。对比中美的利益格局，我国这种利益格局更有利于公共利益的顺利实现。我国公共组织的核心理念（使命和核心价值观）对政府公共性有明确要求，对其自利性具有抑制作用；我国公共组织对核心价值理念的明确要求，也有利于维护公共利益的行为贯彻到普通公民；公共组织强大也更利于有效控制维护公共利益的行为。

但如何实现公共利益最大化，在实现路径和机制设计上还需要进一步探索。新制度经济学相关理论为维护公共利益的制度设计提供了理论参考。根据公共选择学派的观点，传统主流经济学割裂政治与经济的逻辑是错误的，而政治与市场的"善恶二元论"也存在问题。该学派主张公共组织与私营组织之间以市场机制为基础开展竞争，提倡小规模化的公共服务方式，通过为公民提供更多选择来提升公共服务的质量、效率、代表性等。交易费用理论主张从控制交易费用的角度提升资源配置的效率，为更经济地满足公共利益提供指导。契约理论特别是委托—代理理论，强调设计出一种激励相容的机制，为建立一种动态、和谐和契约化的公共机制，为公共利益的实现搭建高效的制度平台提供理论基础。

以上对公共性的讨论，无论是逻辑起点（使命），还是公共价值和公共利益，均属于政治论域层面。如何创造公共价值和维护公共利益，最关键的还是要在公共管理实践（公共事务）中切实贯彻相关理念。在公共管理实践中切实坚持公共需求导向，也就是创造公共价值和维护公共利益的有效途径，设计基于公共需求的公共管理机制就成为管理实践的最佳选择。迟福林（2005）认为，满足公共需求的压力已经成为政府转型的动力，而在这个过程中，政府应该设计利益均衡的利益博弈机制协调各方利益，化解社会矛盾。陈国权（2010）认为，公共需求的实现路径有两种基本导向：一种是公共需求导向，即强调公共服务的逻辑起点是公共需求；另一种是供给导向，即强调政绩目标为公共服务供给的逻辑起点。在"以人为本"的管理理念下，更加强调民本位而不是官本位，即利益协调的根本标准为更好满足地公共需求。如何处理好公共需求和公共服务的关系，成为创造公共价值和实现公共利益的实现路径。

从以上论述可以看出，作为公共管理的本质属性，公共性以使命为逻辑起点，其基本逻辑体系包含公共价值、公共利益、公共需求和公共服务等。对公共性基本体系的明晰，有利于在公共服务项目评价体系设计过程中，价值理性更好地对工具理性实现方向的指引。

（四）我国传统思想中的公共性分析

我国公共管理的理论与实践，都深受我国历史文化传统和文化渊源的影响，都需要在传统价值和现实需求中博弈与权衡。通过对传统思想中的"公共性"的分析，有利于"公共性"在管理实践中得到更好的贯彻和实施。

"公共"在传统思想中的基本含义。首先，需要在分析词源上讲"公"的含义。在《说文解字》中，公与私是相对的，"私，禾也"，即是庄稼的意思，但后来是指个人所有的庄稼；"公，平分也。八，犹背也。韩非曰：'背厶为公'"；"共，同也"。① 而《辞海》将"公"解释为与"私"相对的"公共、共同"。其次，我国古代思想家也有相关论述。韩非子对如何处理公私关系做了言简意赅的论述，他指出："明主之道，必明于公私之分，明法制，去私恩。夫令必行，禁必止，人主之公义也；必行其私，信于朋友，不可为赏劝，不可为罚沮，人臣之私义也。私义行则乱，公义行则治，故公私有分。"② 在《荀子·君道》中也有"公道达而私门塞矣，公义明而私事息矣"的论述③，强调用"公道"和"公益"来治理只顾个人私利的行为。儒家伦理"以礼制和德治"的思想，作为我国传统思想的主流，也对此做了很多论述。比如，在《礼记·礼运》中，"大道之行也，天下为公，选贤与能，讲信修睦"，就是该思想的典型反映，也对"公"进行了诠释。但是，儒家思想中，"以家（家族）为基础，家国同构"的价值体系，使"家"成为最小政治单元和个人生活的最大场景。④ 虽然儒家也提供了"修身齐家治国平天下"的伦理准则，也模糊地提出了天下理念，但是在实现路径中，个人责任和家庭作为伦理起点，更有利于建立一个原子化的分散性社会，或者会促进圈子化的社会形态，这非常适应农业社会，但是，对于现代社会却存在局限性。

我国传统思想中公共性的局限性分析。梁漱溟认为，我国从家庭伦理来推演社会关系和组织社会秩序，消融了个人和团体这两端。⑤ 费孝通也认为，在我国传统"差序格局"中，"先承认己，然后推己及人，克己复礼，本立而道生"，从而形成"己—家—国—天下"的水纹状结构；这种以"己"为中心拓展而形成的"公"，常造成"自我主义"⑥，常造成公与私的界限模糊。比如，孔子讲的"为政以德，例如北辰，居其所而众星共之"这句话的立足点就是己；在孟子"穷

---

① 许慎：《说文解字》，九州出版社2001年版，第62、153、398页。
② 韩非：《韩非子》，北京电子出版物出版中心2001年版，第53页。
③ 王先谦：《荀子集解》，中华书局1988年版，第239页。
④ 转引自朱祥海《反公共性：儒家伦理的内在限度》，《甘肃理论学刊》2013年第4期。
⑤ 梁漱溟：《中国文化要义》，上海人民出版社2011年第2版，第77页。
⑥ 费孝通：《乡土中国·生育制度》，北京大学出版社1998年版，第28—29页。

则独善其身，达则兼善天下"的论述中，也是"兼善"天下，而不是"普爱"天下，因此，这种公共性就显得比较狭隘，也导致"公"的脆弱性。虽然宋明儒学对公与私有了高度重视，但是其出发点仍然是"私"，而不是"公"。比如程颐等认为"义与利，只是个公与私也"，这里的"公"由"义"推演而来。① 朱熹在君子处事之方中强调"周公至公不私，进退以道。无利欲之蔽。其处己也，夔夔然存恭畏之心。其存诚也，荡荡焉无顾虑之意"。② 朱熹讲的"周公至公不私，进退以道"是其"无利欲、存敬畏之心和无顾虑之意"，而不强调"公"的内在要求。可以说，传统儒家思想公共性拓展路径就是"克己"，而"克己"又必须基于高尚的道德。北宋著名理学家张载的传世名言"为天地立心，为生民立命，为往圣继绝学，为万世开太平"。张载提出，通过建立一套完整的伦理价值体系，为广大民众选择正确的命运方向提供价值指引，继承已经中断了的圣人提倡的道统或学统，开拓万世太平之基业。可以说，张载四句是我国传统"公共性"论述的经典和顶峰，也为后世研究指明了方向。但是在我国传统中，道德的高调和现实的利益本位常常使人们处于无法消解的矛盾状态中，道德的自律在利益冲突面前常常很难发挥作用，从而导致大量"公地悲剧"的存在，并造成了公共价值或公共精神的相对缺失。

我国公共管理研究和实践注重对西方公共管理理论和管理经验的学习与借鉴，而对我国传统的回应则存在不足。恩格斯说过，历史从哪里开始，思想过程也应当从哪里开始。③ 因此，对我国公共组织的公共性进行分析，应该充分按照中国传统，即在对我国传统有效扬弃的基础上，借鉴西方成功的理论和管理经验，构建出适合我国国情的基本理论和评价体系。

四 公共服务项目评价体系的价值落地

虽然前面已经对公共服务项目评价体系的价值基础进行了比较详

---

① 程颢、程颐：《二程集》上卷，中华书局2004年版，第176页。
② 陈荣捷：《近思录详注集评》，华东师范大学出版社2007年版，第258页。
③ 《马克思恩格斯选集》第2卷，人民出版社1995年版，第43页。

细的论述，但是，具体的评价体系要切实反映价值理性的指引，仍然是项目评价中的难题。在创造公共价值视域下构建公共服务项目评价体系，保障相关价值基础切实在公共服务项目评价体系中落地才是关键。本书认为，做好如下几个方面的工作有利于公共服务项目评价体系坚持正确的价值指引。

第一，评价体系要有利于促进公共服务与公共需求的有效对接。公共服务项目是公共组织向目标公众提供公共服务的活动，项目成功的根本标准就是满足目标公众的相应需求（公共需求）。开展公共服务项目评价就是通过评价实践促进公共服务的有效供给，以便更好地满足公共需求。目前广泛开展的供给侧改革，在公共服务项目评价领域就体现为通过评价促进公共服务供给的有效性问题。

第二，坚持公共价值导向，切实维护公共利益。促进公共服务项目立足于公共需求，本质上就是维护公共利益。在多层的委托—代理过程中，公共服务项目能不能保障最终满足公共需求是一个复杂的技术问题，也是一个政治问题。另外，公共服务项目涉及众多利益相关者，如何有效平衡各类利益相关者的利益同样需要引起高度重视。在评价体系构建过程中，坚持公共价值导向，切实按照公共价值各项基本原则的具体要求来权衡利益相关者间的利益，做到最大限度地维护公共利益，成为公共服务项目实现价值落地的重要保障。

第三，促进评价体系的价值理性与工具理性的充分融合。项目评价的直接目的就是实现项目评价者（或委托者）的相关目的，这更多地表现为工具性的一面。但是，公共性作为公共服务项目的本质属性，需要在评价体系这个"工具"中体现出来。关于公共服务、公共需求、公共价值和公共利益相关的内容对公共性落地分别做了具体阐述，在具体评价体系设计时，需要对价值理性从整体上进行谋划，并使评价指标的选择、评价程序设计以及评价结果应用等环节，均体现价值理性的指引。

另外，由于我国传统文化中公共性的缺失，这可能导致我国公共服务项目评价体系在执行过程中，公共性得不到有效的保障。因此，这要求我们在构建公共服务项目评价体系的时候，充分重视这一事实，在指标体系构建、项目管理环节设计等方面对这一事实以更好地回应，从而更好地满足公共需求和维护公共利益。

第三节　公共服务项目评价体系的管理基础

绩效管理是指在组织的使命、核心价值观的指引下，为达成愿景和战略目标开展的管理过程及工作结果。作为公共组织实现战略目标或绩效目标的行动方案，公共服务项目评价体系的管理基础需要建立在项目所在组织系统之上。在公共组织的管理系统中把握公共服务项目评价体系的构建，通常更有利于保障评价体系的系统性、科学性和可操作性。

一　基于价值创造视角的战略管理体系

对公共服务项目发起组织战略管理系统的深入了解，有利于把握作为行动方案的临时性组织在整个管理系统的目标定位。本书对基于价值创造视角的战略管理体系相关文献进行梳理，以期为项目战略在组织战略中寻找基本依据，从而为项目评价体系的构建奠定更加坚实的管理基础。

组织战略需要在更大的系统中把握。在《组织与管理：系统方法与权变方法》一书中，弗里蒙特·E.卡斯特（Fremont E. Kast）和詹姆斯·E.罗森茨韦克（James E. Rosenzweig）将组织看作是更广大社会文化环境中的一个子系统，强调管理价值观对管理理论和实践都有影响，主要体现为对管理决策的指导或影响。社会价值观反映出一系列的有关人类行为规范和理想目标的共同信念；组织的价值系统不仅由组织内部因素决定，还受外部社会价值观的规范和影响。价值观通常作为组织制定目标和做出决策的基础。管理者在决策过程中还需要考虑如下四个方面的内容：环境方面，考虑社会对组织的各种限制；组织方面，作为一个组织的目标；个人方面，组织参与者的目标；技术系统是直接与环境超系统、组织的目标和价值观等相关联的，管理者通常需要在公共价值观的指引下实现这各个方面的全面协同。①

陈振明认为,麦肯锡"7S"框架也是公共部门战略实现的有效模式。②该模型是托马斯·彼得斯(Thomas J. Peters)和罗伯特·沃特曼(Robert H. Waterman)在实地考察美国历史悠久、最优秀的43家大公司进行深入研究之后,发现优秀的组织都重视七种相互依存变量:战略(Strategy)、结构(Structure)、制度或系统(System)、管理风格(Style)、人员(Staff)、技能(Skill)、共同价值观(Shared Vision),如图4-1所示。战略、结构和制度或系统是三项硬要素,管理风格、人员、技能和共同价值为四项软要素;这七种要素需要组成相互协同、密切配合的完整体系,其中共同价值观处于这个卓越管理框架的核心地位。组织设计权变理论主要代表人物琼·伍德沃德

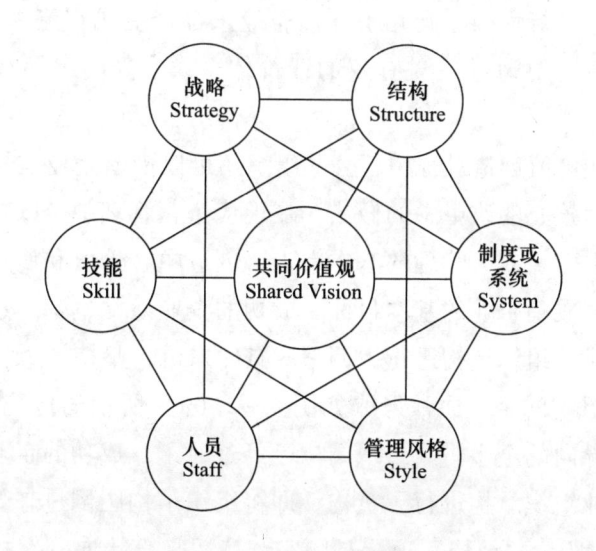

图4-1 麦肯锡"7S"框架

资料来源:[美]托马斯·彼得斯、罗伯特·沃特曼:《追求卓越:探索成功企业的特质》,中信出版社2009年版,第8页。

---

① 方振邦、徐东华:《管理思想百年脉络》,中国人民大学出版社2012年版,第229—232页。
② 陈振明:《公共部门战略管理》,中国人民大学出版社2011年修订版,第155—157页。

(Joan Woodward)通过对技术和生产系统与组织结构、组织结构与绩效之间的关系的研究,也得出了"组织结构因技术而变化"的研究结论。这与钱德勒战略决定结构的论断也是一致的。因此,在特定组织内部,管理者需要在共同价值观的指引下,有效组织各种要素,以更好地实现其预定的绩效目标。

另外,沃伦·本尼斯(Warren G. Bennis)在访问90位成功的企业领导之后,写出了《领导者》一书,提出了成功领导的四大主题是"愿景、沟通、定位和自我调整",即通过愿景唤起专注、通过沟通赋予意义、通过定位取得信任、通过自我调整与组织目标保持动态一致。正如德鲁克所说,如果一个组织的结构是鼓励企业家精神和行为的,那么几乎人人都可能成为企业家;反之,如果一个组织的结构是鼓励官僚主义行为的,则几乎任何企业家都会变成官僚主义者。① 因此,管理者需要通过建立有效的评价体系,来推动组织目标的顺利达成。

在公共价值创造过程中,公共组织还可以借鉴企业在推行以创造顾客价值为核心的改革中的做法。在现代企业管理中,以顾客为中心或顾客至上已经成为管理的基本常识,创造顾客价值和使顾客满意已经成为众多成功企业的基本目标。成功的企业通常也基于这种现代管理理念,对其组织结构进行了调整。具体来讲,坚持"顾客是公司唯一利润来源"的企业通常采取如图4-2(a)所示的传统组织结构,这种控制导向的金字塔式组织结构已经过时了。成功的企业则以服务导向对企业组织结构进行了重构,即将组织结构图倒过来变成了如图4-2(b)所示的结构:顶层是顾客,然后是直接向顾客提供服务并竭力使顾客满意的一线人员,接下来是支持一线人员并使之更好地为顾客服务的中层管理者,最底层是高层管理者,他们的工作就是培养、选拔、聘用和支持中层管理者。虽然每个层次的人都不能脱离顾客,都必须亲自了解、满足和服务顾客的需求,但是,各层次对顾客

---

① [美]戴维·奥斯本、特德·盖布勒:《改革政府:企业家精神如何改革着公共部门》,上海译文出版社2012年版,第5页。

需求满足的贡献是不同的：高层管理者主要应该聚焦顾客长期价值的满足，中层管理者则需要为顾客提供稳定高效的产品或服务，而基层管理者和员工则应该直接向顾客提供优质高效及时的产品和服务。随着网络化和信息化程度的提升，中高层管理者倾听顾客、了解顾客、服务顾客的可能性和具体途径都逐渐形成，这为推行新型组织形式提供了信息基础。

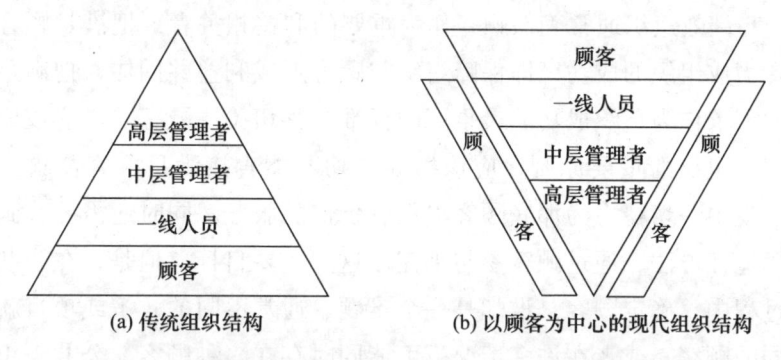

图 4-2　传统组织结构与以顾客为中心的现代组织结构比较

资料来源：[美] 菲利普·科特勒、凯文·莱恩·凯勒：《营销管理》，上海人民出版社 2009 年版，第 142 页。

在公共管理领域，以顾客为中心就体现为以人民群众的根本利益为中心。我国由于政府必须秉承党全心全意为人民服务的根本宗旨，因此也提出了建设服务型政府的战略性方向。基于战略决定结构的基本原理，我国政府也应该对传统科层组织结构进行再造，至少应该在管理理念上回应党的根本宗旨，竭力将为人民服务的理念转化为具体的公共服务行为。因此也应该要求组织系统内各级人员均心系群众、服务群众，以群众满意为公共服务的最高标准。我国历来都有"阎王好见、小鬼难搪"之说，民众反映机关"门儿难进、脸儿难看、事儿难办"的现象也非常普遍，从根本上讲是因为公务人员的绩效评价决定者不是民众而是上级领导。只有公务人员和各级领导都"面向人民群众背靠领导"而不是"面向领导背对人民"，才能真正践行全心全意为人民服务的根本宗旨。因此，在公共组织也坚持以人民群众为中心的组织结果模式，更加有利于创造公共价值，提升人民群众的满意度。

　　创造公共价值这个根本性的目标，从决定公共组织使命开始，经过组织到项目长长的管理链，才能传递到项目对象那里，使公共价值得以最终实现。管理链条过长，常常使公共管理实践与创造公共价值的初衷背道而驰。因此，公共组织希望通过绩效管理实践来确保这一目标的实现。

　　高绩效组织通常确保顾客作为重要的利益相关者，把满足顾客的需要当成组织的成功，即保障组织与顾客形成利益共同体，把满足顾客的需求作为组织成功的最重要的标准。密切关注顾客需求应该成为高绩效组织的重要原则，应该抛弃一切不能直接满足顾客需求的职能，集中一切精力为那些顾客提供有价值的服务。同时还需要找到一种创造性方法，通过顾客参与来完成这一重要目标。但是，在公共服务过程中，确定顾客是谁却是一个难题。通常不同的政策或项目就有不同的顾客，或者在许多情况下可能同时存在多种顾客，公共组织必须权衡各种顾客的需求。即使在确定了顾客之后，公共组织对顾客的需求也知之甚少。[①]

　　马克·霍哲（Marc Holzer，2000）认为，一个设计良好的绩效评价系统，通常具有以下几个特点：应当清楚地表明目的和目标，明确定义出服务的产出和结果，并详细说明这些产出和结果应该达到的绩效标准。具体来讲，要建立一个高效的绩效评价系统，一般应该包含以下七个步骤：一是鉴别和界定需要评价的公共项目；二是根据组织使命和战略目标准确陈述评价目的，并明确界定所期望达到的结果；三是选择合适的评价指标和确定相应的衡量标准；四是设置绩效结果（需要完成的目标）的具体标准；五是进行持续不断的绩效监控；六是及时（或定期）报告绩效结果（也可以是阶段性的成果）；七是使用绩效信息和评价结果。[②] 从霍哲归纳出的这七个步骤可以看出，确

---

　　① ［美］马克·G. 波波维奇：《创建高绩效政府组织：公共管理实用指南》，孔宪遂、耿洪敏译，中国人民大学出版社2002年版，第25—29页。
　　② ［美］马克·霍哲：《公共部门业绩评估与改善》，《中国行政管理》2000年第3期。

定公共项目是美国公共组织绩效评价的第一步，也是关键的一步，因为这个步骤决定了公共服务的具体对象和创造公共价值能否真正落地。

二 公共服务项目评价体系的价值原则

公共服务项目种类繁多，相应的，评价体系的构建也非常复杂。评价体系设计者和管理者偏重于将项目当作一种实现组织战略的工具，而忽略对构建评价体系的价值原则进行深入把握，也不利于项目取得成功。虽然前面已经从公共组织的角度对公共服务项目评价体系的价值基础进行了论述，但是在具体构建评价体系时，还需要通过工具性价值原则来规范项目评价体系的构建工作。

从绩效管理的概念可以看出，公共组织的使命和核心价值观始终对绩效管理实践具有方向指引的作用。马克·莫尔在《创造公共价值：政府战略管理》中，将创造公共价值确定为政府战略的终极目标，并提出了三角模型分析框架，这对公共组织绩效管理确立价值理性的主导地位有很大的指导作用。莫尔提出的公共战略模型包括围绕公共价值的三个维度：一是使命管理，即确保组织目标符合公共价值的基本要求；二是政治管理，即确保公共价值与政治规范一致；三是运营管理，即通过有效的运营管理促进战略目标的顺利实现。[1] 从莫尔的研究可以看出，创造公共价值在公共组织中的基础性地位和重要意义；公共价值为公共组织绩效管理实践注入了新内涵，其中最为主要的是为公共组织行为指明了发展方向。

在公共组织绩效管理实践中，由于利益主体多元化和价值原则多元化，协调和平衡各种价值原则具有很高的复杂性。绩效管理者通常需要坚持"5E"原则，即经济性（Economy）、效率性（Efficiency）、效果性（Effectiveness）、公平性（Equity）和环境性（Environment）。但是这些价值原则在指导具体的管理实践时需要实践者进行有效平衡。正如全钟燮认为的，我们生活在一个"悖论的时代"。因为，我们

---

[1] Mark H. Moore, *Creating Public Value: Strategic Management in Government*. Cambridge: Harvard University Press, 1995.

有很多美好的发展进步愿望，也做了很多提高人们生活质量的努力，但是却带来了不可预期、意想不到甚至是对立的结果，比如为了发展经济而牺牲环境，将行政效率置于效能之上，或者是使组织目标完全凌驾于个人需求之上时，悖论状况就会出现。① 这个悖论就是我们认为可能更好地为公众提供服务的途径，却是忽视甚至摧毁了公民、商业组织、非政府组织以及各种草根组织能够发挥的重要作用，事实上，这些主体更能定义和解决各地的实际问题。

另外，即使我国公共组织确立了以党全心全意为人民服务的根本宗旨和社会主义核心价值体系为我国各级各类公共组织提供了明确的价值指引，但是，在实践中却仍然大量存在背离这些价值准则的行为，同时，"5E"原则在绩效管理实践中的贯彻落实也存在诸多困难，很大程度上是因为价值冲突的存在。可以说，在实践中如何实现价值理性与工具理性的统一，仍然是一个有待解决的复杂问题。

三　组织级项目管理

项目战略管理体系是组织战略的延伸，在项目管理实践中，必须考虑项目管理体系对组织战略的承接。美国项目管理协会（PMI）开发了组织级项目管理框架（Organizational Project Management，OPM），为项目战略管理搭建了一个有效的框架体系。组织战略与优先级相联系，并且整个项目管理体系也是相互联系的；但是，项目或项目集一般都需要通过项目组合才能服务于组织战略。因此，PMI将了解组织战略看作是OPM的初始步骤之一。项目管理团队也必须考虑用合适的方法将组织战略与项目管理系统对接起来。组织战略与项目组合、项目集、项目的关系如图4-3所示。

OPM具体通过利用项目组合、项目集与项目管理，以及组织驱动实践，不断地以可预见的方式取得更好的绩效、更好的结果以及持续的竞争优势，从而实现组织战略。换言之，OPM就是为了取得理想结果，而把项目组合、项目集和项目管理与组织的业务管理协调起来开

---

① ［韩］全钟燮：《公共行政的社会建构：解释与批判》，孙柏瑛等译，北京大学出版社2008年版，第1页。

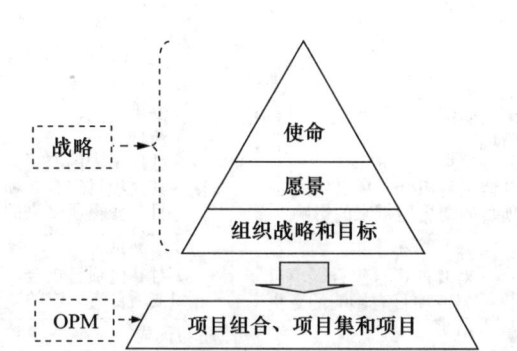

```
         ╱╲
        ╱  ╲
       ╱ 使命╲
  ┌──┐╱──────╲
  │战略│  愿景  ╲
  └──┘╲────────╲
     ╱ 组织战略和目标╲
    ╱────────────────╲
         ⬇
  ┌───┐┌──────────────┐
  │OPM││项目组合、项目集和项目│
  └───┘└──────────────┘
```

图 4-3　组织战略与项目组合、项目集、项目的关系

资料来源（经改编）：［美］PMI：《组织及项目管理实践指南》，中国电力出版社 2015 年版，第 32 页。

展的一种集成管理方法。在推行 OPM 时，首先必须将组织战略与 OPM 核心驱动流程相对接，特别是组织的使命、愿景、战略、政策、组织结构等要素与项目管理流程相匹配；然后才是努力将组织战略转化为项目管理体系的具体行动。在具体实施 OPM 时，必须深入理解项目组合、项目集与项目的关系，如图 4-4 所示。[①] 公共服务项目一般体现为项目组合或项目集，评价体系构建过程中必须明确公共服务项目的具体内涵。

由于环境复杂性和动态性，造成组织战略通常表现为一个动态调整过程。项目管理过程及其业务流程因此也必须与组织战略保持动态一致性。在管理实践中，通常需要明确的管理流程来确保这种动态匹配的有效性，从而使那些在项目管理过程中的短期或长期内必须实施的战略要素更好地体现在项目管理体系之中。PMI 设计的由组织战略与项目管理构成的 OPM 系统如图 4-5 所示。这个系统的根本目的是通过系统的价值管理流程，产出组织需要的价值绩效，从而推动组织战略目标的实现。

---

① 项目组合是为了实现战略目标而组合在一起的项目集、子项目集、项目和运营。项目集是项目组织的组成部分，由被协调管理的子项目集、项目和其他工作构成，用于支持项目组合。项目则既可以直接来源于项目组合，也可以是项目集的组成部分。另外，关于 OPM 论述可参考［美］PMI《组织及项目管理实践指南》，中国电力出版社 2015 年版。

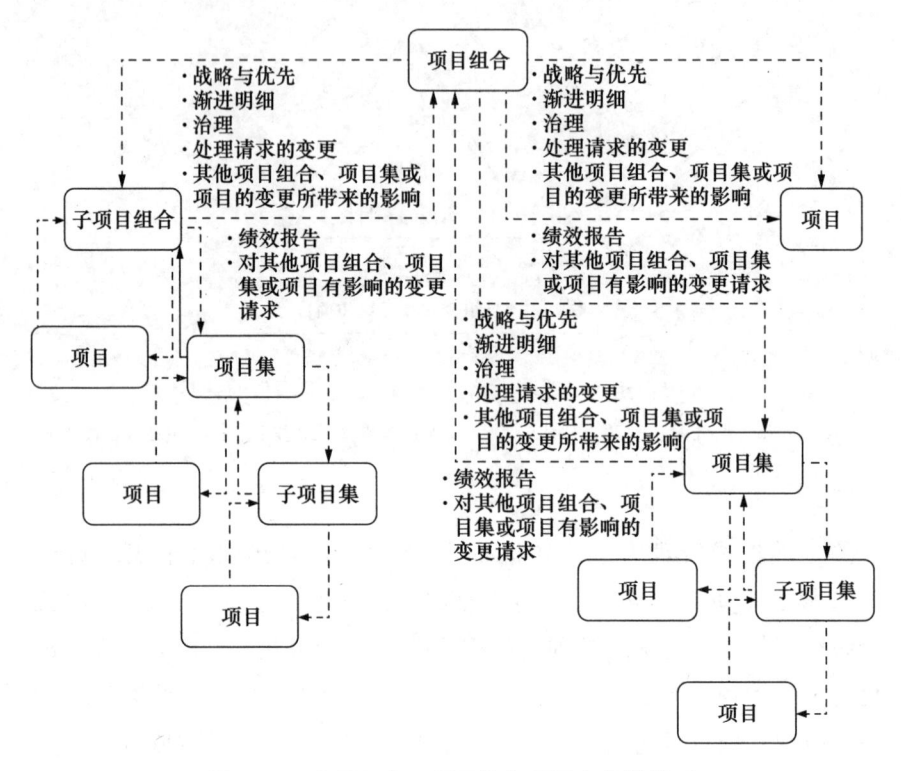

图 4-4 项目组合、项目集与项目之间的关系

资料来源：[美] PMI：《项目管理知识体系指南》（PMBOK 指南），许江林等译，电子工业出版社 2013 年版，第 5 页。

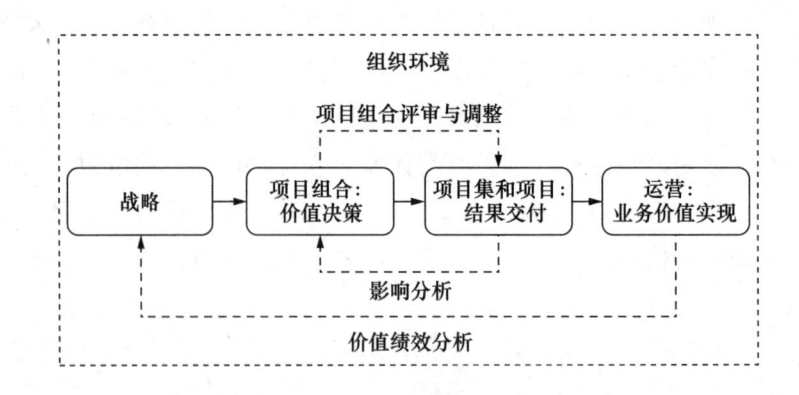

图 4-5 由组织战略与项目管理构成的 OPM 系统

资料来源：[美] PMI：《组织及项目管理实践指南》，中国电力出版社 2015 年版，第 32 页。

组织领导者在实施组织战略的过程中，还需要将组织其他业务流程与项目管理协同起来。PMI 开发的 OPM 实施框架，就是基于项目绩效持续改进的管理流程，该框架分为探索与分析、制定实施路线图和实施三个阶段，并且对每个阶段的主要工作以及关键交付成果均做了简要的说明，如图 4-6 所示。对该实施流程的理解包括如下两个方面：首先，该框架设计了一个持续改进的流程，以便在目标达成或者战略调整的时候，管理者能及时调整 OPM 的实施过程，来对接新的战略计划或者是弥补战略执行过程中出现的问题。判断一个 OPM 管理流程的成功与否的标志，就是管理实践能否为组织价值创造提供直接的支持，也可以说是否为组织带来价值。其次，该流程在每个阶段均明确了应该交付的成果，这为管理流程的具体执行提供了方向指引，同时也提出了具体的要求；还要通过一个持续改进的环路设计，来确保没有达到交付成果要求的管理实践进入绩效改进流程，从制度设计上保障了项目绩效的持续提升。因此可以说，OPM 实施框架为项目集或项目绩效的持续提升提供了基础。

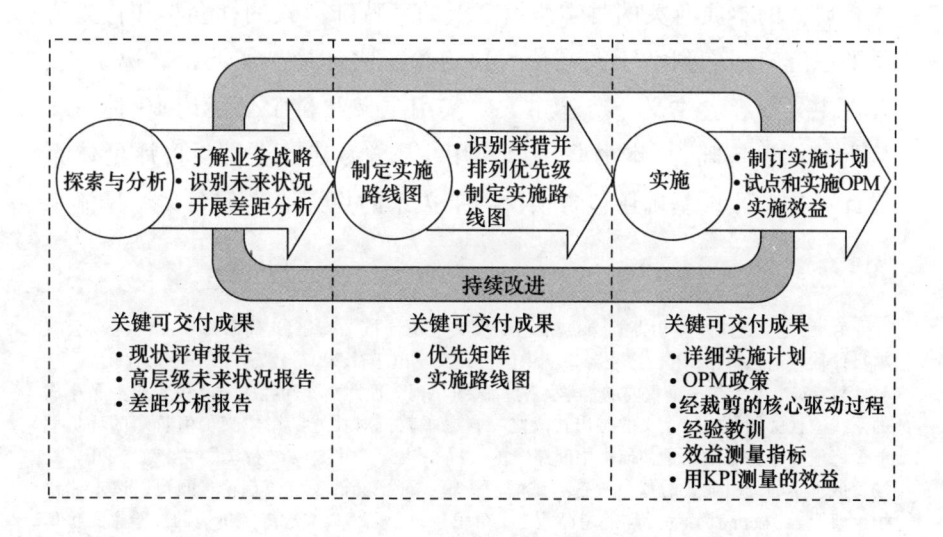

图 4-6 OPM 实施框架

资料来源：[美] PMI：《组织及项目管理实践指南》，中国电力出版社 2015 年版，第 30 页。

为促进公共服务项目取得成功，公共服务项目评价体系的构建工作需要系统考虑管理基础三个方面。第一，需要考虑项目发起组织的战略及其外部环境，这决定着项目的来源和影响项目成功的因素。第二，要重视项目发起组织的管理系统，这决定了组织发起什么项目和如何评价项目。第三，切实掌握项目管理框架，这为项目评价体系的构建确立了直接的管理基础。这三个方面为项目成功提供了管理保障，即共同构成了公共服务项目评价体系构建的管理基础。在构建过程中，根据评价体系价值理性的指引，切实维护公共利益，聚焦公共需求，通过系统、规范和完整的评价体系，促进公共服务项目取得成功。

第四节　公共服务项目评价体系的设计流程

　　戴维·罗伊斯等认为，项目评价是一种建立在事实以及与设计/执行研究的本质有关的哲学假设之上的、特殊形式的社会学和行为科学的研究。他们列举了实在论、决定论、实证论、实演论、逸事论、理性主义、经验主义、节俭主义、实用主义和科学怀疑论10种应该接受的哲学基础。[①] 本书坚持以实用主义[②]为基础进行项目评价体系设计，这一假设基础还包含项目因果关系的更深层次的含义。具体来

---

① ［美］戴维·罗伊斯、布鲁斯·A. 赛义、德博拉·K. 帕吉特、T. K. 洛根：《公共项目评估导论》，王军霞、涂晓芳译，中国人民大学出版社2007年版，第19—21页。
② 实用主义是一个重要的哲学派别，试图在调节理性主义和经验主义中走出一条中庸的路线。杜威就是实用主义的杰出代表之一，冯平教授对杜威实用主义价值哲学的评价就能很好地反映实用主义是如何走中间路线的。冯平认为，杜威以"行动"为核心展开了一场价值哲学的哥白尼式的革命：它尝试颠覆逻辑实证主义的反价值理论；颠覆以追求"永恒价值""终极价值"为旨趣的超经验主义价值理论；颠覆以兴趣界定价值的经验主义价值理论；颠覆事实与价值的二元划分；颠覆手段与目的的二元划分；颠覆内在价值与外在价值、目的价值与手段价值的二元划分；颠覆绝对、超验的"价值等级"的合法性；颠覆绝对、超验的价值标准；同时，它又是建构性的。杜威价值哲学的核心理念为哲学就是关于如何形成能有效指导行动的价值判断的理论源于［美］约翰·杜威《评价理论》，上海译文出版社2007年版，第1—2页。

讲，本书的基本假设是通过构建价值理性与工具理性统一的评价体系，促进公共服务项目取得成功；评价体系设计过程则遵循"W—H—W—D"逻辑顺序，即回答如下四个问题：明确评价目的（Why）、设计评价方案（How）、构建评价指标体系（What）和开展评价实践和动态调整（Do），如图4-7所示。

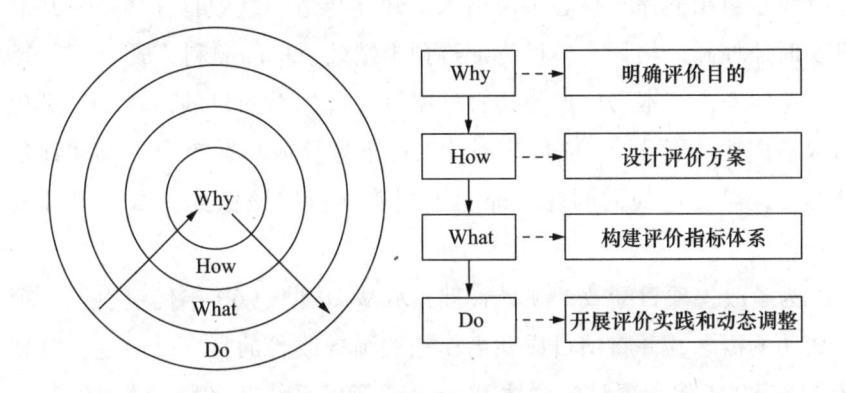

图4-7　评价体系设计的"W—H—W—D"逻辑顺序

规范合理的设计体系，通常更有利于避免项目失败。[①] 本书坚持"W—H—W—D"基本流程，以便为评价体系的构建工作提供基本的规范，从而尽量避免评价体系不科学和不规范现象的发生。

一　评价体系的基本目的

评价目的不同，评价体系构成就不一样。评价体系构建的第一步，就是确定评价的目的。本书所构建评价体系的根本目的是通过促进项目成功更好地实现创造公共价值的目标，直接目的是通过使用本书所构建的评价体系展开评价，促进项目绩效的持续提升。德鲁克认为，管理者必须卓有成效，即管理者做事必须有效。有成效的管理者首先要"做对的事情"，然后就是"把事情做对"，即唯有从事"对"

[①] 项目失败通常可以分为理论失败或设计失败（Theory Failure）和执行失败（Implementation Failure）。关于项目失败详细论述请参考［美］彼得·罗希、马克·李普希、霍华德·弗里曼《评估：方法与技术》，刘月、王旭辉、邱泽奇译，重庆大学出版社2007年版，第55页。

的工作,才能使工作有效。① 因此,本书认为,一个很好的评价体系,必须通过评价体系的"指挥棒"和"晴雨表"这两种基本功能,首先促进选择正确的项目(做对的事情),即确保评价体系与组织战略无缝对接,充分发挥评价体系的指挥棒作用,并创造组织需要的价值;其次是促进项目获得高绩效(把事情做对),即保障项目评价体系立足于组织使命与核心价值追求,建立合适的绩效目标体系,并展开及时监控和严格评价,最终促进预定绩效目标的顺利达成。

总体来说,本书构建公共服务项目评价体系的目的,就是促进项目取得成功。因此,"项目达到什么标准才算成功"就成了构建评价体系首先需要追问的问题,即明确回答项目应该做到什么程度才算成功。

为了改善项目绩效,项目管理领域从20世纪60年代就引入了项目成功的概念,并将项目成功当作相关绩效改善的目标,但是,直到20世纪80年代,项目成功才开始逐渐形成系统化的概念框架。② 在项目评价实践中,项目成功的标准与项目的类型有关,不同类型的项目成功标准也不一样。另外,项目成功还取决于谁制定的评价标准并执行评价(翟丽、徐建,2003)。无论是在理论界还是在实践中,准确定义项目成功均不是一件容易的事情,有学者甚至认为"项目成功"没有标准定义。

本书首先讨论一般项目成功标准,并以此为基础来讨论公共服务项目成功标准。项目成功经典的认识是"在计划的范围、时间和项目成本内完成项目"。PMI认为,应该用项目经理和高层管理层批准的范围、时间、成本、质量、资源和风险等目标来考核项目的成功。③ 特纳(Turner)早在1993年就曾指出,项目铁三角的成功标准只涉及

---

① [美]彼得·德鲁克:《卓有成效的管理者》,机械工业出版社2009年版,第1—3页。

② Jugdev Kam, Muller Ralf, A Retrospective Look at Our Evolving Understanding of Project Success. *Project Management Journal*, 2005, 36(4), pp. 19–31.

③ [美]PMI:《项目管理知识体系指南》(PMBOK指南),许江林等译,电子工业出版社2013年版,第35页。

项目实施过程，主要关注合同者的诉求和期望，对其他利益相关者的需求观照不足，一个达到铁三角标准的项目完全可能得不到客户的认可。[1] 因此，对项目成功的界定应该包含更广的范围，以满足不同利益相关者的需求。科兹纳也认为，对项目成功的定义目前已经超出了铁三角范围，一般包括以下几个方面：在一定的时间范围内；在一定的预算成本内；在适当的性能和标准下；受到顾客或使用者的认可；尽量减少范围变化或在范围变化上达成共识；不影响组织的工作流程；不改变组织文化。[2] 利姆和莫汉默德（Lim and Mohamed, 1999）在界定项目成功的时候，认为项目成功应该包含项目成功关键因素（Critical Success Factors, CSFs）和项目成功标准两个方面的内容，认为只有抓住了项目成功的关键因素，才便于更好地实现项目成功标准。[3] 成功标准属于结果范畴，而关键成功因素主要体现在管理过程之中，具体是指为达到项目标准而实施的几项关键活动。[4]

公共服务项目具有项目的一般属性，也具自身的独特性。并且由于利益相关者众多，公共项目的成功标准也比私营项目成功的标准复杂，甚至可能存在判断标准模糊的情况。缺乏明确的判断标准容易造成项目管理活动的混乱，甚至可能最终导致项目失败（尹贻林、胡杰，2006）。

项目管理全面引入公共管理领域，其初衷是为了提升管理效率、化解财政危机、提升公民满意度。因此，西方发达国家也注重对公共项目经济、效率和效力等评价，重点关注项目是否物有所值。[5] 从理论上看，通过引入经济学和私营组织管理方法，可以促进公共管理水

---

[1] Turner, J. R., The Handbook of Project Based Management: Leading Strategic Change in Organizations. N. Y.: McGraw–Hill Professional, 1993.

[2] ［美］哈罗德·科兹纳：《项目管理：计划、进度和控制的系统方法》，杨爱华、王丽珍、洪宇、李梦婷译，电子工业出版社2010年版，第6—7页。

[3] Lim, C. S., Mohamed M. Zain, Criteria for Project Success: An Exploratoryreexamination. *International Journal of Project Management*, 1999, 17 (4), pp. 243–248.

[4] Rockart, John F., Chief Executives Define Their Own Data Needs. *Harvard Business Review*, Mar/Apr. 1979, Vol. 57, Issue 2, pp. 81–93.

[5] Chris Clifton, Colin F. Duffield, Improved PFI/PPP Service Outcomes through the Integration. *International Journal of Project Management*, 2006, 24 (7), pp. 573–586.

平的持续提升，但是，在引入这些管理工具的过程中，常常造成管理新的困境，即公共性逐渐丧失。这就集中体现为很多公共管理学者关心的效率与公平的平衡困境，甚至可能导致公共服务项目的失败。

由于公共服务项目的本质属性是公共性，因此，公共服务项目评价体系必须能够促进这一本质属性的彰显。但是，与公共管理一样，公共服务项目评价体系的价值理性是一个复杂的构建，这常常使管理实践中存在评价困境，由于效率、结果、成本等工具性价值导向大行其道，常常造成公平、正义等公共属性被忽视。因此，在构建公共项目评价体系时，必须对公共性进行明确规定，以确保公共性在评价体系中得以有效体现。

二 评价体系的设计方案

评价体系必须进行科学设计，才能更好地达成最初的预期目标。亨利·明茨伯格认为，管理是一种实践，是一种将管理艺术、管理技能和管理科学的综合：艺术产生思想和系统，技能建立的正式经验上，产生关联；科学则通过系统的分析，发现秩序，管理绩效就在于有效地根据具体情况解决问题。明茨伯格据此提出了一个促进管理至简的"艺术、技能、科学的管理三角"，如图 4-8 所示。管理是在信息、人员和行动平台之间取得动态平衡。另外，对管理有效性的评价必须先评价组织的有效性。① 基于明茨伯格的研究，本书认为，基于通过评价促进公共服务项目在全生命周期取得成功的根本目的，需要坚持以创造公共价值为指引，构建公共服务项目评价体系，以促进公共服务项目管理取得成功。具体构建基于创造公共价值视域下的公共服务项目评价体系，需要注意以下两个方面的内容：一是深入理解基于价值创造的管理实践；二是设计符合这种管理实践的评价体系。

任何评价体系的设计都反映了评价体系设计者特定的价值取向②，

---

① [法]亨利·明茨伯格：《管理至简：以实践为根基实现简单、自然、有效的管理》，机械工业出版社 2014 年版，第 8 页。

② 价值取向是一定主体基于自己的价值观在处理各种关系、矛盾和冲突时所持有的基本立场、态度以及所表现出来的基本价值倾向。许淑萍：《论我国基本公共服务绩效评估的价值取向》，《理论探讨》2013 年第 6 期。

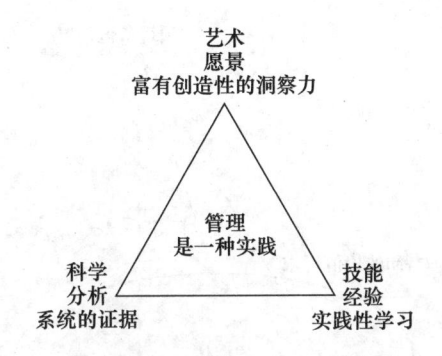

```
           艺术
           愿景
       富有创造性的洞察力

              △
         管理
        是一种实践
   科学              技能
   分析              经验
  系统的证据        实践性学习
```

图 4-8 艺术、技能、科学的管理三角

资料来源：[法] 亨利·明茨伯格：《管理至简：以实践为根基实现简单、自然、有效的管理》，机械工业出版社 2014 年版，第 8—9、150、154 页。

本书将创造公共价值作为公共服务项目评价体系构建的主要价值导向，并以此为指引设计评价体系的具体内容。正是基于这一基本理念，本书认为，显性的评价体系必须始终将创造公共价值作为评价体系构建的指引和基础。在实践中，如何才能通过有效的评价促进通过公共服务项目向项目对象提供优质高效的服务却是一个非常复杂的问题。目前，我国公共服务实践中，执政党将"全心全意为人民服务"定为其根本宗旨，并且通过强大的组织系统和宣传教育，使之成为几乎所有公共服务人员都知道的基本价值理念。但是，在公共服务过程中却存在很多背离这一宗旨的行为。根本原因是达成公共服务项目目标，即实现项目价值，必须以所有利益相关者的利益均衡为基础。具体来讲，从所有利益相关者的角度出发，以项目价值提升为导向，均衡满足各重要利益相关方的价值诉求，努力形成一个各方妥协并认同的、稳定的价值均衡，最佳状态是实现各方价值诉求的帕累托最优，如图 4-9 所示。但是，在各种利益相关者的博弈之中，公共服务项目的目标对象的利益诉求却常常得不到有效的保障。

在创造公共价值视角下，实现各种利益相关者的价值均衡，最终促使项目对象的需求得到最大的满足，从而使项目的公共价值得以实现。从这个表述中，我们可以将项目的利益相关者分为项目方和项目对象两类群体，或者称为公共项目提供方和公共需求方两类群体。在

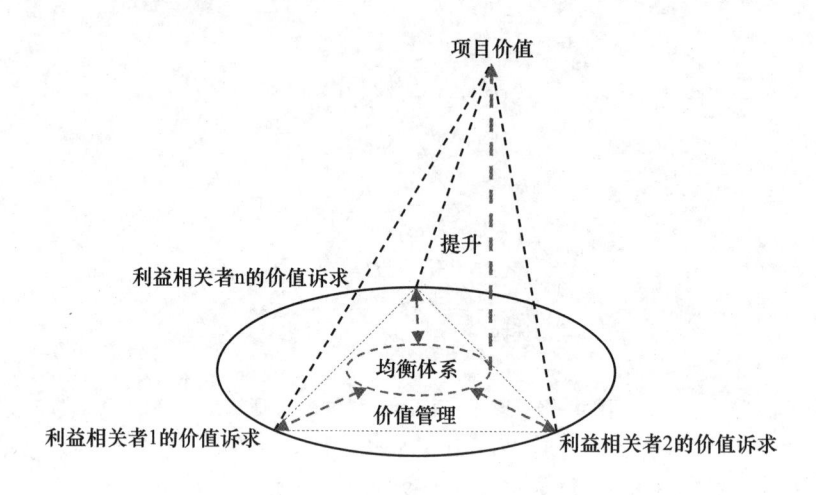

图 4-9 提升项目价值

资料来源：根据尹贻林《工程造价》课程的 PPT 绘制。

项目管理中，通常能够控制的是项目方，即通过对"供给什么样的公共服务"的有效管控，来实现公共服务和公共需求的平衡。① 我们可以借鉴一般项目管理的基本原理，来设计公共服务项目战略规划相关评价体系。项目管理大师科兹纳在他的《项目管理：计划、进度和控制的系统方法》中，对项目管理的概念界定就为此提供了理论参考。他认为项目管理是在一定的时间、成本和绩效下，对给定活动进行管理或控制组织资源，如果项目是针对外部客户的，那么良好的客户关系就成了第四个约束性条件。如果只注重在时间、成本和绩效约束下进行内部项目管理，而忽视对外部客户关系的经营，就不会出现新的业务。科兹纳界定的项目管理及其约束因素如图 4-10 所示。这个模型虽然是针对一般项目管理提出的，也同样适用于公共服务项目如何高效配置资源，并从通过加强内部管理来做好项目对象关系管理；其实质就是如何通过提供优质高效的公共服务，来满足项目对象的合理需求。

---

① 关于公共服务和公共需求的详细内涵请参考本章的"公共服务项目评价体系的价值基础"部分相关内容。

图 4−10　项目管理示意

资料来源：[美]哈罗德·科兹纳：《项目管理：计划、进度和控制的系统方法》（第10版），电子工业出版社2010年版，第5页。

如何才能更好地满足项目对象的需求？这也是一个复杂问题。本书从创造公共价值的视角，探索如何对项目对象的需求给予迅速有效的回应，来提升公共项目的绩效水平。这就需要对组织是如何组织资源来满足项目对象的需求有更加深入的了解。科兹纳对项目铁三角的定义已经有20多年了，其含义也有了新发展。比如，敏捷项目管理的思想就对基于价值创造视角的公共服务项目管理体系的构建具有重要启发。查尔斯·G.科布（Charles G. Gobb）通过比较"传统项目铁三角"与"敏捷项目铁三角"，认为项目成功应该专注于价值实现。[①]

在传统项目管理中，项目成功是指一个项目在限定的时间、预算和可使用资源条件下，在所规定的范围内达成了可接受质量的目标。这个定义也是传统的新项目管理在很长时间内一直奉行的评价标准，即传统型项目管理铁三角，如图4−11所示。但实践中，过多地强调成本和时间进度也会带来负面效果，比如，为了控制成本和时间进

---

① 本书认为，这种追求对客户需求的敏捷反应对公共服务项目高效、快速地向项目对象提供服务的本质是一样的，敏捷项目管理的思想可以作为公共服务项目管理的理论参考。相关详细论述请参考［美］查尔斯·G.科布《敏捷项目管理决策：平衡控制和敏捷性》，电子工业出版社2012年版，第9—12页。

度，通常对项目计划阶段的工作要求非常高，要求计划制订之后就应该严格控制和尽量减少变动，进入项目设计阶段之后，客户就很少参与项目过程。这让客户的需求很难全面反映出来，并且客户需求的变化也得不到及时反映，信息反馈的不及时和管理机制的严格限制导致项目很难对客户需求做出快速的响应；如果在环境复杂化或多变的情况下，传统的管理方式很难保持项目过程中对客户需求的灵活性，因此项目获得成功的难度就增加了。

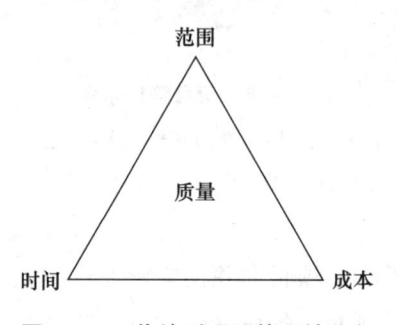

图 4 - 11　传统型项目管理铁三角

资料来源：[美] 查尔斯·G. 科布：《敏捷项目管理决策：平衡控制和敏捷性》，电子工业出版社 2012 年版，第 10 页。

敏捷项目管理理论认为，项目成功不仅应该关注时间和成本，还应该专注于成功地实现业务价值。传统的项目经理重视以客户需求作为项目范围的定义，基于这些需求制定目标，并努力实现这些目标。传统项目管理失败，在很多情况下都是由于没有充分反映客户的细化需求或者是需求没有被准确定位出来，也可能是没有适应客户需求的变化甚至可能就没有理解客户需求。敏捷项目管理者认为，在项目开始前就让客户提出所有的需求是不切实际的，更强调为客户创造价值和注重实现业务价值，并及时、持续地监控项目范围是不是实现了相应的业务价值。因此，敏捷项目管理者认为，敏捷项目"铁三角"包括价值、质量和约束三个方面，如图 4 - 12 所示。由于客户的充分参与，有助于项目管理者在整个项目过程中根据需求调整做出及时反映，以实现项目价值创造的最大化。

第四章 公共服务项目评价体系设计 | 155

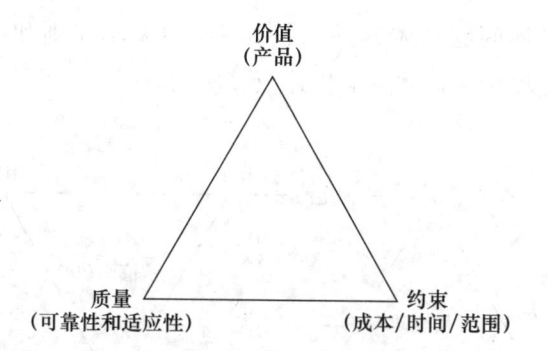

```
              价值
             (产品)
               △
              ╱ ╲
             ╱   ╲
            ╱     ╲
           ╱       ╲
          ╱         ╲
    质量              约束
(可靠性和适应性)    (成本/时间/范围)
```

图 4-12 敏捷管理铁三角

资料来源：[美] 查尔斯·G. 科布：《敏捷项目管理决策：平衡控制和敏捷性》，电子工业出版社 2012 年版，第 12 页。

在敏捷项目管理理论中，软件需求领域的权威迪恩·莱芬韦尔（Dean Leffingwell）甚至提出告别"铁三角"。他认为，传统的项目管理是计划驱动的，通常项目需求是固定的，而资源和时间是根据需求进行估算的。而在敏捷项目管理中，则应该坚持价值驱动，强调用相对固定的资源和时间来满足估算的需求，即敏捷方法有固定的时间和资源，但是，范围却是可变的。这种由计划驱动向价值驱动模式的转变，使项目对服务对象的需求的回应更加敏捷，这两种模式的比较如图 4-13 所示。另外，在敏捷技术逐渐成熟的情况下，项目的质量也将是固定的，不过通常是在质量标准固定的情况下，强调在固定的时间进度内不断交付小的增量。①

基于价值创造视角的公共服务项目管理实践是一个复杂问题，如何通过评价促进公共价值创造则是公共服务项目面临的重大挑战。本书认为，公共服务项目评价体系构建应该充分借鉴敏捷项目的理念，在坚持公共价值驱动下，用有限的资源和时间，最大限度地满足公共需求。其中，评价指标体系的构建是整个评价体系的重点和核心，并且指标体系的构建也是一个持续的完善过程；同时整个评价体系全面

---

① [美] 迪恩·莱芬韦尔：《敏捷软件需求：团队、项目群与企业级的精益需求实践》，清华大学出版社 2015 年版，第 18 页。

构建也需要具体问题具体分析，本书只提供基本原则和框架，因此，本书集中论述评价指标体系的构建及其应用。

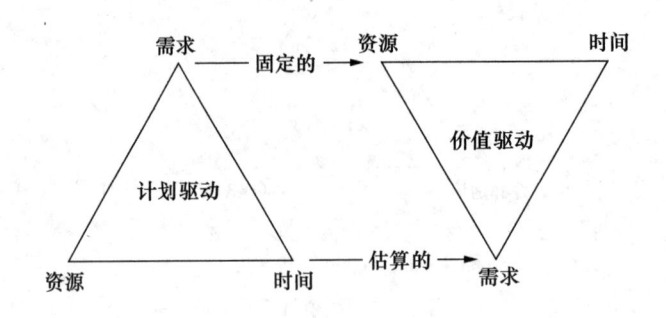

图 4-13 传统项目与敏捷项目的比较

三 公共服务项目评价指标体系的构建

绩效目标必须转化为可以直接衡量的评价指标，把绩效目标转化为可衡量的指标是绩效计划中具有较高技术含量的工作。指标是指衡量目标的单位或方法，是指目标预期达到的指数、规格、标准。高质量的指标体系是整个评价体系设计质量和有效运行的基本保障。通常高质量的指标体系应该具有独立性、可测性和针对性等基本特征。[1] 另外，绩效指标的构建还涉及指标权重、目标值的设定。因此，可以说评价指标体系的构建是项目评价内容的核心，也是整个项目评价体系的核心工作。

许多公共组织在推进项目的时候，都会采用一种或多种绩效管理工具来搭建管理系统，比如目标管理、关键绩效指标、平衡计分卡、目标和关键成果、全面质量管理、预算制度等。这些方法没有一种是适合所有项目的，为了促成项目预期目标的达成，管理者必须根据实

---

[1] 本书主要从绩效评价的角度对这三个特性进行简要界定：独立性指的是绩效指标之间的界限应清楚明晰，不会发生含义上的重复；这要求各个绩效指标必须有独立的内容，有独立的含义和准确的界定。可测性是指绩效指标指向的变量具有变异性，或者说具有标志和标度，从而使绩效指标变得可以测量或评价。针对性是指绩效指标应针对某个特定的绩效目标，并反映相应的绩效标准。方振邦、冉景亮：《绩效管理》，科学出版社2016年第2版，第45页。

际情况选择一种工具或几种工具的组合。不过，在设计具体评价指标时，应该保持整个评价体系的内在逻辑清晰、结构完整，同时充分吸收各种绩效管理工具的相关理念，对评价指标体系进行完善。鉴于评价指标体系的重要性，本书在此仅做非常简要的概述，并将在第五章中对评价指标体系的构建进行深入全面的论述。

四 公共服务项目评价指标体系的修正与完善

一个评价指标体系初步构建完成之后还需要进行修正，使之更加符合评价实践的要求。即使在完成评价体系构建之后，也需要在评价实践中不断完善，使之与评价的要求保持动态调适。另外，本书构建的评价指标体系仅仅是一个适用于所有公共服务项目的共性评价体系。一个完整的评价指标体系通常由共性指标体系和个性指标体系构成。因此，一个评价体系通常应该保持稳定性与适度的动态调整相结合，坚持在评价实践中对整个评价体系进行修正和完善。

由于评价实践所使用的评价指标体系涉及完整的评价指标体系，因此其涉及范畴已经超越了本书所涉及的共性指标评价体系，并且需要在具体的环境中才能进行有效讨论。因此，本书仅仅对涉及评价指标体系适用性的几个重要问题进行讨论，比如，项目管理系统、公共组织治理模式、绩效信息系统建设、以人为本的文化环境等。另外，任何一套评价体系都有其适用范围，并且也都可能存在或大或小的问题。因此，评价体系应该保持适当的开放性，兼顾稳定性与动态调整的平衡，以确保评价体系能够根据外界环境的变化做出适当的调整，以便使评价体系更加完善。关于公共服务项目评价体系的拓展性研究和适用性讨论，将在本书第七章进行详细论述。

第五章 公共服务项目评价指标体系的构建

公共服务项目评价指标体系是公共服务项目评价体系的核心。按照规范的程序并采用科学的研究方法构建评价指标体系，是构建公共服务项目评价体系的主体内容。公共服务项目种类繁多，也不可能构建出一套适合所有项目的评价指标体系，但可以对评价体系的基本结构进行探索和研究，采用简洁规范的逻辑结构设计评价指标体系，为项目评价者提供可供参考的逻辑结构并开发共性评价指标体系，对促进公共服务项目评价体系建设的科学化和规范化也是有很大的理论意义和实用价值的。

第一节 公共服务项目评价指标体系的设计思路

如何坚持科学理论的指导，实现评价体系价值理性与工具理性的高度统一，是设计评价体系时必须率先关注的问题。本书认为，创造公共价值是公共服务项目价值理性的核心和灵魂，而评价指标体系则是促进公共价值创造的管理工具。因此，公共服务项目评价体系应该坚持以创造公共价值为目的和根本的价值指引，坚持在创造公共价值的前提下，构建评价指标体系。本书构建的公共服务项目评价指标体系具体思路可以分为两个步骤：首先，需要在坚持价值理性与工具理性统一的基本思路下，设计项目逻辑模型，并探索指标体系的基本特性，以确保公共服务项目评价指标体系实现科学性、规范性、战略性、可操作性的统一；其次，确定并严格执行构建指标体系的基本流程，以确保各项工作科学、规范和有序。

一 公共服务项目评价体系的逻辑体系

逻辑模型是对项目结构、项目目标及其实现过程的一个可视化解释。在构建项目评价体系过程中，运用项目逻辑模型构建评价体系的基本框架通常是评价体系构建的重要一步。通过项目逻辑模型，通常有助于评价者更加清楚地了解项目完整过程及其结果的内在逻辑关系，从而能够更加有效地展开评价。

（一）项目评价体系逻辑模型构建的基础

不同类型的项目评价应该有不同的评价模式。丹尼尔·L.斯塔弗尔比姆等在《评估模型》中对21世纪方案评价的基本模式进行了详细论述。斯塔弗尔比姆将评价模式分为假评价、问题（方法）取向评价模式、改善（绩效问责）取向评价模式和社会议题导向（倡议）模式4大类合计22种具体的评价模式，并得出决策（绩效问责）、委托人中心、个案研究等9种模式是21世纪公认最有力的评价模式的结论。[1] 为了更好地开展项目评价实践，项目评价体系设计通常都需要构建项目逻辑模型，以便对项目评价体系的内在逻辑予以更好地诠释，也便于项目利益相关者更好理解项目，从而推动项目取得成功。通常项目类型和评价目的不一样，项目的逻辑模型可能存在差异，但是项目逻辑模型设计的基本原理都基本一致。

1. 美国国际开发署的项目逻辑矩阵

1970年，美国国际开发署（United States Agency for International Development, USAID）提出一种逻辑框架矩阵（Logical Framework Approach, LFA），又叫逻辑模型，作为项目开发、计划、监控和评价的工具。逻辑模型是一种概念化、可视化的项目逻辑论证体系，通过直观的逻辑关系图将项目的内涵和关系展示出来，从而使项目更加利于理解、管理和评价（D. A. Julian, 1997; A. Millar, R. S. Simeone, J. T. Carnevale, 2001）。该模型开始主要用于项目评价，如今大约有

---

[1] Daniel L. Stufflebeam、George F. Madaus、Thomas Kellaghan：《评估模型》，北京大学出版社2007年版，第39—98页。

2/3 的国际组织以逻辑模型为基础进行项目开发、计划、监控和评价等工作。该方法可以用来总结一个项目的诸多因素（总体目标、目的、投入以及产出）之间的因果关系（如资源、活动产出），并评价其未来的发展方向（如目的、总体目标），能够将项目的长期战略、中期影响和短期结果之间的关系概念化。该逻辑框架的核心概念是项目相关要素之间的因果逻辑关系，即用"如果……那么……"的逻辑来反映这些条件包括事物内在的因素和事物所需要的外部条件（吴建南、刘佳，2007；潘彬等，2012）。逻辑框架通过一个 4×4 矩阵，将概述中四个层次的逻辑关系通过实际材料展示出来，从而便于分析项目的效率、效果、影响、持续性等，其基本模式如表 5-1 所示。对这个矩阵模式的全面理解，还需要对纵向和横向两个维度进行更加深入的分析。

表 5-1　　　　　　　　逻辑框架的 4×4 矩阵模式

目标层次	客观验证指标	验证方法	重要前提条件
总体目标	总体目标衡量指标	资料分析、调查研究	实现总体目标的主要条件
目的	项目目的衡量指标	调查研究	实现项目目的的主要条件
产出	结果产出衡量指标	资料分析、调查研究	实现结果产出的主要条件
投入	资源投入衡量指标	统计调查	实现资源投入的主要条件

资料来源：潘彬等：《公共投资项目绩效评估研究》，中国人民大学出版社 2012 年版，第 104 页。

从该逻辑矩阵可以看出，项目的目标层次可以分为四个层次，并且这四个层次之间构成了一个因果关系链。总体目标层次是来源于项目之外，比如宏观计划、规划、政策等，也可能来源于项目所在组织的整体目标；总体目标通常由项目所在组织确定。项目目的层次主要指项目能为收益群体带来什么收益，即指项目的直接效果和作用。产出层次是指项目的直接结果是什么或做了什么，即项目的基本内容和可衡量的结果。投入层次是指资源投入的数量和质量，即项目实施的过程及内容。这四个层次的因果关系可以通过问题树来把握。自下而上可以通过"如果……那么……"的层层追问，得到影响及结果；自上而下可以追查其前提条件，来逐层推演挖掘出导致这些结果的原因。因此，逻辑矩阵的纵向关系表现为一个因果关系链，如图 5-1 所示。

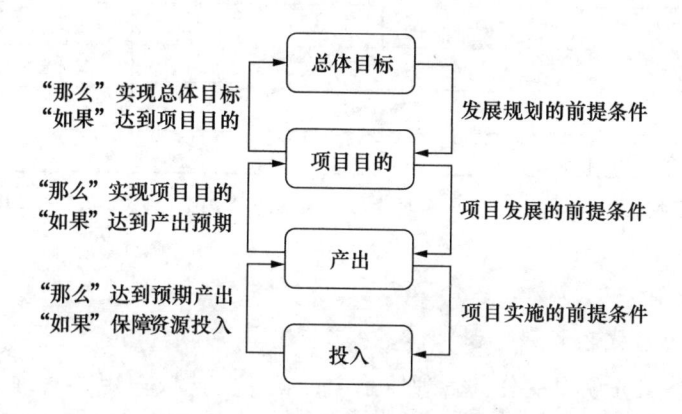

```
"那么"实现总体目标        ┌──────┐
"如果"达到项目目的    ──→│总体目标│←──  发展规划的前提条件
                         └──────┘
                            ↑
"那么"实现项目目的        ┌──────┐
"如果"达到产出预期    ──→│项目目的│←──  项目发展的前提条件
                         └──────┘
                            ↑
"那么"达到预期产出        ┌──────┐
"如果"保障资源投入    ──→│ 产出 │←──  项目实施的前提条件
                         └──────┘
                            ↑
                         ┌──────┐
                         │ 投入 │
                         └──────┘
```

图 5-1　逻辑框架矩阵的垂直逻辑关系

逻辑框架矩阵的水平关系，除前面已经论及的四个目标层次之外，还包括验证指标、验证方法和前提条件（见表 5-1）。对水平关系分析的目的主要是探索如何通过验证指标、验证方法和前提条件来明晰一个项目的成果、资源以及包含的重要假设条件。其中，关于项目的假设条件的详细论述，在垂直逻辑关系图中已经有阐述；而关于验证指标和验证方法，主要是通过将收集的相关绩效信息与预测指标进行对比，即通过对指标的实际完成情况预测目标值进行比较，分析通过项目带来的变化和存在的差距。采用项目逻辑框架的评价指标对比的表格设计示例如表 5-2 所示。

美国国际开发署的项目逻辑矩阵不仅为项目评价提供了一个分析程序，更重要的是提供了项目运作的总体思路。通过对该逻辑矩阵中的纵向与横向关系的全面把握，可以厘清"为谁做、做什么、怎么做以及应该做到什么标准"等问题，从而为项目成功提供管理保障。评价者在实际评价过程需要根据实际对评价体系进行专门设计,如李林等(2007)就基于逻辑框架法设计了完整的政府投资项目目标评价体系。

表 5-2　　　　　　　项目评价 LFA 指标对比(样表)

层次	原预测指标	实际实现指标	变化和差距
总体目标			
目的			
产出			
投入			

资料来源:潘彬等:《公共投资项目绩效评估研究》,中国人民大学出版社 2012 年版,第 106 页。

2. 开放式项目评价逻辑模型

公共服务项目在公共管理体系中,就是为达成一定的管理目的而专门制定的行动方案,因此,项目也可以被看成是有目的地设计并实施的"手段—结果"关系群。麦克戴维等认为,项目评价的最普遍的目标就是对项目有效性进行评价,即通过将项目执行后的实际结果与项目规划中的预期结果进行对比,分析实际结果与预期结果的一致性程度。在整个对比过程中,评价者需要特别注意如下两点:一是从项目中观察而来的结果是否是由项目执行本身所引起;二是这些结果在多大程度上达成了预期目标。[①] 因此,我们可以将项目评价的有效性简化为一个简单的模型,如图 5-2 所示。

从图 5-2 中可以看出,在评价项目有效性时,我们实际上还需要注意另外几个问题。首先就是项目本身是否有效的问题。因为任何项目都必须反映组织的使命、任务和目标,如果项目预期目标不能准确达成所在组织的要求,或者项目设计不合理而导致无法达成预期目标,这都将对项目的最终成功造成最致命的影响。评价中主要是分析

[①] [加]詹姆斯·C. 麦克戴维、劳拉·R. L. 霍索恩:《项目评价与绩效测量:实践入门》,李凌艳、张丹慧、黄琳译,教育科学出版社 2011 年版,第 12—14 页。

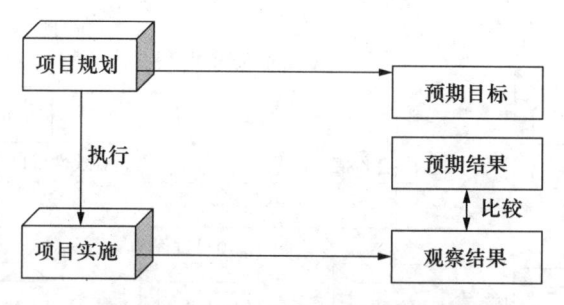

图 5 – 2　项目评价中的有效性问题

项目是否反映了组织的真实需求，同时确定所制定的目标是否与项目的需求紧密相关。其次，就是通过对项目的执行，分析是否取得了一定的效率和效果。其中效率主要指投入成本与产出结果比率，效果则是将项目的产出效果与预期的成果或预期目标进行比较的结果，反映项目的有效性问题。最后，就是项目是否解决了最初设计的问题，或者项目结果解决问题的程度如何，这一般通过将项目结果与项目需求联系起来，看看是否满足了所有的需求。另外，项目还在开放的环境中进行，必须对社会带来福利。基于此，项目及项目评价关键点的开放式系统模型对以上注意事项进行了可视化描述，如图 5 – 3 所示。

麦克戴维等提出的开放式系统模型，从公共项目的根本目的，即满足公民需求的领域出发，制定项目目标，并通过严格的项目管理过程，推动项目结果产出满足公民需求或达成预期目标。通过将项目逻辑框架矩阵与项目开放式系统模型的有效对接，就能对公共服务项目评价体系设计的基本结构更加明晰。公共服务项目评价体系的具体设计，就需要在"以人为本"思想的指引下，按照公共服务均等化和标准化的基本理念，设计出因果关系明确的、完整的评价体系。评价体系的基本内容，同样，需要在借鉴已有评价工具的基础上，进行专门设计。

（二）公共服务项目评价体系逻辑模型的构建

前面论及美国国际开发署以项目逻辑模型为基础构建项目评价体系；加拿大联邦政府也提供了一个项目逻辑模型模板，要求各部门在项目评价过程中或在讨论战略结果时，均应通过项目逻辑性很好地展

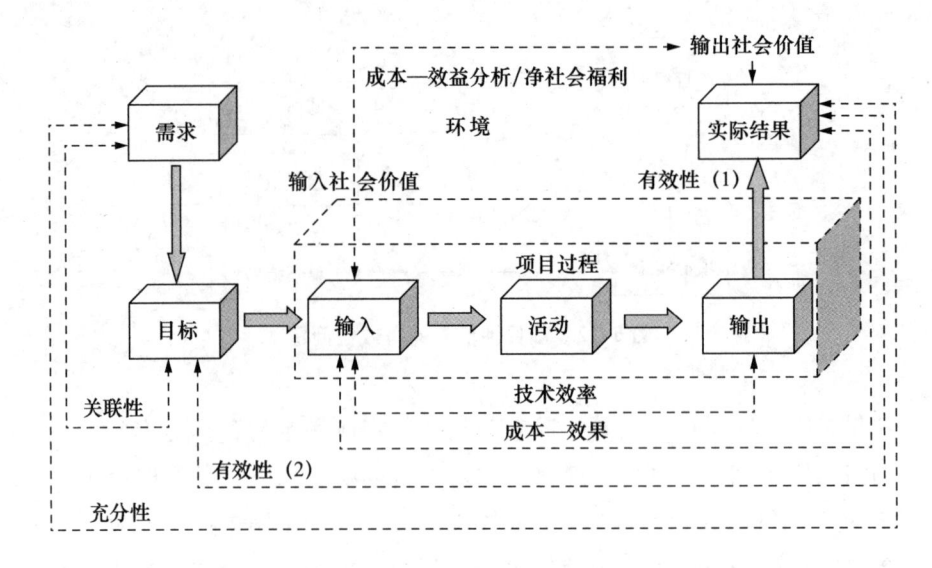

图 5-3　项目及项目评价关键点的开放式系统模型

资料来源：［加］詹姆斯·C. 麦克戴维、劳拉·R. L. 霍索恩：《项目评价与绩效测量：实践入门》，教育科学出版社 2011 年版，第 17 页。

示项目是如何达到目标的，以及各种资源是如何帮助实现目标的；欧盟也将项目逻辑模型视为一个健全项目活动的重要组成部分。[①] 美国教育评价专家斯塔弗尔比姆（D. L. Stufflebeam）也开发了 CIPP 评价模式[②]，作为项目评价体系设计的逻辑基础。美国项目评价专家彼得·罗希等也坚持使用项目逻辑结构来解释项目评价体系。[③] 本书也

[①]　［加］詹姆斯·C. 麦克戴维、劳拉·R. L. 霍索恩：《项目评价与绩效测量：实践入门》，李凌艳、张丹慧、黄琳译，教育科学出版社 2011 年版，第 37 页。

[②]　斯塔弗尔比姆发现传统的目标导向的项目评价模式无法对正在执行中的项目进行绩效评价并提出改进措施，因此他开发了 CIPP 评价模式（又称决策导向或改良导向评价模式），整个评价过程包含背景评价（Context Evaluation）、输入评价（Input Evaluation）、过程评价（Process Evaluation）和结果评价（Product Evaluation）。该模式的目的是为决策者提供决策信息，以帮助方案目标的确定、研究计划的修订、方案的实施以及方案实施结果的考核。详细情况请参见 D. L. Stufflebeam, A. J. Shinkfield, Systematic evaluation: A self-instructional guide to theory and practice. Boston: Kluwer-Nijhoff Publishing, 1985。

[③]　彼得·罗希等为通常使用的项目逻辑结构将项目分为："投入、活动、产出，其中产出又分为初步产出、中间产出和最终产出"。详细论述请参见［美］彼得·罗希、马克·李普希、霍华德·弗里曼《评估：方法与技术》，刘月、王旭辉、邱泽奇译，重庆大学出版社 2007 年版。

坚持以项目逻辑模型为基础来构建公共项目评价体系。

在项目评价实践中，以项目逻辑模型为基础来构建项目评价体系通常不是一蹴而就的，一般需要经历一个反复的过程。本书所构建的项目逻辑模型，在创造公共价值的视域下，经历了如下几个步骤：第一步，对项目评价相关文献进行广泛研究，对各种评价体系所涉及的项目逻辑模型进行收集和整理；第二步，对公共项目管理专家和公共项目管理实践者进行半结构化访谈（见附录一），并通过专家在线头脑风暴法确定以 PART 的逻辑体系为基础，进行项目逻辑模型的修正设计；第三步，结合访谈结果，最初步构建出了以公共需求为逻辑起点的逻辑模型，并请公共项目评价专家对该项目逻辑模型提出修正意见；第四步，综合各方意见，对项目逻辑进行修正定稿，如图 5-4 所示。①

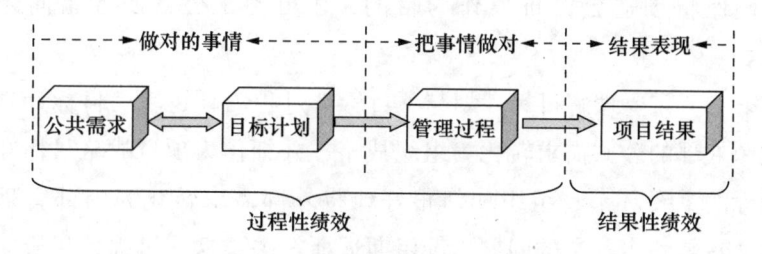

图 5-4　公共服务项目逻辑模型

该逻辑模型坚持全生命周期评价，即项目评价体系既包括结果性评价，也包括过程性评价。过程性评价不仅要考察项目如何"做对的事情"，即扎实做好公共需求评价，同时根据需求科学制订目标计划；还要求在管理过程中能"把事情做对"，最终保障结果表现达到或超过预期目标。构建一个高效的逻辑模型的关键在于模型内在逻辑的科

---

① 本环节访谈主要围绕公共服务项目如何更好地创造公共价值，项目评价采用什么逻辑体系更容易取得最后的成功，对来自中国人民大学、中央财经大学、人力资源和社会保障部人事科学研究院、财政部预算司绩效管理处等单位的 3 位项目管理专家和 2 名绩效管理专家进行半结构化访谈，并以在线讨论的形式，邀请其中 3 位专家采用头脑风暴，对项目逻辑模型的基本逻辑结构形成了基本共识。还请参与头脑风暴的专家就整个项目评价体系的基本构成做了初步讨论；并对目标、评价指标和指标说明的基本内涵进行了初步调研，为指标体系的文献研究奠定了基础。

学性和可操作性，本书从如下几个方面对该逻辑模型的基本逻辑进行简要阐述，还将在构建四个领域评价指标体系时对每个领域进行更加详细的论述。

第一，该逻辑模型最大特色就是强调公共需求评价与目标计划评价相互影响。受凯恩斯主义的影响，目前很多项目评价体系均以需求评价为起点，这有利于强化需求在项目评价体系中的基础性地位；但是，在需求评价中影响更多的是服务对象，而服务对象的需求却更难控制。目标计划能够通过强化以创造公共价值为目的的公共服务供给，主动地满足公共需求，这样政府也更有利于直接控制公共服务的效果。另外，强化公共需求与公共服务供给的双向联系，有利于加强公共需求与目标计划之间的关联性；但是，从公共服务供给侧的研究，确保将创造公共价值作为目的，才更利于公共服务指向公共需求。

第二，需要理解目标计划与项目管理过程内在逻辑。目标计划是将组织外部的公共需求转化为组织战略，并细化为项目战略目标和绩效目标的重要环节；组织如何很好地将外部需求转化为内部管理目标，通常是一个复杂的问题。勒伊斯瑞斯等关于这一过程转化机制的论述，可以看作是从一个方面的诠释。他们认为，组织是由内在价值控制的，而内在价值构建了文化并最终决定了组织绩效；但在很大程度上，它们又决定于外在价值，包括维持组织运转的文化价值和社会治理体制。所有组织的内在价值和社会的外在价值相互对应共同构成了一般均衡理论的基础。治理这些人为的规制就需要用更复杂的工具来设计。[1]

第三，注重项目管理的监控和强化对项目结果评价。对项目管理过程的有效监控，也是项目成功的重要保障。另外，由于信息的不完整性，最初的项目设计也需要在项目执行过程中进行有效的监控。在

---

[1] [美] 彼得·H. M. 勒伊斯瑞斯、勒内·冯·登·布林克、拉德利斯莱夫·谢苗诺夫：《价值与治理体制》，[美] 克劳德·梅纳尔主编：《制度、契约与组织：从新制度经济学角度的透视》，经济科学出版社 2003 年版，第 490—491 页。

项目评价中强调结果导向，更有利于项目的成功。目前对项目管理过程评价和项目结果评价的研究成果可谓汗牛充栋，从研究和操作上均非常成熟。这些研究成果具有很强的通用性，对公共服务项目评价指标体系的构建具有很好的借鉴作用。

在项目逻辑模型建立之后，就可以以此为基础确定公共服务项目评价体系的逻辑体系，并设计公共服务项目评价指标体系。项目逻辑模型分为公共需求、目标计划、管理过程和项目结果四个环节，这四个环节同时可以看成公共服务项目评价指标体系的四个领域，然后就可以根据评价指标体系的一般构成[①]，开发公共服务项目评价指标体系，如表5-3所示。

表5-3　　　　公共服务项目评价指标体系（样表）

领域	目标	指标	指标权重	目标值
公共需求				
目标计划				
管理过程				
项目结果				

---

① 这里的"一般构成"就是指评价指标体系包括目标、指标、指标权重、目标值等栏目。目前对绩效目标的理解主要有两种：一种是将绩效目标理解为"绩效指标加上目标值"，比如"成本控制在300万元以内"；另一种则是将绩效目标理解为绩效的行为对象，具体表现为一个动宾词组，比如"控制项目成本"和"确保按预算投入资金"等。本书认为，由于每个项目的实际情况均各不相同，"绩效指标加上目标值"表述方式不适合用于开发通用评价体系，而采用绩效目标仅说明具体的行为对象，有利于目标的聚焦；另外，将绩效指标和目标值分开，也有利于在开发评价指标体系时不考虑目标值的具体情况，而将评价指标体系聚焦于必须完成的具体行动有哪些（即绩效目标），以及这些行动应该如何衡量（即评价指标）。

表5-3中四个领域就是公共服务项目评价指标体系的逻辑主线。只有在深刻理解这几个领域内涵的基础上，才能科学规范地构建出每个领域的评价指标，从而构建出完整的公共服务项目评价指标体系。

二　公共服务项目评价体系的基本特性

任何一套评价体系都有其适用的领域，而不可能适用于所有的情形。项目评价体系在构建之初就应该围绕其基本目的，制定明确的构建原则，确保通过评价实践促进最初设计预期目标的顺利达成。本书构建的公共服务项目评价体系的根本目的是通过全面评价，实现通过公共服务项目来更好地创造公共价值，直接目的是促进公共服务项目取得成功。围绕构建评价指标体系的根本目的和直接目的，本书应该使所构建的公共服务项目评价指标体系尽量体现出如下几个方面的基本特性。

（一）确保评价指标体系的战略导向性

莫尔认为，创造公共价值是公共部门战略管理的根本目的。创造公共价值是公共管理的根本目的明确之后，关键问题就成了应该如何创造公共价值。莫尔强调借助公共价值计分卡为评价工具来保障公共价值创造的落地，本书坚持所有公共管理实践都应该始终坚持以创造公共价值为根本目的，应该通过进行大胆的组织创新，很好地整合公共组织内外的各种资源来争取公共组织最大限度地创造公共价值。具体落实在公共服务项目之中，创造公共价值这一战略导向性，就是要确保目标计划始终指向公共需求，即确保公共服务供给与公共需求的无缝对接，并能通过项目全生命周期评价实践，保障这一理念的落地。落实在公共服务项目评价指标体系的构建实践中，就是要求指标体系能够体现这一原则，确保创造公共价值这一公共管理根本目的能贯穿于公共服务项目逻辑模型的四个领域：在公共需求阶段做好切实的需求调查，聚焦重要和紧迫的公共需求；在项目规划阶段能确保目标计划能反映公共需求，必要时根据创造公共价值的需要创造或引领长远的公共需求，并能通过科学合理的机制或工具将公共需求转化为具体的战略目标和绩效目标；在项目管理阶段则通过全面、科学、及时地监控，保障各项目承载着创造公共价值使命的绩效目标能顺利落地；在项目结果评价阶段，通过强调结果导向，对项目的全生命周期所创造的公共价值做一个全面盘点，强化整个项目过程的基本责任，实现对项目成功执行结果的认可与激励。

（二）确保评价指标体系的规范性与完整性

创造公共价值的复杂性和公共服务项目具体情况的多样性决定了公共服务项目评价指标体系的复杂性和构建评价指标体系的难度。正是因为公共项目评价指标体系构建的复杂性，包括美国项目评级工具和国际金融组织贷款项目绩效评价体系等成熟的评价体系均采用基于问题的方式来构建评价体系。本书强调评价体系应该按照绩效评价体系的基本构成来开发完整的评价指标体系，强调目标、指标、指标权重、目标值等栏目的规范性和完整性。其中，规范性又需要注重两个方面，一是强调以项目逻辑模型为基础的绩效目标体系在指标体系中的基础性作用，目标体系才是整个项目评价指标体系逻辑关系的核心载体；二是目标、指标、目标值的表述的规范性，即目标是动宾词组，指标必须可衡量，目标值必须是具体的数值或等级。另外，坚持SMART原则也看成是规范性原则落地的具体路径。完整性则强调栏目的完整性，这主要指针对很多评价体系中没有"目标"概念而提出的。规范性与完整性原则主要借鉴BSC评价体系的内在逻辑与基本规范而提出的。

（三）确保评价指标体系的简洁性与实用性

本书构建的评价指标体系是公共服务项目评价体系的共性指标体系，即力争对构建各类公共服务项目提供基础框架和共性指标；但是面对种类繁多的公共服务项目，必须确保该评价体系能抓住各类项目共性中的核心和关键。本书强调在构建指标体系的时候，应该充分结合OKR和KPI两种工具的精髓，强调绩效目标和绩效指标的关键性，并注重结果导向。具体来讲，就是强调公共项目评价指标体系应聚焦各个领域的优先目标，并制定出关键绩效指标，保障整个指标体系的简洁性。另外，结合目前项目评价普遍重视项目后评价的实际情况，强调整个评价体系的结果导向，聚焦关键绩效结果。确保评价体系的简洁实用，主要是保障评价指标的易于操作。

（四）确保评价指标体系能体现公众参与性

由于目前公共管理实践中仍然存在忽视公共利益的顽疾，就是"公共利益部门化，部门利益合法化，合法利益个人化"的现象仍然比较普遍。公共项目是腐败案件高发的主要源头，公共利益被肆意侵犯就是根源之一，因此应该有保障公共利益的制度设计。在公共服务项目评价领域，除将公共需求领域作为整个评价体系的起点之外，还要在另外整个评价指标体系中均考虑有利于公众参与的指标，比如在项目结果中将公众满意度作为重要的结果性指标；或者在评价流程中设计公众参与的环节，比如在项目管理过程中，设计有利于公众参与的评价指标。总之，通过保障公众的参与性是保障公共利益的重要途径，必须引起高度重视。

三 公共服务项目评价体系的构建流程

评价指标体系是一个评价体系的核心，也是展开项目评价的前提和基础，可以说，指标体系的质量决定着项目评价实践的成败。本书此处讲的评价体系构建流程，主要是针对评价指标体系如何构建的问题。本书对构建流程的设计主要是按照指标设计时间顺序分为准备工作、初步构建、修正与完善、指标体系检验、指标权重分配等环节。

（一）评价指标体系构建的准备工作

在指标体系构建准备阶段，具体工作是明确评价目的、回顾逻辑模型、明晰指标体系构建的具体要求等。其中，明确评价目的和回顾项目逻辑模型属于评价体系的理论构建工作，而对评价指标体系具体要求的重申则是为评价工作所做的具体准备。

第一，评价体系理论构建的回顾。明确评价目的是构建评价体系的起点，并且评价目的贯穿于评价体系构建的全过程。评价目的通常体现为评价所针对的具体问题，本书构建的评价指标体系的目的就是通过全面评价，促进项目在全生命周期之中取得成功。这通常要求评价体系不仅仅重视项目后评价，同时还需要对项目决策阶段和管理过程进行全面评价。在明确评价目的之后，就可以根据评价目的设计项目逻辑模型。本书在具体构建准备阶段，主要是根据评价目的和逻辑模型，对公共组织文化与价值原则、公共组织战略与公共服务项目目标计划、公共服务项目评价体系的基本构成等相关材料进行收集和整理，为公共服务项目评价指标体系的具体构建工作做好准备。

第二，明晰公共服务项目评价指标体系的基本要求。在构建准备阶段还需要按照项目逻辑模型规定的指标体系的构成，做好具体的准备工作，主要体现为明晰目标、指标、权重和目标值等基本含义和内在逻辑。明确的目标体系是构建高质量指标体系的基础，准备阶段的主要工作就是根据项目逻辑模型，确定具有明确逻辑关系的绩效目标体系。不过，为了论述方便，本书将绩效目标体系的梳理与指标的初步构建放在一起阐述。

（二）评价指标体系的初步构建

在项目逻辑模型和评价指标体系的基本结构都清楚之后，就需要具体构建评价指标体系了。本书初步构建评价指标体系的具体操作程序是：首先，按照项目逻辑模型的四个领域确定目标体系，本书中主要采用文献分析的办法初步确定目标。其次，根据目标体系制定相应的评价指标，本书主要采取文献研究和目标科学衡量等方式，确定评价指标。确定评价指标是整个评价体系构建环节的关键，总体上要求评价指标体系能实现评价目的。

（三）评价指标体系的修正与完善

初步构建的指标体系更多强调评价的全面性和关键性的平衡，并且主要按照全面性来制定。要建立起科学、规范和可操作的评价指标体系，还需要指标体系进行评价和修正，并遴选出符合战略导向性、规范性、完整性、简洁性、实用性以及公众参与性等特征的评价指标体系。本书对评价指标体系的筛选主要采取专家评价法对初步构建的指标体系进行评价、修正和补充，最后根据专家评价的结果遴选出评价指标。专家评价过程中，坚持正确的评价原则，按照评价程序非常重要，其中，将遴选出来的指标体系进行检验通常也是必不可少的环境。

（四）评价指标的权重分配

指标权重是指标体系中不同评价指标的相对重要程度，即是评价指标对目标达成的价值的标度。指标权重越高，说明该指标对目标达成的贡献越大。通常不同目的的评价指标体系，对评价指标权重分配有不同的要求，即指标权重需要为评价目的服务，或者为工作目标达成服务。确定指标权重的具体方法比较多，既可以采用客观赋权法，也可以采用主观赋权法。① 不同的赋权方法各有优劣，构建评价指标体系时，一般需要根据实际情况选择操作较强的方法。本书主要采取专家主观赋权的方式来执行评价指标权重分配。

本书构建公共服务项目评价指标体系的核心环节主要包括以上四个环节。虽然在评价指标体系中会设置目标值这一栏目，但是本书不会对目标值的设置进行讨论，因为目标值只有在具体项目确定之后才能确定。另外，本书构建的评价指标体系只是一个通用的共性指标体系，在具体进行项目评价时，还需要构建针对特殊项目的个性指标体系，这类指标体系的开发不包含在本指标体制之内。

第二节　公共服务项目评价指标体系的构建

项目逻辑模型是评价指标体系构建的基础。在前面已经构建了包括公共需求、目标计划、管理过程和项目阶段四个领域的逻辑模型，为初步构建公共服务项目评价指标体系提供了基础。但是，前面仅仅就阐述了四个领域的基本逻辑，对每个领域的内涵并没有阐述。因此，本书构建指标体系的时候，统一对每个领域的内涵、绩效目标与绩效指标进行比较全面的介绍，以期能够更加全面地理解评价指标体系构建的基础、逻辑和过程。

一　需求评价指标体系

很多项目评价体系不是将需求评价当作项目评价的起点；很多项

---

① 在公共组织绩效评价实践中，绩效评价指标权重分配的客观赋权法通常包括因子分析法、主成分分析法、熵值法、变异系数法；主观赋权法主要有层次分析法、专家评价法、指数法、模糊综合评价法等。详细论述参考倪星《中国地方政府绩效评估创新研究》，人民出版社2013年版。

目逻辑模型仅包括项目实施（含输入、实施目标、输出）和结果评价，没有涉及需求分析。但是，本书强调项目选择对决策中"做对的事情"的重要性，因此将需求评价也纳入项目评价体系，并将需求评价和目标计划评价都视为"做对的事情"的有机组成部分。只有进行了充分的需求分析并确定启动项目之后，才能进入正式组织实施阶段，即需求分析是目标计划的基础。

（一）项目需求评价指标的构建基础

项目需要解决的问题是发起项目的理由。如果根本不存在问题或项目提供的服务与需要解决的问题无关，那么项目就没有存在的理由或者不能有效地解决相应的问题。准确描述项目所指向问题的性质，对项目评价来说是至关重要的。解答这些问题的评价活动通常就被称为项目需求评价。项目需求评价主要是评价是否存在项目实施的需求，如果存在这种需求，那么应该提供什么样的公共服务来满足这种需求。[①] PART第二个问题就是"项目是否针对一个存在的特定问题、利益或需求？"这个问题的目的是确定项目是否针对特定的、能够被清晰界定的、目前仍然存在的问题、利益或需求。[②]

要深入理解需求评价，首先应该理解"需求"的概念。罗杰·考夫曼（Roger Kaufman）和英格丽·格拉-洛佩兹（Ingrid Guerra-Lopez）将需求定义为现在的结果与期望的结果之间的差距。这个定义从需求、结果和手段对需求进行界定，即在确定有需求之后，通过选择具体手段、解决方案和过程，来缩小现在结果与期望结果之间的差距。考夫曼的需求定义的可视化阐释如图5-5所示。[③]

作为任何新项目的计划过程的准备过程，需求评价是可靠的项目计划的奠基石，同时还可以作为衡量项目实施或者结果产出的手段。

[①] ［美］彼得·罗希、马克·李普希、霍华德·弗里曼：《评估：方法与技术》，刘月、王旭辉、邱泽奇译，重庆大学出版社2007年版，第70页。

[②] Office of Management and Budget, Guide to theProgram Assessment Rating Tool (PART), 2007.

[③] 考夫曼等关于需求（含结果与手段）含义的详细解释，请参见［美］罗杰·考夫曼、英格丽·格拉-洛佩兹《促进企业成功的需求评估：企业成功指南》，蒋宏丽、何军、肖珊、赵晓燕译，中国石化出版社2014年版，第5—10页。

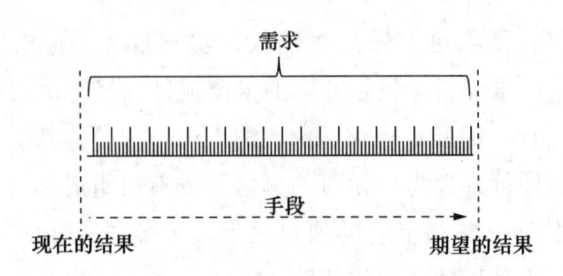

图 5-5 需求的定义（需求、结果与手段）

但是在一个项目之中，往往有不同的利益相关者，不同群体对项目的看法可能不同，甚至存在相互矛盾的地方，但是，通常人们都会从有利于自身利益的角度对项目进行解读。因此，早在 1977 年，西方就有学者从以下四个方面来界定需求，即标准化的需求、感觉到的需求、表达出来的需求和比较式的需求，但是需求评价通常都没有一个标准化的方法。① 本书强调从创造公共价值的视角来构建公共服务项目评价体系，因此，在公共项目需求评价中，特别强调将公共利益放到首位；认为只有确保了公共利益的需求评价，才能保障评价有利于促进公共项目的成功。另外，为了促进公共服务项目需求评价的有序开展，确立基准需求②是一个有效的途径。

成功的公共组织还应该根据创造公共价值的战略要求，通过公共服务项目更好地创造公共需求以提升公共服务水平。首先，创造公共价值是在公共组织与服务对象互动中创造出来的，这主要是关于组织外部需求评价。其次，组织需要将这种外部需求转化为内部需求；内部需求则体现在组织根据外部需求确定自身在的价值，很多时候体现

---

① ［美］戴维·罗伊斯、布鲁斯·A. 赛义、德博拉·K. 帕吉特、T. K. 洛根：《公共项目评估导论》，王军霞、涂晓芳译，中国人民大学出版社 2007 年版，第 47 页。

② 克莱门斯等对基准需求做了如下论述：一个策略就是确保当前提供给某一特定群体的服务水平和种类，并且将这些项目和服务与一套基准或参照点进行比较。这类基准主要有：作为基础的道德和伦理价值观；作为基础的群体之间的比较，即提供给一个群体的服务与提供给另外一个群体的服务之间的比较也是一种设定基准的方法；作为基准的服务提供者；作为基准的当前或潜在服务对象，即对他们当前接受或将来会接受的服务进行评定或排序。详细论述请参考［美］詹姆斯·P. 克莱门斯、杰克·吉多《成功的项目管理》，电子工业出版社 2012 年版，第 179—181 页。

为组织存在的目的（使命）、愿景和战略目标。其次，组织就会根据战略目标、组织可支配的资源采取适当的行动方案，即推进不同的公共服务项目以实现目标。最后，就是有效组织资源，实施项目规划和坚持绩效的持续改进，以不断提升公共服务水平。公共组织这种根据创造公共价值的出发点来推进的企业理想需求评价是一致的，本书根据考夫曼等提出的系统需求评价关系①，改编出公共组织需求评价的系统模型，如图5-6所示。只要将每个阶段的目前现状与应该达到的预期结果进行比较，找到存在差距，就有利于聚焦存在问题，有利于顺利开展需求评价。

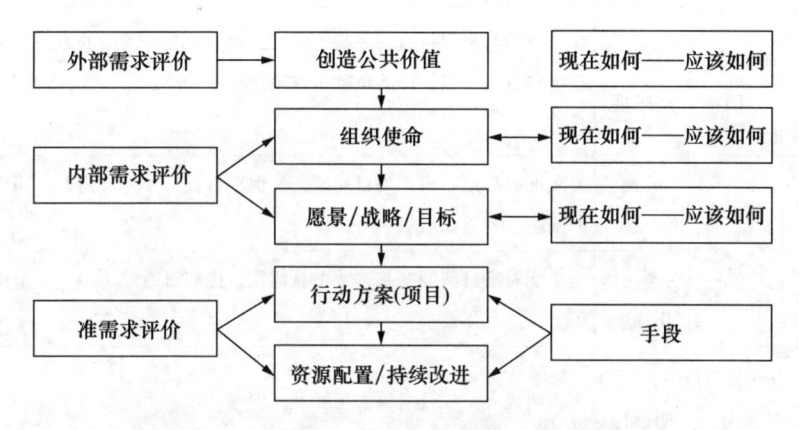

图 5-6　基于公共价值的公共服务项目需求评价体系

（二）公共服务项目需求评价指标体系

公共服务项目可以分为不同类型，要构建适合公共服务项目所有类型的共性的需求评价指标，实非易事。本书所构建的需求评价指标体系主要是为项目决策服务，即促进决策者正确选择项目，即帮助决策者"做对的事"。通常情况下，在实施需求评价的时候，存在信息不对称或者信息残缺的现象。另外，信息收集需要成本但是决策者却

---

① 考夫曼等认为系统的需求评价，最理想的是依次从宏观到宏观再到微观对每个层面进行评价，并构建了各个层面需求评价的关系的系统模型。详细论述参见［美］罗杰·考夫曼、英格丽·格拉-洛佩兹《促进企业成功的需求评估：企业成功指南》，中国石化出版社2014年版，第34页。

不一定能支付高成本。本书在创造公共价值这一理念的指引下，通过促进公共服务项目成功，来提升"以人为本"的公共服务水平；具体来讲，即通过对目前需求评价关注的主要问题的追问，并结合公共需求评价基本理论的要求，并在借鉴其他相关评价指标体系经验的基础上，初步筛选出（包含5个目标）7个公共服务项目评价指标，如表5-4所示。

表5-4 公共服务项目需求评价指标

序号	目标	指标	指标解释
1	明确项目目的	目的清晰度	项目目的与组织使命的关联程度，是否通过公开承诺的方式明确提出项目对组织使命的贡献，或确保项目始终以创造公共价值为目的
2	强化项目针对性	问题清晰度	要求准确界定和识别项目问题，确保项目针对一个特定的、明确的问题、利益或需求
3		问题具体化程度	要求能对项目问题的基本要求具体化，比如对时间、地点、范围等方面的具体要求
4	明确项目对象	对象明确性	要求明确界定项目对象的特征及范围
5	促进项目成功	与组织优先战略的相关度	与国家或部门优先战略的相关程度，或者受国家政策支持的程度
		项目准备度	对项目可利用资金、人力以及物质等支持资源进行全面系统的盘点，并全面说明项目的准备情况
6	控制项目失败风险	风险程度	清理可能导致项目失败的制约因素或项目可能存在的风险，并对可能导致项目失败的重大制约制定明确的解决预案

需求评价并不十分复杂，成功构建需求评价指标体系的判断标准主要就是为决策提供信息，即需求评价指标的主要功能是帮助决策者锁定重要的公共问题，起到辅助决策的作用。在公共服务项目评价系

统中强化需求评价，具体强调为项目成功做出贡献的有以下三个方面：第一，强化公共服务项目的价值宣言，促进整个评价体系体现公共价值的导向性；第二，帮助决策者抓住需求评价的重点，促进决策的有效性；第三，为本次评价指标体系的其他三个领域的指标选择提供了决策的边界和约束条件。

二 目标计划评价指标体系

项目目标计划的主要任务就是全面系统地谋划一个项目应该"做什么"和"如何做"两个问题。追问"做什么"的目的主要是通过目标计划制订出合适的绩效目标、评价指标和评价标准；而追问"如何做"的目的主要是谋划评价体系应该如何执行才能更好地保障目标计划的落地。

（一）目标计划评价指标的构建基础

从项目的定义可以看出，项目属于临时性组织，因此，对项目目标计划的研究必须从项目所在组织的战略目标开始，关于这一点，本书第四章有论述。通常都是因为项目所在组织为了解决问题而决定启动项目的，而对要解决问题的分析就是需求评价的问题，怎么解决这个问题则需要周密的谋划，这就是目标计划要解决的问题。也可以说，目标计划就是要将需求问题转化为组织可操作的目标体系。

公共服务项目通常是项目所在组织绩效系统中的行动方案，公共服务项目的目标计划应该纳入项目所在组织的系统中来统筹考察。在需求评价中，本书已经对此进行了非常简要的介绍，并通过流程图对如何从创造公共价值到具体的项目组织实施进行了描述。本书认为，基于创造公共价值视角的项目目标计划同样应该从组织使命开始，战略目标和具体的绩效目标必须在践行组织使命的前提下制定和执行。但是，我国公共组织普遍缺乏明确的使命阐述，这使我国公共组织绩效管理缺乏使命牵引，这也使公共组织绩效评价缺乏最终价值标准。只有公共组织具有明确的使命，并确保各种目标计划和具体行为均是在使命指引下完成，才有利于公共组织各项承诺的完全实现，也才能保证公共组织具有很好的执行力和取得良好的绩效表现（刘昕，

2007）。公共服务项目作为公共组织完成其绩效目标的具体的行动方案，作为公共组织直接向服务对象提供服务的最前端，在绝大多数情况下就是公共组织使命得以实现的关键环节。

关于如何做好使命管理，非营利组织的管理经验为我们确立了参考标杆。德鲁克认为，在激励和确保知识型员工生产力方面，非营利组织堪称是管理先驱，并且已经逐渐成为美国管理实务的领导者。非营利组织依靠的就是"使命与领导"之道。检验使命陈述有效性的标准不是华丽的辞藻，而是使命能否确立行动目标。在非营利组织中，追求卓越是管理者自我发展的首要任务，这将为他们带来满足和自尊；广大志愿者正是在使命的指引下，依靠奉献精神完成相应的工作任务。美国有句俗话："搬掉大山不仅需要雄心壮志，更需要推土机。"使命就是雄心壮志，战略就是推土机；完成工作任务，需要雄心壮志，更需要推土机。① 这说明使命要持续地转化为具体行为，达成预定的绩效目标，同样需要有效的管理工具。

另外，纵观现代管理百年发展历史，对组织与人的关注成为两条一贯的主线，不过对组织的关注要远远多于对人的关注。绩效管理虽然由人实现，但是，绩效评价的对象却是"事"的完成情况，这也侧重组织目标的分解。事实上，忽视对人的关注已经成为绩效持续改善的巨大制约因素，特别是对知识工作者的绩效管理更是需要对人的关注。在公共服务领域，几乎所有的工作都是通过人提供服务的方式来实现，这也使公共管理领域的绩效评价更加复杂。奥斯本和普拉斯特里克认为，要推行绩效管理，就必须设计一套与之相适应的激励机制，并且提出具体应该重点注意四个方面问题：设计什么样的激励？激励谁？用什么方法区分谁应该获得激励？激励手段有哪些？② 因此，要持续提升公共服务的绩效水平，传统绩效管理中更加注重"事"的完成存在明显弊端，而应该倡导德鲁克提出"先人后事"的管理思

---

① ［美］彼得·德鲁克：《非盈利组织的管理》，吴振阳译，机械工业出版社2009年版，第1—3、46、144页。

② ［美］戴维·奥斯本、彼得·普拉斯特里克：《再造政府》，谭功荣、刘霞译，中国人民大学出版社2010年版，第147页。

想，即重视人才公共服务过程中的重要作用，更强调组织目标都是由人完成的。华为公司的成功管理为公共服务领域提供了经验借鉴。华为坚持"以客户为中心而不是以老板为中心"的做法与公共组织强调为人民服务的本质是一样的，但是，华为的实现途径则是"以奋斗者为本，长期持续艰苦奋斗"，同时坚持"不让雷锋吃亏，奉献者定当得到合理的回报"。[①] 陈春花（2015）认为，雇员社会即将消失，个体价值逐渐崛起，管理应该实施"创造共享价值"的新范式。[②] 在公共组织提供公共服务过程中，如何通过评价实践，增加一线人员的价值，促使其全心全意为项目对象服务和竭尽全力地满足其需求。这是公共服务项目目标计划过程中必须重视的问题。这说明我国应该更加重视公共服务项目一线人员的管理和激励，才能促使其更有使命感地工作，从而推动创造公共价值战略的顺利落地。

　　基于以上论述，通过公共服务项目向项目对象提供服务就成为公共组织践行使命的最前端。这个服务过程既是服务对象的需求满足的过程，又是公共组织通过公共服务项目提供公共服务的过程，即可以说这就是需求满足和服务提供的一体化过程。从价值链的思想来看，这个过程就是公共组织创造公共价值的最后环节，需求满足就是价值实现的具体表现。科学构建公共服务项目评价体系的目标计划评价指标，就需要对公共组织从使命陈述到通过公共服务项目实现价值创造的过程有一个完整的了解。目标计划指标的影响因素及逻辑流程如图5-7所示。组织使命需要通过战略规划转化为组织的绩效目标；这个过程也是定义公共价值的过程，即组织绩效目标承载着组织的特定的价值诉求。公共服务项目作为完成组织绩效目标具体的行动方案，负责直接向服务对象提供公共服务；这个过程承载着创造公共价值流程最后实现的使命，如果项目取得成功，那么项目承载着组织创造公共价值的使命就得以实现。

---

　　① 黄卫伟：《以奋斗者为本：华为公司人力资源管理纲要》，中信出版社2014年版，第62、121页。
　　② 陈春花：《激活个体》，机械工业出版社2015年版，第1—18页。

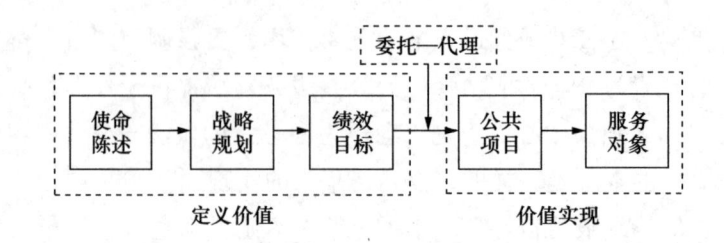

```
┌─────────────────────────────────┐      ┌──────委托—代理──────┐
│  ┌────┐   ┌────┐   ┌────┐      │  ↓   │ ┌────┐   ┌────┐   │
│  │使命│ → │战略│ → │绩效│      │ → │ │公共│ → │服务│   │
│  │陈述│   │规划│   │目标│      │      │ │项目│   │对象│   │
│  └────┘   └────┘   └────┘      │      │ └────┘   └────┘   │
└─────────────────────────────────┘      └─────────────────────┘
            定义价值                              价值实现
```

图 5-7　目标计划指标影响因素及逻辑流程

在制订公共服务项目目标计划的评价指标时，指标更多的是衡量公共服务项目的绩效目标的完成情况，但是，这些绩效目标不仅要对组织绩效目标有直接的支撑，同时还承载着组织创造公共价值的使命。因此，项目目标计划还应该设计项目设计的相关内容，如果项目设计不合理，那么项目承接组织目标就会出现偏差。只有项目设计合理，项目目标计划指标才能真正承载组织的最初的价值诉求。

（二）公共服务项目目标计划评价指标体系

在创造公共价值视角下，全面谋划公共服务项目目标计划领域的评价指标体系的构建，不仅需要回答公共服务项目应该"做什么"和"如何做"，同时还要在这个过程中兼顾价值理性和工具理性的统一，即评价指标体系能够体现创造公共价值的内在要求。通过对项目目标计划评价指标构建基础的初步梳理，使目标计划评价指标的基本范畴更加明确。根据绩效目标和评价指标的基本要求，本书梳理了相关公共项目评价指标体系中与目标计划相关的评价指标。另外，国内外学者对项目成功因素进行了研究，比如王文周（2010）就对项目成功因素进行了系统的综述，提出了项目经理能力和经验、各参与方的合作等 20 项促成项目成功因素，本书也根据目标计划的基本要求，对这些成功因素中与项目目标计划相关的指标纳入本次初步梳理的评价指标体系之内。另外，借鉴 KIP 和 OKR 的基本思想，笔者在选择其指标是按照指标在原指标体系中的权重以及成功因素的排序等因素，同时考虑评价指标之间的逻辑关系等因素，共初步梳理出（包含 5 个目标）10 个公共服务项目目标计划评价指标，如表 5-5 所示。

表 5-5　　　　　公共服务项目目标计划评价指标

序号	目标	指标	指标解释
1	确保项目战略性	绩效目标长期导向性	确保绩效目标来源于对组织战略目标的分解或承接，并保证长期绩效目标占有合理的比例，能够促进项目在全生命周期充分反映项目目的
2		目标体系科学性	为项目设置明确、合理、具体的阶段性目标体系，确保通过阶段性目标最终能朝着组织战略目标迈进；其中，必须设定几个关键性的年度绩效目标
3	提高项目计划性	绩效目标挑战性	绩效目标体系尽量保持结果导向，并保持每个绩效目标都保持足够的挑战性，即要求每个指标均设置下限值（底线）并保障该目标值具有挑战性
4		目标达成保障程度	确保绩效目标体系能与项目预算有明确对接，其中资源需求情况需要在预算中得到完整而透明的表达
5	促进项目目标的顺利达成	目标关联性	确保项目目标与项目问题、利益或需求之间具有很高的关联性，并进行独立而规范的评价
6		目标适应性	在环境变化时，应该采取有效措施改善绩效目标甚至是战略规划的不足
7	提高项目成员的支持度	高层管理者工作卷入度	高层管理者和项目管理团队致力于年度绩效目标和长期绩效目标的达成
8		服务提供者工作卷入度	要求项目一线服务人员对项目目标理解和认可的程度高，对达成服务目标做出明确承诺
9	确保项目的公共性	其他利益相关者的支持度	包括主管部门、项目出资者、承包人等项目利益相关者为达成目标共同努力；项目对象对项目目标的认可程度或参与目标制定
10		立项规范性	确保项目立项完全符合我国法律法规的规范、程序和各种要求

三　管理过程评价指标体系

项目的成功不仅需要良好的项目计划，更重要的是项目得到很好的执行。尽管很多项目设计看起来执行似乎很直接，但是，在具体执行过程中很可能存在难以预料的困难。许多项目的失败，不是因为缺少潜在的有效服务，而是因为适当的干预没有送达或没有把干预送达给目标群体，或者两者同时存在。按照罗希的观点，项目过程评价是相对于结果评价而言的，其就是系统、持续地记录项目绩效的主要内容。[①] 本书认为，为了促进项目的成功通常需要在项目执行过程中尽量将与所有利益相关者与项目成功执行相关的重要信息进行收集、评价和反馈，以期项目执行活动能促使项目成功达成预期目标。因此，需要从管理、责任和评价的多维度全面谋划过程评价，才有利于化组织战略为具体的项目执行活动，以便促进项目预期目标的顺利达成。

（一）管理过程评价指标的构建基础

本书坚持在创造公共价值视域中构建公共服务项目过程评价指标体系，比企业项目的过程评价指标的构建过程更加复杂。在我国公共管理实践中，常常存在管理实践和管理思想无法对接，从而导致管理实践更加复杂的局面非常普遍。在本书第四章对基于价值创造视角的公共服务项目管理基础进行了初步论述，但是，事实上管理过程却比理论更加复杂。可以说，要驾驭公共服务项目过程评价中"事"与"人"的复杂系统，需要在项目评价中更加重视"以人为本"理念落地具体措施，才更加有利于公共服务目标的完成。在公共项目执行的实践中，领导者和一般公共服务提供者对公共服务提供的过程有非常直接的影响。我国公共服务目前正处于全面深化改革的转型时期，需要通过恰当的方式来启动变革[②]，来消除公共服务过程中因官僚制对公共服务质量提升带来的弊端，特别需要最大限度地消除公共服务一线人员的不满，从而为公共服务项目计划的顺利执行并取得良好效果奠定基础。可以说，要构建公共服务项目过程评价指标体系，不仅需

---

① ［美］彼得·罗希、马克·李普希、霍华德·弗里曼：《评估：方法与技术》，刘月、王旭辉、邱泽奇译，重庆大学出版社2007年版，第120—121、127页。

② 传统启动变革或消除抵制变革的常见做法有三种：一是说服性谈话，即通过消融现行的态度来诱使态度变化；二是破釜沉舟，即通过让人们明白变革失败会导致其处境更加艰难，来树立一种危机感，从而促进人们支持变革；三是领导加压，通过强化人们对高层领导的义务来推动变革，正如科特指出的那样，"如果没有高层领导不留情面地压制下面的抵抗群体，抵制变革的力量就不可能被战胜"。［美］史蒂文·凯尔曼：《发动变革：政府组织再造》，扶松茂译，上海人民出版社2013年版，第38—39页。

要对项目过程评价有准确的理解，还需要明确公共服务项目计划执行必须直面的复杂环境。

通常项目过程包括投入资源（资金、人力、设备、场所等）、实施计划和输出结果几个阶段。事实上，有很多学者（Harrington，1991；Hammer and Champy，1993；Peter Kueng，1998，2000）都基于业务流程或业务过程的角度对项目绩效评价进行了研究，具体涉及业务流程改善或业务流程再造、EFQM 模型[①]等，Peter Kueng 将绩效管理系统与项目评价过程融合在一起，提出了过程绩效评价体系（Process Performance Measure System，PPMS）概念模型，如图 5-8 所示。实施过程绩效评价体系的项目团队应该经常追问如下两个问题：现行业务流程绩效系统与过去相比是否有改进？应该实现什么水平的目标价值？在某种程度上，可以将 PPMS 看作一个绩效信息系统：通过一套指标体系，收集相关绩效过程的绩效信息；对比当前价值与历史价值或目标价值；向过程管理者反馈评价结果（当前价值、目标价值、价值差距以及每条指标的发展趋势）。

PPMS 顺利运行还需要有如下几个条件：首先，组织应该有明确的使命和愿景能给员工指明组织未来的发展方向，这也为组织系统内对目标体系的理解和沟通提供了一个平台。其次，管理者应该全面理解 PPMS 的执行过程，通常绩效评价体系不仅要能预警存在的绩效问题，还要能诊断问题出现的原因，以帮助管理决策是否应该采取补救措施；管理者还应明确 PPMS 不能告诉他应该采取什么行动，但是，没有 PPMS，他就更加不能看清事实。另外，管理者还应该通过 PPMS 提供过程为中心、目标导向的信息，来整合和利用组织内部的多个信息系统，能够通过这些信息对整个绩效过程及其影响做出全面的评

[①] EFQM 模型是欧洲品质管理基金会（European Foundation for Quality Management，EFQM）开发的 EFQM 业务卓越模型的简称，该模型给组织提供了一个用于自我业务评价和改进的工具，共包含结果导向、顾客中心、领导和坚定的目标、过程和事实管理、人员开发和持续参与学习、创新与改进、伙伴关系、公共责任八个主导概念，整个评价体系包含领导、战略与策划、人力、合作关系和资源、过程、顾客结果、员工结果、社会结果、主要绩效结果 9 个大项及 32 个子项。

价。PPMS 是 Peter Kueng 针对企业项目提出的评价体系，并且该模型对过程型绩效评价研究产生了较大的推动作用。

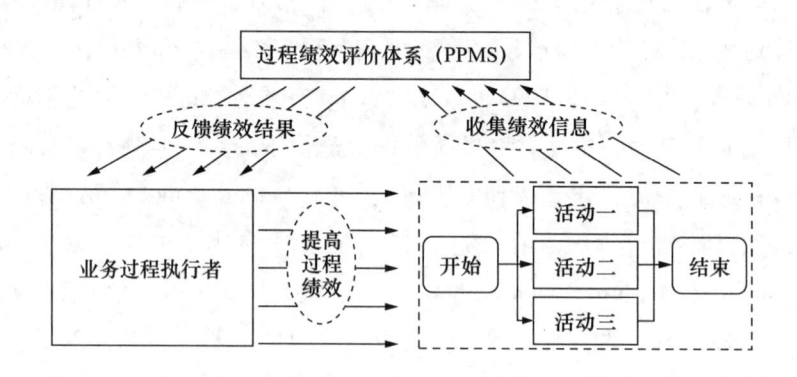

图 5-8 过程绩效评价体系概念模型

资料来源：Peter Kueng, "Process Performance Measurement System: A Tool to Support Process Based Organizations". *Total Quality Management*, 2000, 11 (1), pp. 67-85。

公共项目过程评价在流程上与企业项目过程评价是一致的。但是，公共服务项目的利益相关者构成更加复杂，价值导向更加多元，影响项目成功的因素更加复杂；政府职能也更加倾向民生领域，造成政府职能也处于持续转型之中。基于此，全面深化改革同样成为公共服务领域的重要共识。为了更好地理解公共服务变革，本书认为，有必要对公共服务项目的信息神经控制模式[①]进行专门分析，以便更好地理解公共价值如何在公共服务项目管理过程中实现。在第四章第三节中，对传统组织以顾客为中心的组织进行了比较研究，这两类组织在本质上就是两种文化导向，也可以说是组织神经系统的信息传递路径的差别，导致管理哲学的变化。安妮·M. 许勒尔对传统组织和触

---

① 弗雷德蒙德·马利克认为，在传统思维中，通过解剖组织结构可以发现没有包含近似于管理体系的"神经生理"部分；尤其是在巨变及其危机表象等逐渐恶化的条件下，神经生理部分对于组织正常运作是必不可少的。另外，在极具威胁性的社会"神经系统"崩溃的情况下，很容易引起组织正常运作系统的崩溃。［美］弗雷德蒙德·马利克：《战略：应对复杂新世界的导航仪》，周欣等译，机械工业出版社 2013 年版，第 14—15 页。

点组织①的比较研究也体现了这一变化。传统组织坚持"自上而下，由内及外"的控制文化导向，而以顾客为中心的触点组织则坚持"自下而上，由外及内"的新型文化导向，这两种模式的比较如图5-9所示。员工"忠诚"在触点组织中具有非常重要的意义，是该类型组织取得成功的必要条件之一；这类组织的领导风格就要求将连接员工与顾客之间的触点当作组织成功的关键点来把握。

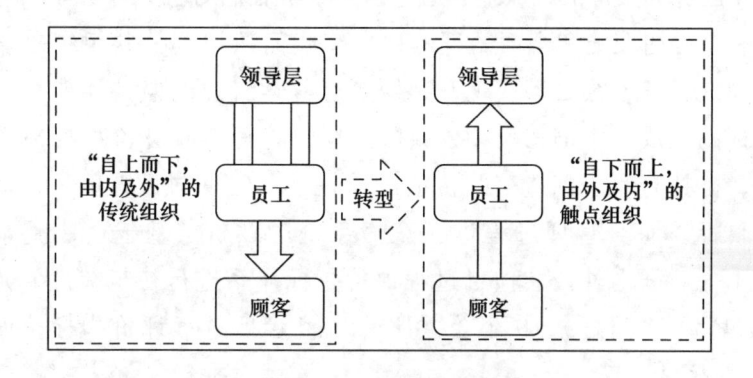

图5-9 传统组织与触点组织的管理模式比较

资料来源：[美]安妮·M.许勒尔：《触点管理：互联网+时代的德国人才管理模式》，于嵩楠译，中国人民大学出版社2015年版，第4页。

公共服务项目是公共组织创造公共价值的"最后一公里"，即公共价值最后的实现环节。基于创造公共价值视角的公共服务，一方面强调通过公共服务项目来完成项目所在组织的使命和达成组织的战略目标，另一方面强调按照党全心全意为人民服务的根本宗旨，促进项目对象的具体需求通过项目管理过程得以顺利实现。在这个过程中，既涉及基于创造公共价值视角的公共服务供给的主动影响，又强调公

---

① "触点"即接触、互动点或联系点，指一个人与其他人建立联系，接触他们并产生情感上的共鸣。触点管理重视员工与客户之间的触点，即客户在单个触点的"真实时刻"的切实感受；而对员工、领导与企业之间的内部触点的有效管理是触点管理的基础，这也是通过触点管理创造忠诚员工，进而更好把握外部触点的关键措施。详细论述参见[美]安妮·M.许勒尔《触点管理：互联网+时代的德国人才管理模式》，于嵩楠译，中国人民大学出版社2015年版。

共需求在项目管理过程中的基础性地位。兼顾这个双向过程的平衡,有利于促进公共服务项目取得成功。另外,借鉴触点组织的管理规律,在公共服务项目评价体系中需要特别重视公共服务一线人员向服务对象提供服务的环节,这个环节就是公共服务项目的触点,从某种意义上说也是整个创造公共价值完整流程的触点。

(二) 公共服务项目管理过程评价指标体系

在创造公共价值视域下,通过以上分析我们对公共服务项目管理过程有了更加准确和全面的理解,也使我们认识到公共组织战略目标和绩效目标不会自动实现,必须要有科学有效的监控才能促进预期目标的达成。本书在设计公共服务项目管理过程评价指标体系的时候,坚持有利于创造公共价值的前提下,促进项目管理过程产出预期目标,而对管理过程进行全面系统的评价。基于这一基本理念,本书对国内外公共项目过程评价指标体系进行初步梳理,共得到(包含5个目标)10个公共服务项目管理过程评价指标,如表5-6所示。

表5-6 公共服务项目管理过程评价指标

序号	目标	指标	指标解释
1	强化服务责任	项目成员负责程度	项目成员对提供公共服务的态度、进度和成本等绩效的负责程度
2		项目成员受到的支持程度	主管部门或领导及时与项目成员沟通,对存在的问题作出及时的反馈,并向项目成员提供及时、高效的支持
3	重视绩效信息	绩效信息质量	建设绩效信息收集和反馈系统,确保绩效信息可靠、及时和有效,能为项目监控和绩效提升提供决策基础
4		管理程序规范性	制定科学合理的项目管理步骤和管理流程,设计问题改善或修正的程序
5	强化业务管理	治理制度规范性	评价治理制度(如竞争性采购、成本比较、IT改进、适当激励)和职责安排的完整性、合规性和有效性等
6		制度执行有效性	要求项目管理人员和项目成员能够严格执行各项管理制度,并取得预期效果

续表

序号	目标	指标	指标解释
7	强化资金管理	资金管理情况	资金足额及时到位，支出符合既定用途
8		财务管理情况	建立健全的财务管理制度，有效控制项目财务风险
9	强化进度管理	计划执行情况	项目实施进度按照计划周期实施，对环境重大变化能够做出及时的进度调整
10		计划执行协同情况	项目执行过程中，能与相关项目或者项目所在组织进行全面及时的协同与合作，从而保障项目进度按期进行

四 结果产出评价指标体系

公共组织按照组织使命陈述，对公共需求进行科学的分析并基于此制订项目计划，并进行持续的项目监控，其目的就是创造公共价值，实现预期的项目结果产出。但是，如何识别和衡量项目的结果产出对于评价者来说却是一个巨大的挑战。因此，在构建公共服务项目结果产出评价指标体系的时候，需要直面这些挑战，并通过制定科学的评价指标体系帮助评价者识别、衡量并督导预期绩效目标的实现。

（一）结果产出评价指标的构建基础

公共组织选择并实施公共项目的最终目标并非是实施或运行项目本身，而是通过项目为目标群体或目标社会带来有益的改变。虽然在项目决策阶段，即在项目设计阶段就应该出项目的预期产出，但是，项目预期产出（包括短期、中期和长期产出）是否实现或实现的程度却是项目发起人和管理者必须高度关注的问题，事实上并不是所有项目实施之后都能带来满意的结果产出。[1]对项目结果产出的有效评价，是促进项目完成使命的必要环节，也是论证项目合法性的底线保障。

---

[1] 罗希等认为，不论具体项目在描述目标群体需求、制订完善的实施计划、介入目标人群和送达适当服务上做得如何好，都不能据此判断项目的成功，除非项目活动确实为目标群体或社会带来了切实的有益变化。［美］彼得·罗希、马克·李普希、霍华德·弗里曼：《评估：方法与技术》，刘月、王旭辉、邱泽奇译，重庆大学出版社2007年版，第143页。

由于价值导向复杂多元，造成公共服务项目创造公共价值的根本使命的具体表现形式各异。另外，公共服务项目结果产出具有难以量化的特点，并且结果产出表现的时间周期也各不相同。公共服务项目的这些特点，造成了衡量公共服务项目结果产出成为极具挑战性的活动。因此，构建公共服务项目结果产出评价指标并不是一件容易的事情，评价体系构建者通常至少需要关注如下两个方面：一是全面理解结果产出是什么；二是明确如何衡量。

全面理解结果产出的概念是构建评价体系的基础。本书强调在创造公共价值视域下来构建评价体系，因此，结果产出必须体现通过公共服务创造的公共价值。本书的结果产出是指通过实施公共服务项目为项目的目标群体或目标社会带来的改善（或是项目的工作成果）。对结果产出的理解通常又需要注意如下两个方面：一是结果产出必须是针对目标群体或目标社会状况的，而不能简单地描写为项目的"输出"。结果产出不仅仅是指目标群体"收到"产品或服务，更重要的是，要通过向项目对象提供产品或服务并使之获益。比如在社区建立了老年餐桌仅仅是服务送达的方式或是项目的实施目标，项目最终需要的结果产出是老年人因此而产生的生活方便程度或生活质量的提升，也可以说项目的最终完成的任务是提升老年人的生活质量，这需要对老年人的生活预期进行描述。二是公共服务项目结果产出的表现形式复杂。公共服务项目的结果产出分为短期、中期和长期产出，不同的项目产出要求不一样，有些项目有非常直接的结果产出，有些项目的结果产出比较模糊；有些项目重视短期结果，有些项目不会马上就会有变化而需要长期才能有效果。很多公共服务项目本身很难执行，那么项目预期结果的顺利实现也就更加困难（赵新平等，2009）。另外，项目结果产出还需要区分产出水平、产出变化和产出效果，这又增加了项目产出评价的复杂性。

如何衡量项目结果产出是构建结果产出评价指标体系的重要基础。如果对如何衡量这个问题没有完全清楚，那么评价指标体系的构建也就失去了依据。本书构建的公共服务项目评价体系是从绩效管理角度来进行评价，绩效管理通常需要在项目设计阶段就要对结果产出有预期目标，在评价阶段通常也需要按照预期目标的绩效标准来判断项目是否取得成功。但是，项目设计和项目实施对项目的结果产出有很大的影响，要很好地对项目结果产出进行衡量，还需要很好地应对利益相关者的心理影响。① 罗希等强调，在具体衡量结果产出时对结果"产出"做深入区分②有利于评价指标的构建，通过绘制出项目前、项目中和项目后各种产出变量在不同时段的产出变化，并通过比较项目后的产出状况和没有项目的产出状况，来得出项目的产出效果。在图 5 – 10 中，项目产出变量为纵坐标，项目发展阶段为横坐标，是产出水平、产出变化和项目效果的可视化展示。

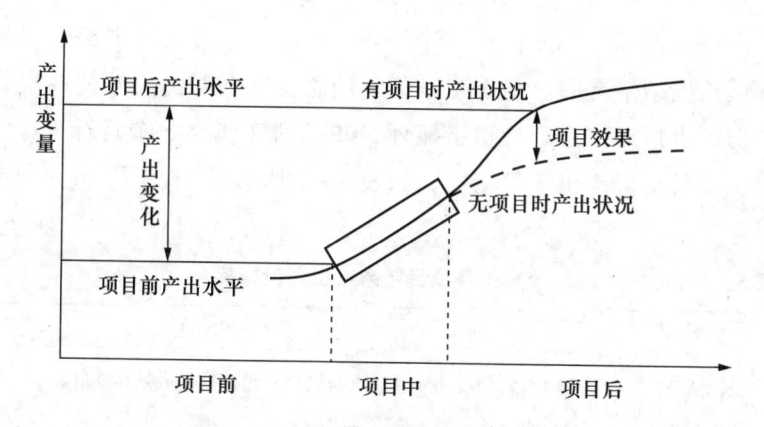

图 5 – 10 项目产出、项目变化和项目效果

资料来源：［美］彼得·罗希、马克·李普希、霍华德·弗里曼：《评估：方法与技术》，刘月、王旭辉、邱泽奇译，重庆大学出版社 2007 年版，第 144 页。

（二）公共服务项目结果产出评价指标体系

在创造公共价值视域下构建公共服务项目的结果产出评价指标体

---

① ［加］詹姆斯·C. 麦克戴维、劳拉·R. L. 霍索恩：《项目评价与绩效测量：实践入门》，李凌艳、张丹慧、黄琳译，教育科学出版社 2011 年版，第 40—41 页。

② 罗希等将产出细分为产出水平、产出变化和产出效果。产出水平是指某一时点的产出状况；产出变化是指不同时点的产出水平差异；产出效果是因项目活动导致产出变化的部分，与其他因素引起的变化相对应。［美］彼得·罗希、马克·李普希、霍华德·弗里曼：《评估：方法与技术》，刘月、王旭辉、邱泽奇译，重庆大学出版社 2007 年版，第 144 页。

系，需要在项目设计之初就对项目的短期、中期和长期目标进行科学谋划；项目的结果产出通常都是和项目目标相关的结果和影响。但是，项目的结果和影响评价却是最苛刻、最严格的评价任务；因为项目效果不同于实际测量出来的产出，所以，测量出来的结果可以在项目之外发生。① 本书力图通过对项目结果的有效评价，来促进公共服务项目取得成功。不同阶段的结果产出对项目成功的意义不一样，项目的内在有效性通常在项目完成的时候就已经有所体现，而项目对于目标群体的影响通常属于短期目标关注的重点，项目中期结果产出是项目委托方追求的效果，而长期结果目标更加注重引领项目委托方的未来发展方向。本书坚持在创造公共价值视域下构建公共服务项目结果产出评价指标，总体上看，注重各个阶段结果产出的平衡，但是更加强调长期结果导向。基于这一基本理念，本书对国内外公共项目结果产出评价指标体系进行初步梳理，共得到（包含 5 个目标）6 个公共服务项目结果产出评价指标，如表 5-7 所示。

表 5-7　　　　　　　　公共服务项目结果产出评价指标

序号	目标	指标	指标解释
1	强化结果产出的战略导向	长期目标达成情况	项目的成功实施应该对项目发起组织创造公共价值的战略目标有显著贡献，能够提供结果产出对项目长期绩效目标达成上的相关贡献的证据
2	达成阶段性目标	阶段性目标完成情况	项目短期目标和中期目标完成情况，重点关注年度绩效目标的完成情况
3	提高项目满意度	目标群体满意度	项目目标群体对公共服务项目提供的产品或服务的满意度
		公共服务送达情况	保障项目实际收益的目标群体的数量达到预期目标

---

① ［美］彼得·罗希、马克·李普希、霍华德·弗里曼：《评估：方法与技术》，刘月、王旭辉、邱泽奇译，重庆大学出版社 2007 年版，第 145 页。

续表

序号	目标	指标	指标解释
4	加强项目人员激励	服务人员受激励程度	直接提供公共服务的项目人员受到的激励程度，管理者对其提供公共服务的支撑程度
5	实现项目持续运营	项目运行的可持续性	项目的管理、运行、维护和保障措施完善，有利于项目持续稳定运行
6	提高项目相对绩效	相比同类项目有效性	与同类项目相比，项目的效率和效果的总体表现情况

第三节 公共服务项目评价指标体系的调查与修正

本书坚持在创造公共价值视域下，基于项目逻辑模型初步构建了公共服务项目评价指标体系。但是，该评价指标体系仅仅是基于理论假设和对现有公共项目评价体系进行归纳、分析和提炼的理论研究成果。虽然在初步设计阶段，已经使用了访谈法和头脑风暴法，请相关领域专家就项目逻辑模型和评价指标基本框架设计等问题提出了宝贵意见，但是，由于该指标体系总体上仍然是一个理论构建的体系，还需要进一步修正和完善。因此，本书再次请相关领域专家对完整的评价指标体系提出修正和完善的意见。

一 指标调查与修正的问卷设计

在创造公共价值视域下，为了促进公共服务项目的成功，本书前面通过专家访谈和文献研究，构建由需求评价、战略规划、管理过程和结果产出四个环节组成的公共服务项目逻辑模型，并以这四个环节为四个评价维度，分别分析和提炼了公共服务项目的"明确项目目的"等21个目标，"目的清晰度"等34个评价指标，并对每个指标进行了初步解释。本书将这些目标、指标和指标解释汇总起来，编制出专家咨询调查问卷，请公共项目评价或公共组织绩效管理专家进行评价和修正，以便使公共服务项目评价体系进一步科学化和规范化。

　　为了进一步使该评价体系科学化和规范化，本书通过专家评价法对初步构建的指标体系进行评价，为此专门编制"公共服务项目评价指标体系专家咨询调查问卷"。专家咨询调查问卷主要是请相关领域的专家对本书初步构建的公共服务项目评价体系的"目标、指标以及指标解释"做出评价。评价共设合适、一般和不合适三个等级。其中，"合适"是指目标、指标和指标解释均合适；"一般"是指目标、指标和指标解释有一项或均存在一点问题，但是还有修改的空间；"不合适"是指目标和指标与评价体系的设计目标不相符合，不应纳入评价体系。在专家咨询调查问卷中，要求评价专家对获得"一般"等级的目标、指标或指标解释提出修正和完善意见，以便于对初步构建评价体系进一步修正和完善；对合适和不合适两个等级的指标则不用提出修正意见。另外，还请专家对本评价指标体系没有涉及但是对于公共服务项目的成功又有重要影响的目标和评价指标给予补充和完善，以便使评价指标体系更加系统、科学与全面。本书设计的完整的"公共服务项目评价指标体系专家咨询调查问卷"见附录二，问卷基本结构样表如表5-8所示。

　　在创造公共价值视域下，通过对典型公共项目评价指标体系的综合分析基础上，归纳和提炼出了本公共项目评价指标体系。虽然设计时在科学性、规范性、战略性、可操作性等原则上对评价指标进行筛选，但是很可能因遗漏重要评价指标而造成指标体系的代表性不足，因此在进行问卷调查时也设计了专家建议指标的栏目，请专家在问卷调查中补充其认为重要的指标，以便使评价指标更加完善。

二　公共服务项目评价指标体系的调查与修正

　　通过文献研究得到公共服务项目评价指标体系，可能存在不完善和不准确的地方，还需要进一步修正和完善才能用于公共服务项目评价实践。鉴于项目评价体系的开发的专业性，对本书所构建的公共项目评价指标体系的评价和补充采用专家评价的办法进行。

表5-8 公共服务项目评价指标体系专家咨询调查问卷（样表）

领域	序号	目标	指标	指标解释	专家评价等级			专家修改意见
					合适	一般	不适	
公共需求	1							
	2							
	…							
专家补充	1							
	2							
目标计划	1							
	2							
	…							
专家补充	1							
	2							
管理过程	1							
	2							
	…							
专家补充	1							
	2							
项目结果	1							
	2							
	…							
专家补充	1							
	2							

本次调查选择的专家均是公共项目评价或公共组织绩效管理领域的专家，共计20名专家。这些专家的基本情况如下：从性别看，男性12名，女性8名；从年龄看，30岁以下1人，30—39岁12人，40—49岁7人；从学历看，本科1人，硕士3人，博士16人；从职称看，中级10人，副高7人，正高3人；从职业看，大学教师9人，公务员6人，专业评价人员5人；从服务单位看，大学9人，政府（含部委研究院所）11人。

本次调查主要采用电子问卷的形式完成，具体做法是：通过电子邮件向选定专家发送电子问卷，并通过微信、QQ 或电话等方式与评价专家直接沟通，邀请专家对本书所构建的公共服务项目评价指标体系进行评价。20 名专家均在 1 周内填完问卷并用邮件发回。所有专家问卷均填写了完整的个人信息，并在相应栏目给出了"评价等级"；因此可以说，所有专家问卷均属有效问卷。但是，在本次问卷调查中，所有专家均没有补充评价指标，并且仅有 3 名专家对所有获得"一般"等级的"目标、指标或指标解释"提出了修改意见，绝大部分专家仅对部分"目标、指标或指标解释"提出了修改意见，也有 4 名专家仅仅做出了等级评价，完全没有提出修改意见。

关于专家评价，本书主要从"评价等级"和修改意见两个方面进行论述。从专家提出评价意见来看，几乎所有专家的评价等级的修改意见均是针对评价指标提出，仅有 8 条意见是针对目标和指标解释而提出的。因此，专家给出的"评价等级"可以主要看成是对绩效指标适合性的判断。整个公共服务项目评价指标体系包含 34 个指标，每个指标按照 20 次评价计算，20 名专家所有评价次数合计 680 次，专家评价等级详细情况如表 5-9 所示（为了便于排版，表中省略了"指标解释"栏目）。专家给出的公共服务项目评价指标体系"适合"等级 499 次，占 73.4%，其中有 3 个指标获得专家一致认可；给出"一般"等级 161 次，占 23.6%；给出"不合适"等级 20 次，占 3%。从专家给出的评价等级可以看出，评价指标体系总体上受到专家的肯定，但是也仍然存在需要修正的地方。

专家对指标体系的总体反馈比较良好，多数专家认为，以该指标体系为基础，可以修正出一套较好的公共服务项目评价的"共性"指标体系。专家给出的修正意见归纳起来包含如下几个方面：第一，某些指标边界界定不清，存在指标相互交叉的情况，建议合并重复指标；这类修正建议是最多的一种。第二，有些指标的实际测量存在困难，建议使用便于测量的指标。第三，有些指标包含过多的内涵，建议对指标解释进行更科学合理的界定。另外，还存在有些指标在实际评价中使用很少，没有必须纳入"共性指标"之中。

表5-9　公共服务项目评价指标体系专家评价情况统计

领域	序号	目标	指标	评价等级		
				合适	一般	不合适
公共需求	1	明确项目公共性目的	目的合理性	20		
	2	明确项目问题	问题明确性	20		
	3		问题具体程度	14	4	2
	4	明确项目对象	对象明确性	20		
	5	促进项目成功	目标战略性	15	4	1
	6		项目准备度	15	4	1
	7	控制项目失败风险	风险分析合理性	17	3	
目标计划	1	确保项目战略性	目标长期导向性	13	5	2
	2		目标具体性	14	6	
	3	提高项目计划性	目标挑战性	14	5	1
	4		目标达成保障	15	4	1
	5	提高项目目标有效性	目标关联性	11	7	2
	6		目标适应性	14	6	
	7	提高项目成员支持度	领导支持度	15	5	
	8		服务人员支持度	14	6	
	9	确保项目的公共性	利益相关者支持度	14	3	3
	10		决策合规性	14	4	2
管理过程	1	强化服务责任	服务人员负责程度	14	6	
	2		服务人员受支持程度	12	8	
	3	重视绩效信息	绩效信息完整性	15	5	
	4		管理程序规范性	18	2	
	5	加强业务管理	管理制度规范性	14	6	
	6		制度执行有效性	14	6	
	7	强化资金管理	资金管理情况	14	6	
	8		财务管理情况	14	5	1
	9	强化进度管理	计划执行及时性	18	2	
	10		计划执行协同性	13	6	1

续表

领域	序号	目标	指标	评价等级 合适	一般	不合适
项目结果	1	强化结果产出导向	长期目标贡献度	16	4	
	2	达成阶段性目标	阶段目标完成率	18	2	
	3	提高项目满意度	服务对象满意度	18	2	
	4		公共服务送达率	18	2	
	5	加强服务人员激励	服务人员激励度	15	4	1
	6	实现项目持续运营	项目运行可持续性	17	3	
	7	提高项目相对绩效	相比同类项目有效性	10	8	2

根据关键绩效指标数量最佳为5—8条的实践经验，并参考专家提出的修正意见，本书对公共服务项目评价指标体系进行了修正。指标修正的根本原则是有利于促进项目成功，具体要求包括体现创造公共价值的基本导向、指标边界清晰无交叉、指标数量坚持关键性的同时兼顾代表性、注重科学性与可操作性的平衡等。指标修正过程主要使用了专家头脑风暴法，即邀请了中国人民大学、中央财经大学和人社部人事科学研究院的5位项目评价或绩效管理方面的专家（5名专家同时也参与了第一轮的评价），采用面对面用头脑风暴的方式讨论确定评价指标。具体做法是本人事先根据专家意见修订出一个讨论稿，并同时将第一轮专家原始修正意见汇总表一并提供给参与头脑风暴的专家。然后各位专家根据事先确定的基本原则，提出修正意见，经过反复讨论最终确定了包含25个指标的公共服务项目评价指标体系，其中公共需求5个指标、目标计划7个指标、管理过程8个指标以及结果评价5个指标。同时对目标、指标和指标解释进行相应的修正，以便形成完整的评价体系，如表5-10所示。

表 5-10　　公共服务项目评价指标汇总（初步修正）

领域	目标	指标	指标解释
公共需求	明确项目目的	目的合理性	项目目的明确体现公共性特征，能以公开承诺的方式确保项目始终以创造公共价值为目的；能体现国家或部门优先战略，或受到国家政策支持
	明确项目问题	问题具体性	能够清晰界定和识别项目解决的问题，确保项目针对特定、明确的公共需求和公共利益；能从时间、地点、范围等方面对项目问题具体化
	明确项目对象	对象明确性	能够明确界定项目对象的特征及范围；能够界定项目人、财、物等支持资源用于创造公共价值
	确定项目战略导向性	目标战略性	项目总体目标与项目发起组织的使命高度相关联，对践行项目发起组织使命和达成组织战略目标具有明确的贡献
	控制项目风险	风险分析合理性	全面系统分析可能导致项目失败的制约因素或可能存在的风险，并制定重大风险的防范预案
目标计划	提高项目计划性	目标完整性	根据项目目的和战略目标，制定出明确的中长期绩效目标体系；为项目确定行动路线图，以确保项目"化战略为行动"有据可依
		目标明确性	项目在完成时间、预期服务质量、人财物保障资源等重要方面均制定了明确的目标
	确保目标科学性	绩效标准确定性	为项目绩效目标（体系）制定出一系列特定的绩效标准，能够判断项目绩效目标的实现程度
		目标挑战性	中长期目标具有挑战性，为相应设定具有挑战性的时间表；年度绩效目标富有挑战性，并为项目绩效设定底线目标

续表

领域	目标	指标	指标解释
目标计划	提高领导支持度	领导支持度	部门高层领导积极支持项目,并为项目总体目标承担领导责任;对直接部门提供服务的项目则应该致力于长期和年度绩效目标的达成
	确保项目公共性	目标制定参与性	项目人员、项目对象等重要利益相关者能参与目标的制定,提升项目目标的认可度和合理性
	提高决策科学性	决策科学性	通过科学的决策程序和决策方法保障项目提供的公共服务与项目应满足的公共需求能实现有效对接;设置决策纠错机制,保障项目在面临环境巨变或重大风险时能及时调整项目目标
管理过程	强化计划执行	目标责任明确性	计划执行过程中,所有各级项目人员的绩效目标责任明确,目标间能实现相互协同
		计划执行及时性	项目计划实施进度能按照预期规划实施,面临巨大环境变化能够对计划做出及时进度调整
	重视过程反馈	管理沟通有效性	建立完善的管理沟通机制,促进各利益相关方合理诉求的有效表达,并推动绩效目标的达成
		项目人员服务态度	一线项目人员能积极、热情、及时地提供公共服务,确保其提供的服务有利于公共需求的满足
	加强业务管理	管理制度健全性	制定有利于项目目标顺利达成的各项管理制度,确保管理实践有规可循
		管理程序规范性	制定科学合理的项目管理步骤和管理流程,设计绩效改善和问题修正的程序
	落实保障措施	保障资源到位率	项目所需的人、财、物等保障资源能及时足量保障到位,为项目计划顺利完成提供基础条件
	加强绩效信息系统建设	绩效信息完整性	建设绩效信息收集和反馈系统,确保绩效信息可靠、及时和有效,能为项目监控和结果评价提供决策基础

续表

领域	目标	指标	指标解释
结果评价	确保结果产出导向	长期目标贡献度	结果产出对项目长期绩效目标的达成有显著贡献；项目的成功实施对项目发起组织创造公共价值的战略目标有显著贡献
	达成阶段目标	阶段目标完成率	项目短期目标和中期目标完成情况，重点关注年度绩效目标的完成情况
	强化项目满意度	服务对象满意度	项目目标群体对公共服务项目提供的公共服务或公共产品具有较高满意度
	实现社会价值	社会价值贡献度	项目实施后，在社会上形成了良好的影响，为其他类似项目提供了可供借鉴的经验
	实现项目持续运行	项目运行可持续性	项目的管理、运行、维护和保障措施完善，有利于项目持续稳定运行

专家经过反复讨论，然后对整个评价体系汇总后得到完整的公共服务项目评价体系，与会专家还对指标适合度和指标权重分配达成共识，为评价体系的进一步检验与最后完善奠定基础。

第四节 公共服务项目评价指标的检验与完善

关于评价指标体系的检验与完善，本书仍然使用专家法进行调研。在前期选定的 20 名专家中，已经有 5 名专家被邀请来参加面对面地讨论修正指标体系，然后再邀请其中另外 5 名项目评价经验相对丰富的专家对指标体系进行评价，然后通过两组专家的对比来对指标体系进行检验和完善。

一 公共服务项目评价指标的检验

关于各项指标适合程度的检验，主要采用李克特量表的形式，把每项指标分为 5 个等级，分别标识为"非常合适、比较合适、一般、较不合适、不合适",然后邀请专家组就各项指标进行打分。① 所发出的 5 名专家的问卷均为有效问卷,并且所有指标的"适合程度"的分值均大于 4,其中 18 项指标的分值均大于 4.5,可以说所有指标均通过了本次专家评价。鉴于修正后的指标体系是 5 名专家经过面对面讨论并确定下来的"合适"的指标,也就是说,评价指标获得了两组专家的一致认可,因此,本指标体系的 25 个指标均可以全部保留。

评价体系的信度是指使用该评价体系获得测量结果的一致性与稳定性,即通过该指标体系在何种程度上对变量进行稳定的测量。开发评价体系,就要求使用这种评价方法得到的结果前后具有较高的一致性,可以用这种一致性程度作为指标来判断评价方法的可靠性。讨论评价体系的信度通常需要回答评价体系是否客观、是否可靠、是否可信赖、标准化程度如何等问题。信度是决定评价结果的科学性与可应用性的重要指标,因此构建评价体系时需要高度重视如何保证和提高评价的信度。信度通常可以分为重测信度、复本信度、分半信度、同质性信度和评价者信度等类型;信度系数通常用 R 表示,R 值越大,说明评价体系测量的误差越小,测量的结果就越可靠。通常情况下,R 值大于 0.7,就可以说评价体系测量信度达到了要求。

效度主要反映评价方法是否评价了要评价的内容,关注的重点是评价的准确度和有效性。在评价实践中,效度主要回答评价内容是否准确有效地评价了需要评价的内容。按照弗兰仕和米切尔(French and Michel)的观点,效度可分为内容效度、效标效度和构念效度三种,通常所说的效度实际上指的就是内容效度。但是,倪星(2013)认为,评价体系的效度需要同时考虑内容效度和构念效度,即一方面要关注评价指标能够准确全面反映评价对象的本质特征,另一方面还要求评价结果符合评价体系最初设计的理论构想。效度是判断评价结果有效性的重要技术性指标。判断评价体系的效度通常使用"内容效度比"(Content Validity Ratio,CVR)表示,即通过参与评价的专家对

---

① 问卷的形式与初次调研基本一致,只是评价等级由三个等级变为五个等级;统计分析的方法也完全一致。为了节省篇幅,此处直接给出结果,并且也不再附完整的调查问卷。

评价指标适合度的判断等级的比例来计算评价体系的内容效度，通常CVR值大于0.7，就可以说评价指标的效度可以接受。另外，信度与效度是两个相互联系的概念，信度决定效度，有效的测量应该得到一致的（可靠的）结论。

本书对评价体系信度和效度的分析主要采用专家主观评价的方式。评价体系的信度具体是通过进行多轮专家评价来判断。首先，通过专家对问卷初稿的34个指标进行"适合性"的初步评价，并邀请专家提出修正意见，剔除不合适的指标并修正和合并评价指标。然后邀请5名专家进行面对面的讨论，得到具有共识的包含25个指标的评价体系；再邀请5名专家对25个指标的"适合性"进行再评价。评价结果显示，两组专家对所有指标的"适合性"均超过0.8[1]，因此可以说，评价体系得出的结果具有较高的一致性和稳定性。另外，从两组专家对评价指标的"适合性"的评价结果来看，所有评价指标的"适合性"比例也都大于0.8。因此可以说，所有指标均适合用于评价公共服务项目，即说明该评价体系具有较高的效度。

对指标进行标准化处理是评价体系进行数据分析的必要步骤。指标标准化是指对评价体系中不同量纲的评价指标转化为无量纲、无数量级差别的标准分的过程。公共服务项目评价体系中的各类指标的量纲有很大的差别，而不同量纲的指标不便于进行统计和比较，这就需要对指标绩效进行无量纲化的处理，以便于进行数据分析和提高结果应用的方便性。公共服务项目评价体系标准化过程分为如下几个步骤：首先，将评价指标进行归一化处理，全部采用李克特五级评分进行评价；其次，根据指标特性的差异，对要求最大值为最佳结果的指标采用上限效果测度，对要求最小值为最佳结果的指标采用下限效果测度；最后，对所有评价指标均使用"优、良、中、低、差"五个等级来进行评价，即要求评价主体判断公共服务项目在该指标上达到的

---

[1] 本书假设参加专家讨论的5名专家对评价指标的评分均为1，而将之后邀请的5名专家所评价的得分（李克特五级评分的均值）换算为可以与之比较的得分（1.0、0.8、0.6、0.4、0.2五个等级）。将比较的结果看成该指标的一致性或稳定性结果。

等级。经过标准化处理之后，就可以编制完整的评价指标体系了（评价量表结构参见附录三）。

二 公共服务项目评价指标的权重分配

科学地确定指标权重是构建评价体系的重要环节。在确定公共服务项目评价指标权重时，首先应该知道什么是指标权重和如何确定指标权重，然后再使用这些基础理论确定公共服务项目评价指标的权重。

指标权重是指该指标在整个评价体系中的相对重要程度，反映的是该指标在评价体系中价值的高低。一个科学有效的评价体系必须是一个重点突出的评价体系，而指标权重则是评价体系关注重点的具体表现。指标权重通常用一个相对整个评价指标体系的比值来表示，通常被称为"权重系数"。通常整个评价体系所有评价指标的全部系数之和为1或100%，单个指标的权重系数用具体的百分比或小数来表示。权重系数是评价指标在评价体系的特定侧面的重要程度的定量分配，同时也必须通过权重系数将评价指标的相对重要性区分出来，以形成评价体系的完整的权重体系。指标权重的具体分配是本环节的重点，而分配过程主要关注指标权重分配的原则和方法。

公共服务项目评价体系的指标权重分配原则重点关注如目的性原则、结果导向原则、关键性原则、可操作性原则等。目的性原则主要是结合通过公共服务项目评价促进项目成功，以更好地创造公共价值这一目的。在分配指标权重时，首先必须确保以实现目的为基本导向，从而引导项目团队做出符合评价目的的行为。结果导向原则是指评价体系在进行权重分配时，应保障结果产出的权重比例，以促进项目达成预定目标。关键性原则主要参考关键绩效指标设定的基本原则来执行。该原则通常要求评价指标的权重不能过大，也不能过小，指标权重过大可能导致评价实践中出现"抓大放小"的现象和风险过度集中，而权重过小则容易造成指标对评价结果影响太小和无法突出评价重点。可操作性原则主要是指权重分配要有利于评价实践的简便易行。指标分配过于烦琐不利于评价体系的有效开展；但是，过于简单同样难以反映真实情况。因此，指标权重分配的可操作性原则必须保持在一个适度的范围之内。

指标权重确定的方法通常包括主观经验法、专家调查法、主次指标排队分类法、层次分析法等方法。主观经验法是评价者根据其经营直接给每个指标分配一个权重，这种方法通常要求评价者对评价对象非常了解。专家调查法是聘请相关专家独立地为评价指标分配权重，然后将每个指标的专家权重的加权平均值作为该指标的最终权重。主次指标排队分类法通常包含排队和分配权重两步：通常首先要求按照重要性对指标进行排队，然后再根据指标类别具体分配权重。层次分析法是一种定性和定量分析相结合的权重设置方法。这种方法首先将评价体系分为目标层、准则层、指标层等层次，然后通过所有指标两两比较来获得评价指标的相对重要性。

公共服务项目评价体系是在坚持指标权重分配原则的基础上，采用专家调查法进行指标权重分配的。本书在邀请专家对指标修正时，同时也讨论了指标权重分配的问题。鉴于公共服务项目种类繁多且情况复杂，与会专家认为指标权重分配不宜过于具体，建议按照四个维度分配权重，而同一维度的指标权重则进行平均分配。在坚持指标确定的基本原则的基础上，与会专家对四个维度的权重分配为20%、15%、15%和50%的权重分配达成共识。在指标权重确定环节中，也邀请评价专家为四个环节分配权重，接受调查的5名专家给出的四个环节的权重比例的加权平均数为18%、15%、19%和48%。结合两组专家权重分配建议结果，由于本评价指标体系在维度内各指标权重采用加权的方式取权重，为了便于计算，本书最终将四个维度的权重调整为20%、14%、16%和50%。评价指标体系使用者可以指标数量对四个维度的权重分配进行微调。

第六章 案例应用及讨论

在创造公共价值视域下对公共服务项目评价体系进行研究，在案例选择上要求案例设计与评价体系设计的思想具有内在一致性。重庆市大渡口区"文化馆和图书馆总分馆制"[①] 以满足辖区群众文化生活需要为目的，创造性地提供文化服务为主要任务。该项目获得文化部"创建国家公共文化服务体系示范项目"验收的优秀等级，项目评价总分排名获得全国第二和西部第一。整个项目设计与本书所构建的评价体系的内在逻辑一致，符合案例选择的基本要求。本书首先采用叙事分析的方法对项目进行回顾，然后使用本书构建的评价指标体系进行试评价，通过对比分析判断本书构建的评价指标体系的适用性。

第一节 项目背景

恩格斯曾说过：社会一旦有技术上的需要，这种需要就会比十所大学更能把科学推向前进。公共服务项目获得立项通常都是为了解决特定的社会问题，而解决问题就是一种需要。对项目背景进行全面描述，是找出项目需要解决的真问题的有效方法和必要步骤，同时也为锚定项目目标和强化解决问题的动力提供了基础。

一 群众文化需求

寻找公共服务的真问题，需要坚持群众路线。毛泽东在《关于领

---

① 案例研究得到重庆市大渡口区党委宣传部领导的大力支持，关于大渡口区很多材料出自于宣传部提供的材料，后面对宣传部提供的材料整理不再一一注明，在此统一致谢。

导方法的若干问题》一文中提出的"从群众中来,到群众中去"的基本路线,为明晰公共服务项目的背景有重要的指导意义。改革开放以来,我国经济发展取得了举世瞩目的成就,这使我国广大人民群众的物质生活的要求也随之不断提升。马克思在《经济学手稿》中曾这样写道:由于人类自然发展的规律,一旦满足了某一范围的需要,又会游离出、创造出新的需要。因此,他在《资本论》中指出,人们在满足吃、喝、住等自然需求之后,还应该满足精神文化需求。很多国家的经验也表明,当国家人均 GDP 超过 1000 美元以后,居民的文化消费支出的总量和消费比重都会稳步增长。

重庆市大渡口区"文化馆和图书馆总分馆制"项目,将群众文化当作建设和谐社会的基础和提升群众思想水平的阶梯,当作激发社会活动和促进社会事业发展的重要措施,也当作规范群众日常行为的先导。为了保障项目各项工作紧紧围绕满足群众文化需求展开,项目将全面把握群众需求作为项目的起点和目标。

大渡口区目前是重庆市主城核心区和都市功能拓展区,也是全部纳入重庆市规划的 600 平方千米主城核心区内的两个区之一,国土面积 103 平方千米,辖 5 街 3 镇。2013 年,全区户籍人口 24.77 万,其中农业人口 2.62 万,非农业人口 22.15 万;2014 年,常住人口 32.65 万,城镇人口 31.79 万,城镇化率 96.8%。全区城镇居民人均可支配收入 26466 元,农村居民人均纯收入 13220 元。"五纵五横"道路骨架逐步形成,对外通道进一步拓展,基本突破"口袋交通"制约;大渡口远、大渡口偏的心理距离正在缩短。

从目前大渡口经济社会发展情况来看,辖区居民的物质生活在稳步提升,对精神文化生活的要求也在逐渐提高。经济实力的稳步提升和交通便捷程度的不断提高,使人民群众的"活动半径"不断向外延伸,人民群众在广泛的比较中强化了提升文化生活质量的需求。大渡口区政府在重钢搬迁之后提出的建设"生活品质之城"转型战略定位,也拉升了广大群众对文化生活的期望值,刺激了群众的文化生活的需求。

大渡口群众文化需求还可以在该区的发展历史中找到依据。大渡口因义度而得名；1938年，重钢前身汉阳铁厂由武汉迁重庆落户大渡口；1965年，大渡口因服务重钢正式设区；2011年，重钢在区生产主线完成环保搬迁，大渡口进入转型发展崭新时期，这使群众文化需求转型的问题日益凸显。大渡口区的地理环境和文化环境深刻地影响着辖区群众的文化需要。

二 社会发展需求

文化是社会发展的重要标志，也是社会发展的重要动力。文化凝结历史，文化反映现实，文化引领未来。因此，我们需要大力加强文化建设，充分激发文化活力，不断提升文化软实力，为实现社会繁荣发展提供基本保障。

文化建设需要研究历史，挖掘文化传能量。地方特色文化的挖掘、保护、传承和发扬对我国文化建设有重大贡献。大渡口虽然是重庆市主城年轻区，但却是重庆主城文明的"发祥地"。1983年，考古人员在大渡口马王场首次发现了旧石器点，并出土了一批砍砸旧石器。在《华阳国志》中，则记载着"龟亭北岸"就是古代巴人的交易市场，"龟亭"即是今天大渡口区的小南海。大渡口最初为巴县的辖区，在《巴县志》中记录了大渡口的来历。清道光时，马王乡士绅在如今马桑溪地段设义渡，捐田业一股，年租二十余石，置船二艘，雇人推渡。该义渡位于长江数十里渡口之首，史称"大渡口"。义渡文化是大渡口文化的重要传统。① 1965年，大渡口因服务重钢正式设区，虽然2011年重钢完成搬迁。但是，大渡口这段以钢铁工业文明为主要特色的历史，铸就了大渡口以工业文化价值为基础、以技术价值为核心的文化特色，大渡口的文化特色因此成为重庆市这座老工业城市文化特征的典型代表。② 另外，大渡口城市大发展还存在诸多问题：一是城区规模小、人气不足；二是城市功能不突出、吸引力不强。这造成大渡口在主城几个区的区位在居民心中"偏远"的主观认

---

① 张锋、王萃：《大渡口："文化之城"到守望与追求》，《重庆日报》2009年11月30日24版。

② 许东风：《重庆工业遗产保护利用与城市振兴》，博士学位论文，重庆大学，2012年，第2—3页。

识，现在虽然有所改观，但是，这种偏见仍然存在相当程度的影响。因此可以说，大渡口具有多元文化资源，但是，对除工业文化之外的其他文化挖掘程度还存在欠缺。

文化建设应该立足现实，直面困难解决问题。文化多元化已经成为现代社会的内在要求，这也成为大渡口必须直面的重要问题。大渡口的城市配套服务不够完善，缺乏吸引人口聚集的商业、旅游、文化等项目。如何改变单一文化，打造多元化文化就成了文化建设的重要突破口。区政府也为此而采取了一系列行动。比如，2005年以来，重庆大渡口"中华美德公园"以中华美德为主题，以中华美德格言为载体，通过自然石刻、碑刻、书法、字画、雕塑等表现形式，以礼仪诚信、爱国敬业、自强不息等中华美德格言为主线，将传统文化与重庆的广场文化和公园文化有机结合在一起。总体来说，大渡口的公共文化供给与社会对文化多元化的需求来说，还存在着差距。另外，文化建设不仅仅是外在活动，阅读数量过低和阅读层次过浅更是制约我国社会持续健康发展的重要问题之一。因此，为人民群众创造阅读的基础条件成为一个重要的社会问题。

文化建设必须引领未来，把握趋势系民心。余秋雨认为，文化是一种包含精神价值和生活方式的生态共同体；文化积累和引导通常可以创建集体人格。每个国家和几乎所有的城市在历史和现实的沉淀中都会形成其独特的集体人格。当文化通过沉淀成为一种健康的集体人格时，就会变成人的精神和灵魂以引领人们日常行为和未来方向。因此，文化在经济社会发展中的重要作用不能被忽视，并且应该在遵循文化发展基本规律的前提下通过合适的途径，保持其健康成长。对文化发展趋势的准确把握是文化建设的发展方向，其关键途径就在于通过对广大人民群众基本需求发展趋势的准备把握来了解未来文化发展的方向，并制定有针对性的措施来引领未来文化发展的基本方向。特别是在移动互联网和大数据时代，如何通过有效的措施加强文化建设，已经成为未来文化建设的重要课题；把握和引领网络空间文化的健康发展，是未来文化建设的重要发展方向。因此，如何紧跟社会发展步伐，有效引领文化建设的未来，就成为大渡口区委和区政府必须直面的一个重要问题。

三　宏观政策需求

改革开放之初，我国"坚持以经济建设为中心，坚持四项基本原则，坚持改革开放"的基本国策，极大地解放和发展了生产力，促进了我国经济水平的提升。但是经济发展的单兵突进，造成了我国很多领域发展不平衡，使我国宏观政策在坚持将"发展"定位为解决各种问题的根本方法的同时，也提出了综合平衡发展的指导方针。在党的十六大报告中，突破以往"经济现代化"的主题，提出了经济建设、政治建设、文化建设"三位一体"的理论体系；在党的十七大报告中，又进一步拓展为经济建设、政治建设、文化建设和社会建设"四位一体"的理论体系；到党的十八大，报告正式提出了经济建设、政治建设、文化建设、社会建设、生态文明建设"五位一体"的科学发展观理论体系。在党和国家推进我国协调发展的大政方针中，"文化建设"一直受到高度重视，这对我国文化建设在全国范围内取得突破创造了良好的环境，也提供了政策的方向指引。

党的十七大报告提出了"文化大发展大繁荣"的战略。中共十七届五中全会报告指出，"文化是一个民族的精神和灵魂，是国家发展和民族振兴的强大力量"，强调文化建设需要保持先进文化前进方向，满足人民群众不断增长的精神文化需求，还要求着力保障和改善民生，逐步建立完善的基本公共服务体系，推进基本公共服务均等化。另外，胡锦涛在中央政治局集体学习时，也对文化建设和文化体制改革做了重要部署。为贯彻落实中共十七届五中全会、胡锦涛的"讲话"精神和全国文化体制改革工作会议精神，充分发挥典型的示范、带动作用，推动公共文化服务体系建设科学发展上水平，文化部、财政部"十二五"期间将共同开展"国家公共文化服务体系示范区（项目）创建工作"。[①]

中共十七届六中全会又专门做出了《关于深化文化体制改革推动

---

① 文化部、财政部：《关于开展国家公共文化服务体系示范区（项目）创建工作的通知》。

社会主义文化大发展大繁荣若干重大问题的决定》，报告专题论述"大力发展公益性文化事业，保障人民基本文化权益"，指出"满足人民基本文化需求是社会主义文化建设的基本任务。必须坚持政府主导，按照公益性、基本性、均等性、便利性的要求，加强文化基础设施建设，完善公共文化服务体系，让群众广泛享有免费或优惠的基本公共文化服务"。另外，党的十八大也提出了建设社会主义文化强国的战略部署。党和国家用最高文件持续强化文化建设，为"国家公共文化服务体系示范项目"相关工作注入了持续的政策驱动力。

重庆市委、市政府也高度重视文化建设。在《深入贯彻落实科学发展观，为在西部率先实现全面建设小康社会目标而奋斗》中，进行了"推进文化大发展大繁荣"专题论述，提出"遵循文化发展规律，大力建设文化强市，为科学发展、富民兴渝提供强大的精神动力"。2012年10月，张德江在"重庆学习论坛"第四期学习讲座上强调，要"以改革创新的精神、求真务实的作风，积极推动文化发展繁荣，为把重庆建设成为文化强市而努力奋斗"。

走群众路线的文化发展道路是在文化发展中贯彻落实党的根本工作路线的基本要求。因此，党中央、中央政府以及地方党委政府均将为人民群众提供基本的公共文化服务作为根本任务，将建设完备的公共文化服务体系作为基本目标，也是落实广大人民群众文化权益的基本方式。重庆市委宣传部、重庆市文化委对大渡口区"文化馆和图书馆总分馆制"项目给予了重点支持。

四 政府绩效需求

地方政府是地方治理战略的重要主体，决定着地方的发展方向，也是地方战略规划的主要制定者和执行者。地方政府需要在充分挖掘本地资源禀赋的基础上，结合上级政府要求以及社会发展的情况，制订有利于地方战略顺利实现的行动方案。我国地方政府必须有所作为，应该通过良好的绩效表现来兑现党全心全意为人民服务的根本宗旨。重庆市大渡口区发起"文化馆和图书馆总分馆制"项目，就是执行中央和市党委政府文化战略的重要行动方案，同时也是区委、区政府实施区域转型战略的重要举措。

大渡口因"重钢"设区，又因"重钢整体搬迁"而必须转型。①在大渡口发展的历程中，经济社会受"工业化"影响非常大，对环境和资源造成了巨大的压力。另外，人民群众生活方式的现代化步伐却不断加快，造成人民需求与经济社会现实存在落差。然而，传统重视"经济型城市"的发展战略，导致了城市物质文明和精神文明、硬实力与软实力的严重失衡。基于此，区委区政府直面发展中存在的问题，牢牢把握转型发展主题，制定了转型发展战略，推动经济社会和谐发展。为了推动全区顺利实现转型，大渡口区制定了"两大目标和三个定位"，确定了"三大新兴产业"。②从大渡口制定的冲出"钢城"的转型发展战略规划可以看出，文化建设成为大渡口的重要的战略主题。

大渡口文化建设战略定位也经历了一个过程。2006年，大渡口区提出了"文化功能休闲区"的概念；2009年，又出台了《中共大渡口区委关于建设文化大渡口的决定》，正式提出了"文化大渡口"的战略定位，从而使文化建设成为大渡口区委、区政府的优先发展的重要民生工程。另外，大渡口区委、区政府提出了包括全国文化先进区创建在内的"七城同创"工作目标③，并且编制了全区"十二五"文化建设专项规划，还将文化建设连续两年写入区政府工作报告、区第十一次党代会报告和《中共大渡口区委关于加快建设文化强区的决定》。大渡口区将文化建设作为全区顶层设计的战略部署，有利于整合全区资源促使文化建设各项工作的顺利推进，也有助于相关工作目标的达成。

---

① 大渡口的转型是一个持续的过程。2013年，大渡口区作为重庆市唯一区县被纳入《全国老工业基地调整改造规划（2013—2022年）》；2014年4月，又被确定为全国城区老工业区搬迁改造试点区。

② 大渡口区确定了"新兴产业之区、品质生活之城"两大目标和老工业基地转型示范区、生态宜居新区和文化休闲旅游区"三个定位"，还确定了以信息服务业为重点的生产性服务业、以文化休闲旅游业为重点的生活性服务业、以环保产业为重点的先进制造业"三大新兴产业"。

③ 大渡口区委、区政府在全区范围开展全国文明城区、全国文化先进区、国家卫生区、全国绿化模范城区、国家森林城市、国家生态园林城市和国家环境保护模范城市"七城同创"活动。

另外，党和国家要求政府必须按照公益性、基本性、均等性、便利性的要求，加强文化基础设施建设，完善公共文化服务体系，让群众广泛享有免费或优惠的基本公共文化服务。可以说，大渡口内部转型动力和外部政策压力，共同推动全区文化建设工作的有序开展。

五 文化工作需求

满足人民基本文化需求是社会主义文化建设的基本任务，这要求文化工作必须构建完善的公共文化服务体系，即努力建成覆盖城乡、结构合理、功能健全、实用高效的公共文化服务体系。公共文化服务体系包含文化馆、图书馆、博物馆等各类组织开展的不同类型活动，整个体系从文化工作的不同方面对人民群众文化生活产生影响。文化工作也需要实现整合与协同，以发挥文化工作的整体性优势，从而使文化建设效果实现最大化。"文化馆和图书馆总分馆制"项目正是基于文化工作的要求而产生的。

"文化馆总分馆制"的最早提出，是在1981年文化部颁布的《文化馆工作试行条例》中，1992年文化部在颁布的《群众艺术馆、文化馆管理办法》中再次提出建立文化馆分馆。但是，由于受社会、政治、经济、文化诸多条件的限制，"文化馆总分馆制"始终未能得到有效践行。党的十七大以来，尤其是伴随着国家公共文化服务体系建设的宏观背景，"文化馆总分馆制"建设的条件基本具备。大渡口区文化馆只有一个总馆，各街道乡镇文化场馆不够完善，但是，其文化需求却非常大，同时文化供给却严重不足，这种文化供给与需求的矛盾促使区文化部门探索新的工作方法。

将文化工作与宏观政策和社会发展的要求充分结合，并切实贯彻区委区政府"文化大渡口"战略规划，更有利于满足人民群众日益增长的文化需求。地方文化建设是一个系统工程，需要围绕人民群众的需求有效整合各种资源，通过各种力量的全面协同才能满足人民群众的文化需求。鉴于阅读在文化建设中的核心地位，图书馆建设奠定了其在地方文化建设中与文化馆同等重要的战略地位。大渡口区在基层图书场地建设上也取得了很大的进展。2007年，大渡口区就已经在全市率先建成农家（社区）书屋并实现全覆盖；2009年年末，大渡口区农家书屋建设在重庆市新闻出版局检查组的验收检查工作中获得"优秀"等级。总体上看,大渡口文化建设工作经过几年的持续投入,已经基本建成了"区—街道(乡镇)—社区(村)"多层次的文化体系,并初步形成了乡镇(街道)的"半小时(15 分钟)文化圈"。①

总体上看,大渡口文化建设工作已经取得了较大的成绩,但是与人民群众日益增长的文化需求、党和国家以及重庆市党政对文化建设高度重视的要求、社会发展对文化建设巨大需求、"文化大渡口"战略定位的要求等相比较起来,还需要整合更多力量、聚集更多资源、协同多个系统,因此需要系统全面地回应各种需求和持续提升文化建设工作的绩效表现。

第二节 项目概况

一 项目基本情况

(一)示范项目相关规定

重庆市大渡口区"文化馆和图书馆总分馆制"是文化部与财政部在"十二五"期间共同推动的创建国家公共文化服务体系示范项目(以下简称"示范项目")。② 在介绍大渡口区实践之前,有必要对"示范项目"的相关规定进行简要概述。

"示范项目"的目的是贯彻落实党的十七届五中全会、胡锦涛讲话和全国文化体制改革工作会议精神,整合、集成"十一五"公共文化服务体系建设成果,更好地研究解决公共文化服务体系建设的突出矛盾和问题,充分发挥典型的示范、带动作用,分类指导东、中、西部和城乡基层文化建设,推动公共文化服务体系建设科学化和规范化

---

① 王萃:《大渡口畅写浩瀚文化长卷》,《重庆日报》2010 年 1 月 22 日 A22 版。
② "国家公共文化服务体系示范区"是以地级市(区)人民政府(含省直辖的县级人民政府)为申报主体的全面的公共文化服务创建实践。"示范项目"则是以地级市(区)文化管理部门(含省直辖的县级文化管理部门)为申报主体的,就公共文化服务体系的某一方面、某一构成要素进行探索的创建工作。

发展。项目的作用和意义是充分调动地方人民政府的积极性，更好地研究解决公共文化服务体系建设的突出矛盾和问题，进一步发挥典型的示范、影响和带动作用，推动公共文化服务体系建设可持续发展。"示范项目"共分为三期，其中第一期的建设周期两年，具体时间段为 2011 年 6 月至 2013 年 5 月。为了规范示范项目的创建工作，国家公共文化服务体系示范区（项目）创建工作领导小组还制定了《国家公共文化服务体系示范区（项目）创建工作方案》，包括指导思想、基本做法、创建原则、创建类型和申报基本条件、重点任务和重点创建内容、创建标准、创建周期、创建示范区（项目）评定程序、工作机制和激励机制 10 个方面的内容。各创建单位需要根据《创建国家公共文化服务体系示范区（项目）过程管理几项规定（暂行）》对示范项目进行过程管理，具体要求各创建单位建立如下管理制度：领导机制、联络员制度、经费管理制度、督导检查制度、信息报送制度和信息宣传工作评分制度等。

示范项目关于项目创建标准和验收标准对于项目评价来说尤为重要。示范项目的基本标准是按照公益性、均等性、基本性、便利性的要求，培育一批具有创新性、带动性、导向性、科学性的公共文化服务体系项目[①]，为我国公共文化服务体系建设探索经验、提供示范，推动公共文化服务体系建设科学发展；具体要求形成了较为完善的公共文化服务体系，投入稳定，设施完备，队伍健全，活动丰富，服务效果显著，具有较好的工作基础。示范项目验收需要全面考察创建单位的公共文化服务体系建设整体发展情况，主要是创建工作过程、制度设计研究成果及创建成效、示范价值、今后巩固创建成果的工作思路及措施等方面的内容，主要考察项目所体现的创新性、带动性、导向性、科学性。验收通过与会验收专家以无记名投票方式进行，第一

---

① 创新性：在公共文化服务体系建设机制和体制、内容和形式、方法和手段等方面有所创新；导向性：具有地方特色和较强的典型性，在全省（区、市）产生广泛影响，有较大的借鉴和推广应用价值；带动性：与实践紧密结合，创造了好的做法和经验，对公共文化服务体系建设起到了积极的带动作用；科学性：结合具体实践，承担或参与文化部国家公共文化服务体系制度设计课题研究工作。

批示范项目的评审结果共分为优秀、良好、合格和需要整改四个等级；其中被评定为"需要整改"等级的创建示范项目将继续进行创建，与第二批国家公共文化服务体系示范项目一起验收。

示范区的创建标准和验收标准均比示范项目规定得更加具体。示范区的创建标准和验收标准均分为公共文化设施网络建设、公共文化服务供给、公共文化组织支撑、资金和人才及技术保障、公共文化服务评估、其他六个部分；其中验收标准则包括29项72个指标。①示范项目的创建与验收工作均可将示范区相关标准作为参考标准，从而为示范项目的创建工作提供重要的决策参考。

（二）项目总体介绍

自"十一五"以来，随着大渡口区的"三个转型（经济、社会、城市）"战略和文化大渡口战略的全面实施，公共文化服务工作成为区委、区政府主抓的重要工作，全区的公共文化服务供给能力也不断提升，并且文化建设已经取得了较大的成效。文化部和财政部推出的"创建国家公共文化服务体系示范区（项目）"活动的宗旨与大渡口区发展战略高度契合，也使区委、区政府以及文化工作部门有契机对全区文化高质量有特色工作进行梳理、整改和提升，从而推动大渡口区文化建设工作上一个新台阶。虽然大渡口区委、区政府高度重视文化建设，但是全区文化建设欠账较多，基础设施也相对薄弱，财政资金和文化人才资源相对不足，并且这些制约条件使政府部门难以在短期内推动文化建设全面提升。结合大渡口的区情，在区委、区政府全力支持下，区文化委牵头区文化馆和区图书馆，以"文化馆和图书馆总分馆制"（以下简称文图总分馆制）为主题成功申报了"创建国家公共文化服务体系示范项目"。

大渡口区借助创建国家公共文化服务体系示范项目的契机，全力推进"文化大渡口"战略的全面落地，为全力构建"全域15分钟文

---

① 示范区验收标准的指标具体分为：公共文化设施网络建设：6项、14个指标；公共文化服务供给：8项、26个指标；公共文化组织支撑：4项、10个指标；资金人才及技术保障：6项、11个指标；公共文化服务评估：2项、4个指标；其他：3项、7个指标。

化服务圈"打下坚实基础。该项目的总体目标主要是以群众需求为核心，以"八个统一"（统一网点布局、统一设备资源、统一保障经费、统一人员管理、统一文化服务、统一考核管理、统一形象标识、统一岗位培训）为主要任务，探索文化馆和图书馆协同提供公共文化服务，最终让人民群众享受到基本公共文化服务和公共文化惠民成果。

在进行项目背景分析的时候，对群众文化需求等项目背景五个方面的全面了解，已经使"文图总分馆制"需要解决的问题逐渐明晰，即项目目的必须立足于满足各方的需求。在项目具体执行过程中，则应该在利益相关者理论视域下对各方需求进行具体分析，特别应该强调人民群众文化需求的根本地位或核心地位。

"示范项目"的宗旨是通过成功的项目实践提供示范，以点带面推动我国公共文化事业的全面提升，因此，这不仅要求创建示范项目的单位在本辖区内提供优质高效的公共文化服务，还要形成成功经验，为同类地区公共文化服务改革实践提供经验借鉴。"文图总分馆制"项目领导团队特别重视项目顶层设计，注重打造和形成文化馆与图书馆共同向辖区人民群众提供高质量的公共文化服务的协同服务体系，最终形成可供全国同类地区参考借鉴的公共文化一体化服务的实践经验。因此，"示范项目"不仅要求项目本身能够为项目对象创造价值，还要为全国其他地方公共文化服务工作提供一个对标的实践标杆。另外，从公共组织战略的角度来看，也要求项目从创造公共价值的战略高度，确保全区"文化大渡口战略"的有效执行。文化战略的制定和执行都必须以人为本或以人为核心，检验文化战略成功的根本标准就在于通过文化活动成功塑造或影响人的行为。因此，这就要求项目战略目标来源于现实需求，同时项目执行又必须满足这些需求。

对"文图总分馆制"的准确界定是项目管理及评价的前提和基础。"文图总分馆制"是一种探索多个部门协同提供公共文化服务的模式，具体指在大渡口区文化委的领导下，区文化馆、图书馆、街镇和社区以"八个统一"的方式向全区人民群众提供公共文化服务，探索建立区级、街镇和社区三级公共文化服务联动体系，其目的是以人民群众的需求为核心探索向辖区人民群众提供均等、快捷和优质的公共文化服务，打造"一体化建设、双重化管理、多元化服务"的总分馆制新模式。该项目从顶层设计的高度探索打破传统部门边界，以满足人民群众文化需求为核心，整合公共文化服务资源，激发公共文化服务精神，创新公共文化服务管理，提升公共文化服务质量，探索一条具有大渡口特色的、实现和保障公民基化权益的具体路径。

"文图总分馆制"从正式立项到验收以及后续建设是一个连续的过程。首先，前期项目应该进行全面的需求分析；其次，组织力量成功申报项目，同时制定项目需要达成的主要目标，然后为落实各项工作计划进行有效的过程管理；最后，总结和凝练经验，加强宣传并形成示范效应。因此，本书首先从创造公共价值视角对项目进行详细的叙事分析，同时为使用本书构建的指标体系的评价结果进行对比提供详细的信息支撑。

二 项目管理机制

为更好地满足公共需求而提升公共服务供给的质量，必须依赖有效的管理。在公共需求满足和公共服务供给中间，通过建立有效的管理机制作为桥梁，是实现公共价值创造的重要环节。科学管理恰恰是我国公共服务工作的薄弱环节，本书认为，建立科学有效的管理机制是打通公共需求与服务供给的关键。

（一）项目领导机制

"文图总分馆制"的总目标是围绕提升辖区人民群众的文化生活质量，探索建立覆盖全区的、专业规范、优质高效的三级公共文化服务体系。该项目是全区转型发展战略的重要行动方案，受到区委、区政府的高度重视，成立了专门的领导团队对项目实行统一领导、加强协作，促进项目目标的达成。

上级部门有效领导是项目成功的重要保障。市级领导多次到大渡口区关心、指导、检查示范项目创建，强化了领导重视示范项目的创建工作。重庆市文广局成立了创建工作领导小组和办公室，推动市政府召开了创建工作动员大会，重庆市政府与大渡口区政府签订了创建目标责任书；把大渡口区示范项目创建工作纳入到重庆市委、市政府对大渡口区党政一把手年度工作考核、对大渡口区宣传文化工作考核的主要内容。在创建工作的关键时刻，重庆市文化广电局积极向市委、市政府请示汇报。重庆市文化广电局组织专家论证了《大渡口区示范项目创建规划》，协助大渡口区进一步完善了创建规划；建立双月例会制度，指导和督促大渡口区的创建工作，及时研究解决大渡口区创建工作中的重大问题；积极联系相关专家指导和帮助大渡口区开展公共文化服务体系人才队伍建设和文化馆总分馆制的制度设计研究；邀请国家级专家专程赴大渡口区做有关公共文化服务体系建设和创建的工作报告。

强有力的领导团队是项目成功的关键。示范项目的创建工作受到大渡口区委、区政府的高度重视，并将公共文化服务体系建设纳入了区"十二五"规划，还成立了以区长任组长、四大班子分管领导任副组长的创建工作领导小组，负责全面领导项目创建工作；并且将创建工作纳入2011—2012年度党委政府的核心工作目标和写进党代会和政府工作报告。另外，领导小组还为全方位推进示范项目创建工作建立了定期召开专题会议的制度。为了创建工作的具体推进得以顺利进行，将加强领导和推进工作落实有效结合起来，大渡口区还成立了"文图总分馆制"工作组和业务协调组。[①] 工作组主要是解决项目创建工作中遇到的较大困难和问题，业务协作组主要负责创建工作组日常事务的执行与协调，并通过《大渡口区"文化馆图书馆总分馆制"业务协调组议事制度》统筹协调各部门运行、规范过程管理和强化工作落实。另外，为了加强对涉及全局性和方向性的公共文化服务体系重大问题研究并保证相关设计科学，大渡口区还按照"三三三制（专家学者、行政管理人员和公共文化机构工作人员各占大约三分之一的比例）"原则建立了项目研究团队，促进项目在理论体系、实践指导和行政法规等方面的工作得以立体化推进。

[①] "文图总分馆制"工作组构成情况如下：组长为区文化委主要领导；常务副组长为区文化委分管公共文化的领导；副组长为各街镇分管公共文化的领导；办公室主任为区文化委员会公共文化科科长；办公室成员包括区文化馆、图书馆总馆馆长。"文图总分馆制"工作组构成情况如下：组长为区文化委分管公共文化的领导；常务副组长为区文化馆、图书馆总馆馆长；副组长为各街镇文图分馆馆长；成员为文图总分馆及相关工作人员。

项目创建工作涉及区级、文化工作部门与街镇和社区三个层级的人员在领导和管理机制上的通畅。首先，在具体文化服务工作中，坚持"政府主导，街镇为主，部门协作"的原则，建设文化干部、文化管理员、文艺队伍、文化志愿者"四位一体"的文化人才队伍，为各项工作目标的顺利达成搭建了坚实的人才基础。其次，文化服务注重"自上而下"与"自下而上"相结合的工作机制。在实际工作中，是以区文化馆和图书馆各项工作安排为主，街镇综合文化服务中心和社区（村）文化服务中心执行总馆相关工作任务。社区文化服务中心和街镇综合文化服务中心也可以根据辖区人民群众的需求，组织各具特色的文化服务活动，并根据活动的需要，"自下而上"地向上级机构申请支持，上级部门再根据需求提供相应的支持，以协助其完成相应的文化服务活动。

（二）项目组织形式

从组织科学视角对"文图总分馆制"进行解构，有助于领导机制的落地，也有助于管理机制的搭建。在政府公共服务实践中，常常通过文件的形式来推进管理工作，组织结构的明晰化工作常常隐含于相关部门工作层级和职能划分之中。这不利于项目人员准确、迅速理解项目宗旨，也不利于项目活动协同机制的全面形成。"文图总分馆制"涉及不同部门和不同层级复杂协同，因此需要从组织科学视角对组织结构进行准确界定。

厘清项目涉及各单位关系是搭建项目管理机制的必要环节。"文图总分馆制"涉及的单位大致可以分为领导单位、主管单位和服务单位三种类型。区委区政府和市文广局（创建工作领导小组）作为创建工作的领导单位，为项目提供政策支持和为创建工作提供具体指导；区文化委为创建工作的主管单位，镇街党委政府协助文化委指导具体创建工作；区文化馆和图书馆、街镇综合文化服务中心（文化馆与图书馆分馆）和社区（村）文化服务室为服务单位，共同构成了立体化的三级服务体系。"文图总分馆制"涉及各类单位的基本关系如图6-1所示。

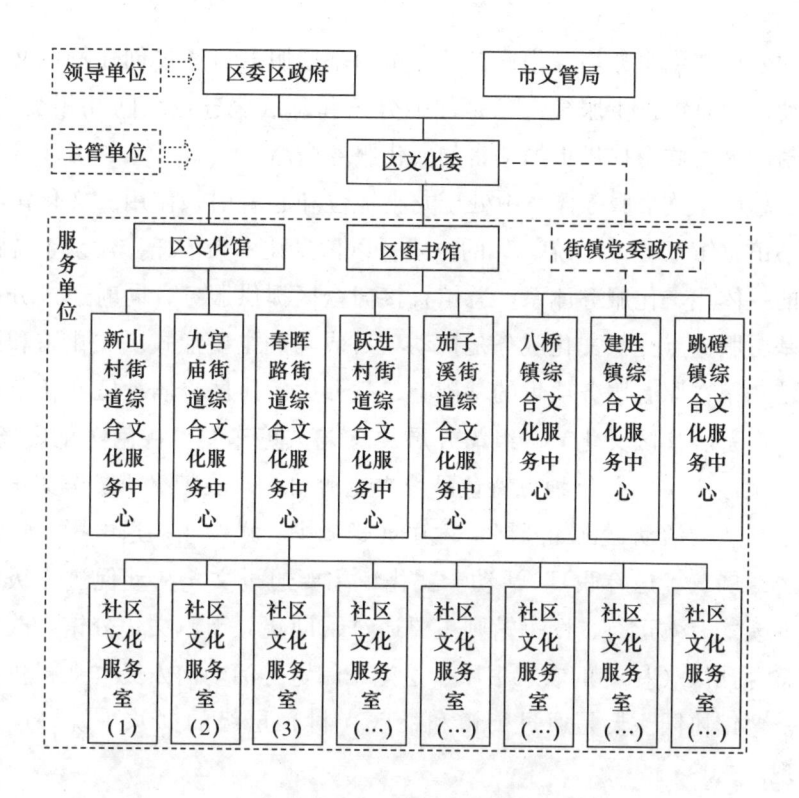

图 6-1 "文图总分馆制"涉及单位的基本关系

全面了解项目涉及各类单位的相互关系，为项目成功运行提供了组织基础。三个层级的文化服务机构均向辖区人民群众提供公共文化服务项目，如何将这些种类繁多的项目更好地协同起来为人民群众创造更大的价值，是"文图总分馆制"需要解决的问题，而对项目组织方式的准确理解又是探索这一问题答案的前提和基础。

"文图总分馆制"完整的三级文化服务体系是一个覆盖全区的服务网络。大渡口区文化服务体系具体包括"文化馆图书馆总馆+多个服务中心（分馆）+若干个服务点（社区/村文化服务室）"的三级服务体系；其中，总馆是文化服务的核心，综合文化服务中心（分馆）是骨干，社区（村）文化服务室是服务网点。整个服务体系向人民群众提供多元化、多层次的文化服务。该项目形成了具有大渡口特色的流动服务方式：一是总馆向分馆和基层服务点提供流动性文化服务，推动公共文化服务均等化；二是分馆和基层服务点通过创建特色文化活动，为总馆提供服务；三是加强分馆和基层服务点之间互相交流，为辖区人民群众提供更加丰富的文化服务产品。

总馆在整个服务体系中处于龙头地位和起着引领作用。文化馆与图书馆总馆以"八个统一"的方式，以信息技术为依托，建设系统协调的一体化文化服务体系。总馆直接向全区提供服务，同时通过分馆和基层服务点提供文化服务是推动项目成功的主要形式。文化馆和图书馆总馆在原有服务项目的基础上，举办大渡口区首届社区文化节和重庆市首届社区文化节，组织开展"文艺大篷车""特色文化广场"和"义渡大讲坛"等地方特色品牌文化活动等，还广泛开展送文化服务下基层的活动，比如开展"六送（送图书、送讲座、送电影、送演出、送展览、送春联）"活动。文化馆主要通过文化活动促进三级联动的模式有效运行，图书馆则主要通过帮助建立街镇文化分馆、改造和整合社区（村）的农家书屋、送电子阅览等活动向人民群众提供服务。两馆协同主要是通过街镇和社区（村）层级的"八个统一"来实现。

街镇分馆包括街镇文化分馆和图书分馆，以两馆为核心则组建了街镇综合文化服务中心，协同向辖区人民提供文化服务。由于具体运营中要求"街镇为主、部门协作"，因此，街镇文化服务需要发挥街镇政府向人民群众提供文化服务的积极性和主动性，除了完成总馆要求的各项任务，还要提供特色的文化服务。因此，大渡口创造了"一街一镇一特一品"独特模式，逐渐形成了新山村街道的乱针绣、春晖路街道的戏曲、九宫庙街道的麦草艺画、跃进村街道的堰兴剪纸、建胜镇的农耕文化、茄子溪街道的雕塑、跳磴镇的石工号子、建胜镇的农耕文化和八桥镇的迎春团拜会特色文化服务项目。各街镇对独特文化集中打造成立大渡口文化的主体和特色，通过文化服务全区交流形成合力。

社区作为公共文化服务体系具体的服务点，社区（村）文化室首先在于按照"五个一"配备好文化服务设施，即建设"一个图书室，一个电子阅览室，一个阅报栏，一个集娱乐、教育、活动功能于一体的综合活动室，一个文化小广场或体育场"。文化基础设施的建设和完善，为服务点承接上级送文化下基层的相关活动提供了基础条件，同时也为实现全区"15分钟文化圈"战略奠定了基础。另外，服务点根据自身特色自主组织的文化服务活动也可以向分馆甚至总馆申请资源支持，上级文化部门就会根据需求情况给予指导或支持。

在大渡口区"文图总分馆制"三级公共服务体系中，涉及围绕满足人民群众文化需求的、三个层次的若干具体文化服务活动（子项目）。总馆的活动不仅要求惠及全区，还应该为分馆和服务点两个层次活动的有序开展提供方向指引。分馆和基层服务点在提供基本文化服务的基础上，还需要集中力量打造具有特色的文化项目，并通过"优势互补、共同发展"的方式实现各分馆和基层服务点文化服务产品的丰富化和多元化发展。"文图总分馆制"三级服务体系的部分活动（项目示例）如表6-1所示。

本书重点介绍"特色文化广场"活动。大渡口区委区政府提升群众文化生活品质，集中打造"特色文化广场"活动，形成了"一广场一特色"的建设思路①，成为大渡口区群众文化活动新的载体。依托区文化馆、街镇文图分馆、村（社）文化室和图书室，构建了文艺骨干培训、基层群众文艺培训、镇街分馆业务培训的三级培训网络，大力实施"星火培训计划"，举办各种层次、各种类型的专业培训，使其达到"六会"标准（会群众文化组织、会合唱指挥排练、会电脑专业技术、会群众文化培训、会舞蹈编排、会器乐演奏），提升了特色文化广场开展的整体实力和艺术水平。总体上讲，大渡口区按照"天天有活动、月月有演出、季季有宣传、年年有调演"的总体思路，推动文化广场活动的常态化，逐步带动全区文化广场成为居民文化活

---

① 确立了区级十大特色文化广场的科学定位：大渡口公园重点打造法治文化；中华美德公园广场重点打造美德文化；区步行街广场重点打造商业文化；革新社区广场重点打造康乐文化；思源广场重点打造统战文化；新港社区广场重点打造民俗文化；民乐村广场重点打造体育文化；四书广场重点打造国学文化；建胜镇综合文化站广场重点打造科普文化；月亮岩广场重点打造人口计生文化。详细情况参见《大渡口区特色文化广场建设细化执行方案》。

表 6-1 "文图总分馆制"三级服务体系的部分活动（项目示例）

层级	责任单位	活动（项目）名称	备注
区级·总馆	区文化馆总馆	"巴渝风义渡情"送文化进基层	总馆专门组织文化服务队伍
		"文艺大篷车"乡镇文艺巡演	总馆专门组织文化服务队伍
		"文艺大讲坛"	总馆聘请文学艺术专家主讲
	区图书馆总馆	"走出去、送出去"服务活动	"三送"：送讲座、送数字资源、送图书
		全民阅读活动	在总馆以及分馆举办征文、演讲比赛、讲故事比赛以及书画现场比赛等；评比书香社区、优秀读书个人和十佳读者
街镇·分馆	新山村街道分馆	文化活动进小区演出	辖区小区广场巡演
	九宫庙街道分馆	青少年暑假知识讲座	针对辖区7个社区青少年组织义务知识讲座
	春晖街道分馆	街道民乐团"春之声"文艺演出	在街道排练厅向辖区居民免费开放演出
	跳磴镇分馆	"畅游书海齐读佳书"书友会	图书分馆定期举办读书交流会
	八桥镇分馆	文化专干下乡授课	分馆派音乐、舞蹈文化专干下新民村等文化服务点授课
村社·服务点	春晖路锦愉社区	廉政书法展	在服务大厅举办"清风促和谐"为主题的党风廉政建设书法展
	春晖路锦凤社区	"忆故乡——美丽的家乡"摄影展	锦凤社区文联工作室展出近两年创作反映最新、最美大渡口区的摄影作品
	新山村沪汉社区	老年养生讲座	各个季节聘请专家向社区老年人举办养生讲座

动的中心、群众文化生活的乐园、特色鲜明的城市文化品牌。

（三）项目管理制度

文化部为加强对示范项目的过程管理，特制定了《创建国家公共文化服务体系示范区（项目）过程管理几项规定》（暂行），通过并建立了领导机制、联络员制度、经费管理制度、督导检查制度、信息报送制度以及信息宣传工作评分制度等多项制度。大渡口区根据文化部和重庆市相关规定，制定了"图文总分馆制"的管理制度体系。

总体上讲，"图文总分馆制"实行垂直管理与属地管理相结合的管理方式（"双重化管理"在项目涉及相关单位关系图中直观体现）。项目运行则是以"目标责任制"为纽带来具体展开。从垂直管理上看，项目目标体系来源于区委、区政府绩效目标。首先，将项目建设纳入区委区政府年度综合目标考核强化和保障了项目的顺利运行，并通过《大渡口区示范项目创建规划》提出了"统一保障经费""统一人员管理""统一考核管理"等"八个统一"的主要任务促进目标责任制的具体落实。根据区委、区政府的总体目标和项目规划具体要求，区文化委统一制定了区文化馆和图书馆总馆的年度责任目标，总馆又根据其年度责任目标制定分馆的年度责任目标；总馆和分馆的负责人均需要签订年度目标责任书，具体通过签订"双向委托协议"明确其应该达成的责任目标、获得的支持资源与保障条件。项目的属地管理主要体现在对分馆和服务点的管理上，镇街全权负责管理分馆和服务点的人员、资金和场地等。分馆责任目标纳入镇街目标管理，分馆馆长由所在镇街文化中心负责人担任，服务点负责人由分馆选派。大渡口区实践试图通过垂直业务管理支持和属地主体责任相结合的方式，解决总分馆间管理缺位和各自为政的问题，以整合文化服务资源，从而为人民群众提供更好的文化服务。

围绕项目责任目标的达成，大渡口区制定了一系列的管理制度，具体包括人财物的项目保障、服务标准、服务主要管理者职责以及工作人员考核办法等管理制度。

关于项目顺利实施的条件保障，大渡口区在资金、人才和设备三个方面提供了保障。根据文化部对过程管理的相关规定，大渡口区制定了《"文化馆图书馆总分馆制"建设专项经费统筹运行管理办法》，对建设工作运行费、宣传经费、制度设计课题研究、免费开放经费以及其他相关费用作为专项经费进行专门管理，专项经费管理和使用原则包括：分类管理，追踪问效；单独核算，专款专用；强化预算管理，严格预算控制。为了更好地统筹资源，深入推进大渡口区"文化馆总分馆制"建设，大渡口区还制定了《大渡口区"文图总分馆制"设施设备及人才资源统筹使用管理办法》，切实加强对总分馆的设施设备及人才资源统筹使用管理，实现项目提供的公共文化服务的社会效益最大化。首先，确保文化馆和图书馆总馆按照"国家一级文化馆/图书馆"建设，并对街镇分馆和社区（村）文化室的基础设施登记造册，建立一个文化设施设备数据库，产权归各自所有，但文化设施由总馆统一调配使用。

加强标准建设是"图文总分馆制"管理制度建设的重要内容。为深入推进大渡口区"文图总分馆制"工作，完善公共文化服务体系建设，实现大渡口区公共文化服务标准化、规范化，提高文化馆、图书馆总馆、街镇分馆和村社服务点免费开放实效性和公共文化服务效能，特制定本标准。大渡口区制定了《大渡口区文化馆总馆、分馆、村（社区）基层服务点服务标准》（修订稿）和《大渡口区图书馆总馆、分馆、村（社区）基层服务点服务标准》（修订稿），从免费开放空间、免费开放项目及数量等方面对公共文化服务体系三个层次的服务标准进行了具体规范。为了促进文化服务干部素质提升，达到为实现群众文化活动的标准化和常态化以及"一专多能"的业务要求，大渡口区还制定了《大渡口区文化馆总馆、分馆业务干部服务标准》（修订稿），从技术标准和服务标准两个方面对干部服务标准进行规范。另外，对重点文化服务项目也建立专业标准，比如专门制定了《大渡口区坝坝舞团队规范管理标准》和《大渡口区特色文化广场管理服务标准》来规范群众坝坝舞和特色文化广场活动。

重视对"文图总分馆制"相关人员的绩效管理。首先，大渡口首先确定文化馆和图书馆总馆和分馆的领导的职责，分别制定了《大渡口区文化馆总馆长、分馆长、业务副馆长岗位职责》（修订稿）和《大渡口区图书馆总馆馆长、分馆馆长、业务副馆长岗位职责》（修订稿）。其次，制定文化馆和图书馆工作人员考核办法及考核细则，具体制定了《大渡口区文化馆工作人员绩效考核实施办法》（修订稿）、《大渡口区文化馆工作人员考核细则》、《大渡口区图书馆工作人员绩效考核实施办法》（修订稿）以及《大渡口区图书馆各部门考核细则》。需要特别指出的是，文化馆和图书馆工作人员绩效考核指标的权重分配不同：文化馆工作人员的公共指标权重为40%，岗位指标的权重为60%；图书馆工作人员的公共指标权重为60%，岗位指标的权重为40%。考试指标权重分配的差异体现了文化馆工作人员更加强调工作的个性特征，而图书馆工作人员的工作更加强调工作的规范性。

三　项目实施成果

根据文化部和重庆市文化委对示范项目创建工作的基本要求，按照"文图总分馆制"项目申报书和《大渡口区示范项目创建规划》所确定的预期规划，大渡口区进行了积极探索，并使项目获得了巨大的成功。在2013年5月，在国家公共文化服务体系建设专家委员会对第一批47个示范项目创建情况的验收评审中，大渡口区"文图总分馆制"取得了西部第一、全国第二的成就，验收结果为"优秀"。①本书通过整理项目验收相关材料，对大渡口区"文图总分馆制"的实施成果进行简要概述。

（一）项目保障体系

"文图总分馆制"涉及文化馆和图书馆两个部门，以及区级、镇街和社区（村）三个层级的矩阵系统。项目的有效运行需要区政府从顶层设计的高度，统一部署和协调，才有利于推动项目取得成功。项目取得成功的首要成果就是探索出全面的保障经验可供同类项目借鉴。

第一，领导保障是关键。将"文图总分馆制"作为"文化大渡口战略"的重要组成部分，并纳入区委、区政府主要领导的绩效考核责任目标，是确保项目得以顺利推进的关键。区委、区政府先后出台了《关于加快文化建设和发展的实施意见》《关于加快建设文化强区的决定》《大渡口区文化馆总分馆制创建规划》等一批对公共文化服务体系建设各方面具有长期指导意义的政策文件，为项目的顺利推进提

---

① 第一批创建国家公共文化服务体系示范项目验收结果有9个"优秀"、31个"良好"、5个"合格"和2个"需要整改"。

供了良好的政策支持。对于项目的具体推进，区委、区政府确立了"八个统一"的建设任务，通过为项目建设确立高目标来推动和整合各方力量提供了行动指引。

第二，组织保障是核心。为了更好地领导和协调项目创建工作，成立了区长挂帅、四大班子分管领导为副组长的创建工作领导小组；为了更好地推进项目建设，成立了"文图总分馆制"工作组和业务协调组。两个工作组，从战略谋划、工作协调和具体执行三个层面保障了项目的有序推进。还成立项目研究团队，作为项目建设的智力支持，为项目顺利推进提供了外部智力保障；另外，还确立了具体创建工作的"政府主导，街镇为主，部门协作"组织原则，这为项目的具体组织提供了基本依据。"整合与协同"是项目建设始终坚持的建设理念，即在全区统筹规划的视域下，整合全区文化建设的积极力量，为项目建设目标的实现服务。

第三，资金保障是基础。虽然在"八个统一"中有"统一保障经费"的规定，但是大渡口区对相关规定的保障力度和执行力度是项目成功的基础性保障措施。示范项目创建经费采取"中央补助一点、市级支持一点、区里预算一点、街镇自筹一点"的方式，将总分馆和基层服务点所需经费落到实处，切实做到"有钱办事"，并实现总分馆统一预算、统一列支，促进各级资金投入渠道畅通和统筹规划。项目两年实际直接投入建设资金共4215.4万元，为项目提供了必要的资金保障。另外，近年来，大渡口区先后投资近亿元建设了10个文化广场、国学馆等文化设施，间接为项目顺利实施提供了场地保障。

因此可以说，"图文总分馆制"项目在保障机制上基本形成了领导有力、组织有序、投入稳定、设施完备等方面的保障体系，为项目的成功运行提供了比较坚实的保障。

（二）项目运行机制

项目建设的主要目标就是探索通过对文化馆和图书馆协同运行机制改革，探索建立地方文化建设运行新机制。"图文总分馆制"的直接目标是探索"总馆+分馆+服务点"的基本框架，建设区、街镇和社区（村）三级联动的公共文化服务体系；项目的深层次目标是探索这个三级服务体系的内在运行机制。

完善的公共文化服务体系是项目运行的组织基础。在形式上，全国多地都在探索"总馆+分馆+服务点"的模式，但是，大渡口模式的特色在于打破两个部门和三个层级的边界，围绕满足人民群众文化需求实现整合与协同。一是以总馆建设为龙头，通过将文化馆和图书馆均建成了国家一级馆，为区级文化建设提供了重要的服务基础。二是以分管建设为主体，实现了8个街镇分馆的成功建设，形成了完整的"文图总分馆"公共文化服务体系。大渡口区"文图总分馆制"的最大优势就是在于分馆坚持"街镇为主，部门协作"的原则，成功将文化分馆和图书分馆整合为街镇"综合文化服务中心"，实现文化服务资源的有效整合与充分利用。8个综合文化服务中心统一配备群文器材、照相机、电子琴、音响、书架阅览桌椅等设备，全部参加了全国乡镇（街道）综合文化站评估定级试点工作，并且全部达到一级馆站标准。社区（村）服务点同样坚持文化服务和图书服务有效整合的原则，集中打造服务点综合性的文化服务室，按照"五个一"文化配备的基本要求共建成标准化社区文化室44个、村文化室32个，实现区域全覆盖。因此，可以说通过项目建设，大渡口区已经形成了以总馆为龙头、街镇综合文化服务中心（文图分馆）为枢纽、社区（村）文化室为基础的完整的文化服务体系。

建立三级文化服务体系的内在运行机制是"文图总分馆制"的重要探索。建立三级文化服务体系联动机制的根本目的是更好地满足人民群众的文化需求。具体来讲，就是要求服务体系能够根据群众的文化需求迅速、灵活地满足人民群众的文化需求，这才要在组织上改变以单方面公共服务供给为主的传统公共文化服务模式，变为需求与供给对接的模式。在公共文化服务实践中，这种模式体现为公共文化需求的灵活性与基于创造公共价值视角的公共服务供给的高效性有效对接，其具体特征体现在如下三个方面：

第一，公共服务活动组织形式是建立"自上而下"与"自下而上"相结合的模式。"文图总分馆制"运行过程中，文化委制定总馆的目标，总馆制定分馆的目标，分馆又对社区（村）服务点进行管理;因此整个服务体系形成了一个自上而下的责任机制。另外,社区(村)服务点和街镇分馆根据文化服务需要,可以向上级组织报计划和申请活动支持,上级组织就会根据需要提供相应的支持,这样就形成了一个"自下而上"的支持机制。"文图总分馆制"在总体上坚持以人民群众需求为核心,即说明上级组织也是根据人民群众文化需求来制订活动计划。

第二,为满足各项需求,加强管理制度供给侧改革。需求与供给不会自动连接,必须通过切实有效的管理机制。总体上说,按照"集中管理、统一调配、联动作战"的总体思路,确保文艺专干人尽其才、才尽其用。一是实行分馆业务副馆长派驻制度,这个制度不仅促进了总分馆之间业务工作垂直管理,加强了分馆的管理水平,还通过分馆副馆长必须每周下基层服务点辅导至少两次的制度规定,促进三级服务体系的有效联动。二是加强总馆文化专干建设。文化专干不仅是总馆活动的骨干,还扮演多重角色,担当"四大员",即管理员、培训辅导员、演员和创作员。整个项目建设期间,组织选派文化干部外出学习培训68人次;总馆组织开展艺术专业培训和业务辅导班29次,参训人员4800人次;深入分馆或基层服务点开展培训辅导共计1152人次。三是强化绩效管理,即通过健全绩效管理制度,来促进高绩效系统的形成。通过加强绩效信息系统,强化绩效监控;主要做法是创建工作进度定期编发创建工作动态加强交流与沟通:在两年建设期过程中,区创建办形成定期向国家文化部、市局和区级有关领导报送工作动态60余期;区文化馆总馆和各街镇分馆分别每月按时报送信息两条。另外,在各级报纸、网络等主流媒体上刊登转载相关消息300余条,增加了项目的公众知晓度。另外,还加强绩效考核,通过对总馆领导和工作人员绩效的全面考核,强化各项工作的落实。

第三,在文化活动中还打破组织边界,充分吸收系统之外的力量来加强文化建设。在活动开展中非常注重志愿者和群众参与,使项目举办的各种文化活动在参与情况和服务水平上均有良好效果。其中,大力推进文化建设骨干结对子帮扶的做法,对推动三级文化服务体系的服务质量具有重要的帮助。比如,切实加强与市文化委、市文联、市作协所属文艺单位、文艺志愿者协会的联系,成功争取部分负责人与我区一些基层文艺工作者结对子;积极推进区文艺骨干与镇(街)、村(社区)文艺工作者结对子,均对大渡口区文化建设有促进作用。在队伍建设上,实现综合性专业文艺团队、专业文艺团队和业余文艺团队并存,专兼职文艺专干、业余文艺骨干、基层文化热心人协同发展的良好局面。[①]

(三)项目服务体系

"文图总分馆制"建设的根本目的是向人民群众提供优质高效的文化服务。在强化保障体系建设和构建服务运行机制的基础上,文化馆与图书馆协同为人民群众提供文化服务是"图文总分馆制"三级文化服务体系的主体内容。具体来说,"文图总分馆制"三级服务体系分为日常服务和活动项目两大类。

建立场馆免费开放制度。目前,每周实现免费开放时间文化馆总馆达56小时、图书馆总馆达65小时、镇街文图分馆达40小时。文化馆总分馆年接待群众20余万人次;图书馆总分馆年接待读者25余万人次。日常服务主要是在项目开展前,在文化馆和图书馆传统服务的基础上,增加免费开放时间和提升服务质量。另外,通过服务点的增加和信息系统的使用,也使群众受到的日常服务水平和方便程度有所提升。

通过"文图总分馆制"建设,大渡口区向群众提供多元化的文化服务活动,并形成了"天天有活动、月月有演出、季季有宣传、年年有调演"的群众文化格局。图书馆服务需要是群众自己阅读,并且阅读需要安静;因此图书馆提供的活动主要是开展全民阅读、"中华魂"青少年读书系列活动、"共享书香,我为你服务"志愿者活动、经典影视赏析、向群众送书等活动,比如到辖区各村(社区)共放映惠民电影500场次以上。文化馆服务系统则向群众提供了丰富多彩的文化

[①] 截至2015年,大渡口区已拥有综合性专业文艺团队1支,舞蹈队、合唱团、民乐团等专业文艺团队8支,业余文艺团队113支,配齐配强200名文化专(兼职)干部,发展300名业余文艺骨干,培育400名基层文化热心人。

活动,并且群众参与程度也逐年提升,每年策划组织大型广场文化活动40场次以上,开展各种文化惠民活动600场次以上。充分利用节假日、赶场天,开展送文化下基层活动,全年组织"城乡文化互动"工程、"五送"和"三下乡"活动50场次以上。在推动公共文化服务普及、均等化的同时,大力实施"文化品牌提升"工程。每年开展"文艺大篷车"城乡文化互动工程、义渡大讲坛等地方特色品牌文化活动30余场次。充分挖掘地方文化特色,围绕义渡文化、非物质文化遗产精心打造原创精品文艺节目,两年来,共有音乐、舞蹈、戏剧、美术、书法、摄影等类别的100余个作品参加区级以上比赛获奖。其中,《跳磴石工号子》《赶秋》获得全国第十六届"群星奖"重庆选拔赛区一等奖,入围全国决赛。另外,通过"一街一镇一特一品"战略的实施,街镇文化格局打造也逐渐形成,这也是丰富全区文化工作的重要亮点。

总体来讲,大渡口区三级文化服务体系已经基本形成,能够向人民群众提供内容丰富、形式多样的公共文化产品。在具体活动组织中,总馆的带动效应日益彰显,并且群众的参与水平也与日俱增,可以说通过"文图总分馆制"项目的实施,大渡口区文化服务体系建设已经取得重大的进步。

四 项目后续建设

"文图总分馆制"虽然在验收中取得了成功,但是仍然还存在诸多问题,其中最主要的问题体现在如下两个方面:一是后续建设经费投入不足。示范项目后续建设的日常运行管理、设备更新维护、活动组织等后续建设经费严重缺乏,区级财政投入配套资金不到位现象还在一定程度上存在,导致有限的资金不能满足示范项目的日常工作开展。二是总分馆人才队伍发展不平衡。区图书馆事业编制12名,临聘人员编制19名,在主城区范围内编制最少,不能满足18个对外服务窗口及文化信息资源共享工程分中心的正常开放;区文化馆专业技术人员26人,只有1个正高,6个中级,其他均是初级技术职称,人才队伍结构不合理,管理经验不足,缺乏高素质综合型干部。另外,由于人才缺口较大,造成了街镇分馆文化专干存在在编不在岗现象,各街镇分馆因此基本上都是招聘的社区干部担任文化专干，工作延续性不强，存在频繁离职的现象。从以上问题可以看出，项目在建设期间集中投入对场馆设施进行完善，但是项目的可持续运行却存在困难。针对这些困难，项目领导团队制订了后续建设计划。

第一，引入社会力量充实服务队伍。通过建立区文艺人才库，将更大范围和更多数量的各种文艺人才组织凝聚起来，为文化建设增加力量。成立街镇"文化志愿辅导队"，通过面向社会公开招募文艺骨干或街镇推荐文艺骨干组成辅导队，分散到街镇协助分馆开展各项群众活动及辅导工作，并由总馆专业干部和聘请市内外专家对"文化志愿辅导员"分类集中培训，培训考核合格后，由总馆颁发"文化志愿辅导员"证书，半年或年终根据业务能力、完成工作情况、辅导成果、群众评价等内容评定不同星级"文化志愿辅导员"，由总馆按照不同星级给予奖励。建立领导联系服务人才制度，负责文化工作的领导，分别联系2—3名高层次文艺人才，帮助解决实际困难和问题，充分调动他们的积极性和创造性；开展"星火计划"系列培训，坚持"请进来"与"走出去"相结合的方式，加大艺术人才的专题培训力度，不断提升文艺工作者能力。

第二，拓展和深化文化服务内容。根据需要拓展服务范围和人群，比如在农民工子女集中就读的学校建立"蒲公英梦想书屋"、在农民工集中的企业、园区建立"农民工图书馆"；又如，向青少年提供"义务小馆员"社会实践活动，既缓解了服务人员紧缺的困难，又提供了学生锻炼的机会。也通过政府购买服务形式拓展文化服务的范围，比如2015年就送文艺演出全年128场次进村及送流动图书阅览车服务进村100次。深化文化服务主要通过提升文化服务供给质量来实现，推动基层文艺精品创作的"好抓手"。通过持续发挥总馆的引领作用和引入外部专家的指导，挖掘地方特色，打造文艺精品；具体做法是组织广大文艺工作者深入基层，结合生产生活实际，按照主题创作文艺作品并已经取得较好的效果，其中很多原创作品获奖，比如歌曲《悠悠义渡情》获重庆市第二届"美丽乡村"原创歌曲大赛表演金奖、十佳创作奖；小品《占座》和情景表演唱《岸上的妹儿，江上的船》分获群星大舞台——重庆市"迎国庆"优秀群众文艺节目展演戏剧类第一名和音乐类一等奖；歌曲《峡江情歌》获重庆市第四届社区文化节歌手大赛一等奖。

第三，不断深化文化服务模式改革。一是推进政府向社会力量购买文化演出服务和公共文化物联网服务试点工作，推动"市馆带区馆、区馆带文化站"的试点工作。二是探索建立由文化部门牵头的公共文化服务体系建设协调机制。通过调动全区文化力量，参加各类文化交流活动，以此来推动和促进大渡口的文化建设，激发文化创造力；另外，创设区域文化联动载体和平台，建立交流、互动、共建、共创、共荣的机制和格局，提升区域内公共文化服务的水平和服务力。

项目后续建设目前主要根据《大渡口区公共文化服务体系常规管理办法》等文件进行管理。大渡口区计划按照"均等化目标、一体化建设、双重化管理、标准化服务"的运行思路，编制图文总分馆制后续建设规划。可以说要全面克服建设中的困难，并持续提升全区文化服务水平，必须编制完整科学的后续建设规划，并确保规划得以顺利实施。

第三节　项目评价

一　确定项目评价流程

从"文图总分馆制"的叙事分析可以看出，项目经过验收已经取得优异成绩。项目的基本理念与本书构建评价体系的内在逻辑具有一致性，使用该体系对项目进行再次评价，第一，可以对评价体系的适用性进行检验和完善；第二，也可以通过对比分析，为项目更好地创造公共价值提供经验借鉴。项目评价流程大致分为如下几个步骤：

第一，根据第五章构建的公共服务项目评价指标体系编制调查问卷。对"文图总分馆制"进行评价的指标与公共服务项目评价指标完全一致，并根据成功度评价法对所有指标的评价标准分为"优、良、中、低、差"五个等级①，同时按照事先确定的指标体系权重比例，将"需求评价、目标计划、过程管理和结果评价"分别赋予20%、14%、16%和50%的权重，而每个环节内部的指标资本权重则进行评价分配，完整的调查问卷见附录三。

第二，选择评价主体。依据评价主体选择知情原则，我们按照项目内部自评和外部评价相结合的方式选择评价主体。项目自评主要是选择文化馆和图书馆直接分管项目执行的工作人员和街镇负责"文图总分馆制"项目相关事务的工作人员。由于项目工作人员在街镇层面队伍不够稳定，人员流动性大，造成对项目有全面深入了解的工作人员有限。因此在选择项目自评工作人员时受限，最终确定将目前文化馆和图书馆以及街镇主管"文图总分馆制"项目的工作人员作为内部评价人员。外部评价主体则主要依据知情性、权威性和专业性选择评价人员，因此要求外部评价人员对项目全程有深入了解；根据外部评价主体原则，我们最终确定了5名项目主管部门和外部专家作为外部评价人员对项目实施评价。

第三，实施评价和统计分析。项目人员自评，采用事先编制好的调查问卷，以电子邮件的形式一对一发放调查问卷，并通过电话或QQ对评价问卷的填写进行简短的培训，协助其准确理解问卷调查目的。外部评价虽然也通过电子评价问卷形式完成评价，但是在评价人员做出评价之前对评价目的进行了面对面沟通，然后由评价人员独立做出评价。最后对调查结果进行统计分析，并对项目结果进行简要的讨论。

二 评价样本基本情况

本次评价总共发放28份评价问卷，其中内部评价人员23份，外部评价人员5份。内部评价调查问卷共回收20份，回收率87%；剔除所有选项均填一个等级的评价问卷后保留16份有效评价问卷，有效评价问卷占回收评价问卷的80%。有效样本的结构如下：女性占绝

---

① "优"表示"示范项目"很好地达到该项指标规定的各项要求；"良"表示"示范项目"较好地达到该项指标规定的各项要求；"中"表示"示范项目"达到该项指标规定的各项要求；"低"表示"示范项目"勉强达到该项指标规定的各项要求；"差"表示"示范项目"离达到该项指标规定的各项要求还有很大差距。

大多数，占总 75%；并且年龄结构年轻化，所有人员均在 40 岁以下；学历结构主要以本科生为主；职称则以初级或没有职称定级的人员为主，占 94%；人员主要来源于承担项目单位的项目人员。从项目自评人员结构显示内部评价主体总体构成不够均衡。外部评价发出 5 份问卷全部回收且均有效，性别、年龄、学历和职称等维度的构成均比较合理，其中 2 名项目主管领导，3 名来自事业单位的外部专家。参加本次评价的评价构成情况如表 6-2 所示。

表 6-2 "文图总分馆制"项目评价主体结构

维度	指标	内部评价		外部评价	
		人数	比例（%）	人数	比例（%）
性别	男	4	25	3	60
	女	12	75	2	40
年龄	30 岁以下	9	56	—	—
	30—39 岁	7	44	3	60
	40—49 岁	—	—	2	40
	50 岁及以上	—	—	—	—
学历	专科及以下	3	19	—	—
	本科	12	75	—	—
	硕士	1	6	3	60
	博士	—	—	2	40
职称	中级	1	6	2	40
	高级	—	—	2	40
	其他	15	94	1	20
职业	领导干部	—	—	2	40
	项目人员	14	88	—	—
	专业评价人员	—	—	1	20
	其他	2	12	2	40
服务单位	主管部门	—	—	2	40
	项目承担单位	14	88	—	—
	事业单位	—	—	3	60
	其他	2	12	—	—

本次评价要求评价人员根据项目实施的情况，使用"公共服务项目评价指标体系"对"文图总分馆制"实施情况进行评价，促进项目绩效的持续提升，同时也为项目推广提供决策参考。评价人员在明确评价目的的基础上，依据"文图总分馆制"实施情况对各项指标完成情况进行等级评定，各项指标等级隶属度汇总如表6-3所示。

从表6-3可以看出，项目人员对"文图总分馆制"的评价等级均为"优"和"良"两个等级；从总体上看，内部评价结果比较一致。外部评价人员也仅在4个指标上评价有"中"出现，其余均为"优"和"良"两个等级；外部评价结果除"风险分析合理性"这一个指标有"优、良、中"三个等级而表现出较大的差异之外，其余指标评价均在相邻等级，甚至有10个指标的评价等级完全一致，这说明外部评价的结果也具有较高的一致性。为了严格遵循评价主体选择的基本原则，造成评价样本数量较少；两组评价人员的评价总体来说均具有较好的一致性和稳定性。另外，两组人员的评价结果合并在一起，用SPSS软件计算出指标体系的信度为0.866，即可以说本次整个评价都具有较高的信度。对两组评价结果进行独立样本T检验，发现目标战略性、风险分析合理性、绩效标准确定性、目标参与性、目标责任明确性、计划执行及时性、保障资源到位率、管理程序规范性、社会价值贡献度和项目运行可持续性10个指标的值小于0.05，即这些指标在两组评价中有显著性差异。因此，评价结果可以进行进一步统计分析，但是，由于评价结果有显著性差异的指标过多，两组分析结果不宜合并分析。

三 评价结果统计分析

（一）总体分析

评价人员对每一个指标进行评价时采用了"优、良、中、低、差"五个等级的模糊评价，只有将模糊等级进行数字化才能进行统计分析。为了便于统计分析和顺应评价结果表述习惯，本书首先对评价等级进行进一步数字化处理，即在进行统计分析时将评价等级换算为百分制，具体来讲，本书将五个等级分别表示五个区间值，"优"为90—100分；"良"为80—89分；"中"为70—79分；"低"为60—

表 6-3　　"文图总分馆制"评价等级隶属度汇总

领域（权重）	指标	内部自评情况汇总					外部评价情况汇总				
		优	良	中	低	差	优	良	中	低	差
公共需求（20%）	目的合理性	0.94	0.06	—	—	—	1.00	—	—	—	—
	目标战略性	0.56	0.44	—	—	—	1.00	—	—	—	—
	问题具体性	0.50	0.50	—	—	—	0.40	0.60	—	—	—
	对象明确性	0.94	0.06	—	—	—	1.00	—	—	—	—
	风险分析合理性	0.50	0.50	—	—	—	0.40	0.20	0.40	—	—
目标计划（14%）	目标明确性	0.81	0.19	—	—	—	0.60	0.40	—	—	—
	目标挑战性	0.56	0.44	—	—	—	0.60	0.40	—	—	—
	目标完整性	0.56	0.44	—	—	—	—	1.00	—	—	—
	绩效标准确定性	0.50	0.50	—	—	—	—	1.00	—	—	—
	领导支持度	0.50	0.50	—	—	—	0.40	0.60	—	—	—
	目标参与性	0.56	0.44	—	—	—	1.00	—	—	—	—
	决策科学性	0.94	0.06	—	—	—	—	1.00	—	—	—
管理过程（16%）	目标责任明确性	0.94	0.06	—	—	—	0.60	0.40	—	—	—
	计划执行及时性	0.56	0.44	—	—	—	—	1.00	—	—	—
	管理沟通有效性	0.50	0.50	—	—	—	—	1.00	—	—	—
	项目人员服务态度	0.75	0.25	—	—	—	—	0.80	0.20	—	—
	保障资源到位率	0.38	0.62	—	—	—	—	1.00	—	—	—
	管理制度健全性	0.75	0.25	—	—	—	0.20	0.80	—	—	—
	管理程序规范性	0.50	0.50	—	—	—	0.20	0.80	—	—	—
	绩效信息完整性	0.31	0.69	—	—	—	—	0.40	0.60	—	—
结果评价（50%）	长期目标贡献度	0.81	0.19	—	—	—	—	0.80	0.20	—	—
	阶段目标完成率	0.81	0.19	—	—	—	0.60	0.40	—	—	—
	服务对象满意度	0.75	0.25	—	—	—	0.20	0.80	—	—	—
	社会价值贡献度	0.94	0.06	—	—	—	0.60	0.40	—	—	—
	项目运行可持续性	0.56	0.44	—	—	—	—	1.00	—	—	—

69 分；"差"为 59 分及以下。在具体取分时，则使用每个等级的均值代表该等级的得分，即"优"为 95 分、"良"为 85 分、"中"为

75 分、"低"为 65 分以及"差"为 30 分。① 然后，经过数据分析并得到项目最终评分之后，再根据该得分所在区间判断项目最后等级；这样精确的数据化处理，也便于同类项目进行比较时，获得相同等级项目的排名或比较。

项目总体分析的主要目的是获得各项指标的总体趋势。首先，按照所有评价人员评价结果的均值对所有指标进行赋值，然后将分析得到每一个指标内部自评和外部评价的分数均值，并通过均值走势来分析"文图总分馆制"评价指标体系的总体趋势，如表 6-4 所示。从内部评价结果来看，有"目的合理性"等 5 个指标获得了 94.2 分，仅比理论最高分低了 0.8 分；所有指标中唯一低于 90 分的指标为"绩效信息完整性"，具体为 88.3 分。外部评价人员则对"目的合理性、目标战略性、对象明确性和目标参与性"4 个指标给予了一致的认可，获得最高的 95 分，而"绩效信息完整性"指标仅得到 79 分；从总体分布上看，外部评价共有 9 个指标处于 95—90 分（取"均值"分析，最高分只能为 95 分），15 个指标处于 89—80 分，1 个指标处于 79—70 分。

内部自评均值与外部评价均值的总体变化趋势如图 6-2 所示。从各项指标的均值变化趋势看，内部自评均值变化幅度较小，外部评价变化幅度更大；除"目的合理性"等 4 个指标获外部专家一致认可外，自评结果一般比外部评价结果更高。评价结果显示，两组人员在"决策科学性、项目人员服务态度、绩效信息完整性、长期目标贡献度"4 个指标均值差距最大，即说明在这些指标上两组人员分歧最大，其中"绩效信息完整性"在两组评价中均是最低分，但是，仍然存在巨大差距。两组人员对评价标准的把握总体上讲存在差异，自评

---

① 由于本书使用的评价量表对"优、良、中、低、差"各等级的规定偏严格，评价人员在进行等级评定时对等级判断同样可能偏严格。使用"中值"代表"优、良、中、低、差"各等级的得分，由于各等级最高分为 95 分，因此在"优"等级中，不可能出现高于 95 分的评价结果；根据经验数据，"差"的得分更多情况是接近 60 分，但是，本书为了标准一致，并通过强大的"损失效应"促使项目团队竭力避免各个指标被评定为"差"（30 分）。总体上讲，使用"中值"的方法可能导致评价最后得分偏低。如果每个等级取该等级的最高值计算，最后得分将整体提升，但是不影响不同项目绩效的比较。

人员对评价标准的把握相对宽松，而外部评价人员更严，可以说对评价标准认识的差异导致了评价结果的不同。

表6-4 "文图总分馆制"指标"均值"汇总

领域（权重）	指标	自评均值	外部评价均值	领域（权重）	指标	自评均值	外部评价均值
公共需求（20%）	目的合理性	94.2	95	管理过程（16%）	目标责任明确性	94.2	91
	目标战略性	91.7	95		计划执行及时性	91.7	85
	问题具体性	90.8	89		管理沟通有效性	90.8	85
	对象明确性	94.2	95		项目人员服务态度	92.5	83
	风险分析合理性	90.8	85		保障资源到位率	89.2	85
目标计划（14%）	目标明确性	93.3	91		管理制度健全性	92.5	87
	目标挑战性	91.7	91		管理程序规范性	90.8	87
	目标完整性	91.7	85	结果评价（50%）	绩效信息完整性	88.3	79
	绩效标准确定性	90.8	85		长期目标贡献度	93.3	83
	领导支持度	90.8	89		阶段目标完成率	93.3	91
	目标参与性	91.7	95		服务对象满意度	92.5	87
	决策科学性	94.2	85		社会价值贡献度	94.2	91
	—	—	—		项目运行可持续性	91.7	85

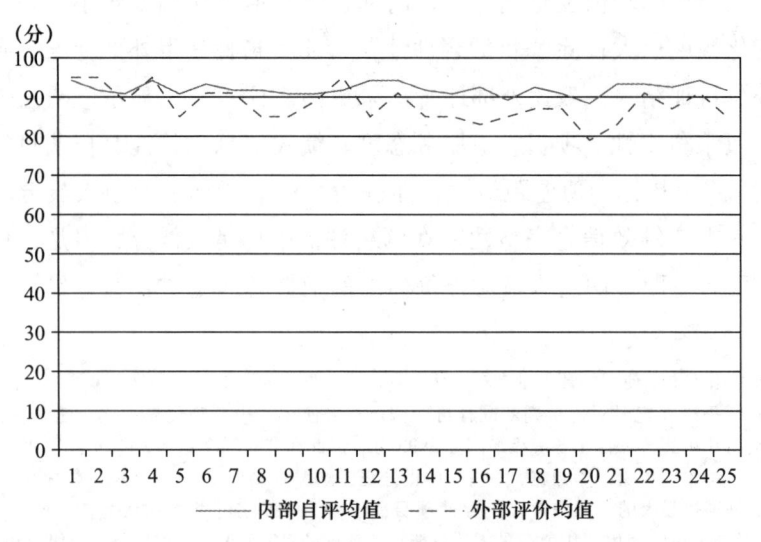

图6-2 "文图总分馆制"指标"均值"总体变化趋势

对评价结果进行总体分析仅仅是评价结果的统计分析的基础,我们还需要对项目评价几个维度进行深入的分析,不仅可以获得项目评价的最终等级,还应更深入地分析出四个维度的完成情况。

(二) 四个维度分析及项目等级计算

项目评价指标体系分为"公共需求、目标计划、管理过程和结果评价"四个维度,而四个维度的权重分别为"20%、14%、16%和50%",并且每个维度内的各个指标的权重一样。因此,在获得了每个指标的得分及其权重之后,就可以计算出每个维度的得分和项目总体得分。

在表6-4中,我们已经获得了所有指标的均值,并且标出了每个维度的权重。鉴于每个维度各指标的权重一致,因此我们在结算每个维度的最后得分时可以简化计算程序,即先计算出每个维度内所有指标得分的平均分,然后乘以该维度的权重,就得到了该维度的最后得分。比如,"公共需求"维度共包含"目的合理性、目标战略性、问题具体性、对象明确性以及风险分析合理性"五个评价指标,相应的内部自评分分别为"94.2分、91.7分、90.8分、94.2分、90.8分",这五个指标的均分为92.34分,最后乘以20%的权重系数,就可以得到内部自评人员"公共需求"维度加权后的得分为18.47分。同理,计算出其他维度的得分,并最后将四个维度的得分加总就可以得到项目总体得分。综上所述,根据四个维度平均分计算项目总分的公式可以表述为:

项目总分 = 公共需求 ×20% + 目标计划 ×14% + 管理过程 ×16% + 结果评价 ×50%

根据"文图总分馆制"内部自评和外部评价的结果,四个维度的得分及项目总体得分详细情况如表6-5所示。在各维度加权后,"文图总分馆制"内部自评获得92.46分,该得分处于"优"的区间值为"90—100"分,即可以说该项目内部自评等级为"优秀";而外部评价得分为88.12分,该得分处于"良"的区间值为"80—89分",即可以说该项目的外部评价等级为"良好"。

表6-5　　　"文图总分馆制"四个维度及项目总体得分

维度名称（权重）	内部自评			外部评价		
	各指标平均分（分）	加权得分	项目最后得分（分）	各指标平均分（分）	加权得分	项目最后得分（分）
公共需求（20%）	92.34	18.47	92.46（优）	91.80	18.36	88.12（良）
目标计划（14%）	92.03	12.88		88.71	12.42	
管理过程（16%）	91.25	14.61		85.25	13.64	
结果评价（50%）	93.00	46.50		87.40	43.70	

内部自评和外部评价在四个维度上的表现还应该进行进一步分析，为管理决策提供更加丰富的决策参考。内部自评在四个维度上的评分均高于90分，即四个维度均为"优"。虽然外部评价在四个维度上的评分总体来说较好，但是，仅有"公共需求"一个维度的得分高于90，其余三个维度的得分却处于85—89分。从两组评价人员的比较来看，"公共需求"维度获得两组人员的评分均高于90分，即说明"文图总分馆制"的"公共需求"维度获得了两组人员的一致认可。而两组人员均将"管理过程"维度的表现定为组内的最低分，即说明"文图总分馆制"的"管理过程"维度的表现无论是内部还是外部评价人员，均被认为是整个项目的薄弱环节。总体来看，两组人员对"文图总分馆制"四个维度的判断在总体趋势上保持一致，但是评价结果却呈现较大的差异，两组人员对四个维度评价结果的趋势比较如图6-3所示。

由于每个维度的权重分配不同，造成每个维度评价结果对项目评价最终的贡献不一样，项目团队必须引起足够的重视。"公共服务项目评价体系"通过权重分配，在项目决策阶段强调"需求分析"，在项目执行阶段更加注重"结果导向"，因此，在整个评价体系中"结果评价"和"需求分析"维度，虽然评价指标相对更少，但是每个指标所占的权重却更高。"文图总分馆制"四个维度加权后的评价结果与每个维度所占权重比较如图6-4所示。从图中可以看出，"结果评价"维度所占权重最高，对项目总体结果影响也是最大的。

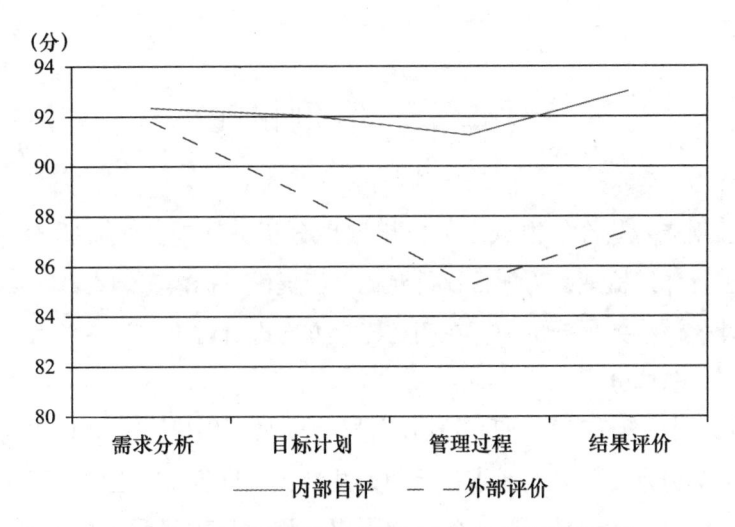

图 6-3 "文图总分馆制"四个维度变化趋势比较

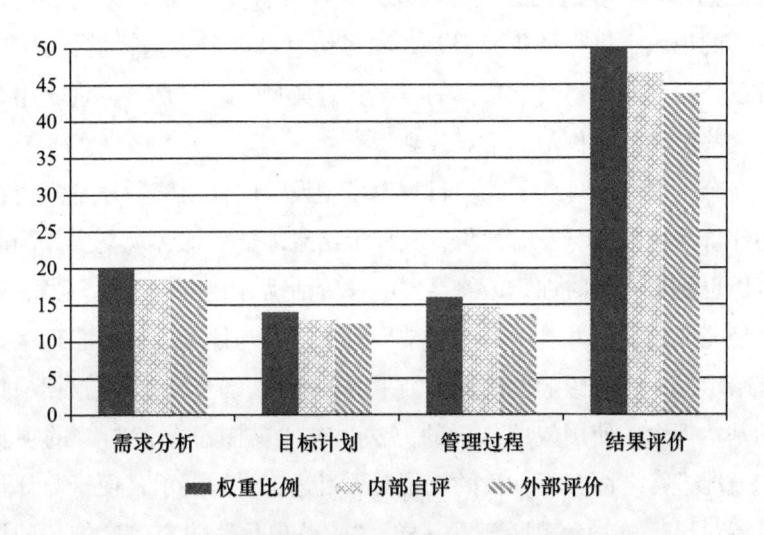

图 6-4 "文图总分馆制"四个维度加权后评价结果比较

对评价结果的分析深入程度取决于结果应用。项目利益相关方可以根据自身需求对评价结果进行更加深入的挖掘，甚至可以对每一个指标都做出深入的分析，以便制定相应的管理策略。本书仅仅就评价结果做出总体分析，分析的深度和广度均不够；本书的抛砖引玉，仅仅为评价者或项目利益相关者提供参考的基本思路。

第四节 案例讨论

在创造公共价值视域下，使用叙事分析方法对"文图总分馆制"项目进行详细梳理，为项目评价对比分析提供对标信息。本章主要从总体设计、评价数据分析和存在问题三个方面进行讨论。

一 总体分析

"文图总分馆制"项目的建设阶段是按照"创建国家公共文化服务体系示范项目"的基本要求进行的，并且在项目验收中也取得了西部第一、全国第二的优异成绩。因此，可以说以示范项目评价标准来判断，"文图总分馆制"项目已经取得成功。本书构建的评价体系需要在全生命周期的视域下进行评价，但是，项目信息既要符合这样的设计理念，又可以获得，同时还要求选择的样本具有典型性。但是，在现实中全部符合这些条件的案例却非常难找到。

在全生命周期理念下，项目逻辑模型设计的几个阶段通常需要在相应的评价周期内进行及时评价，其评价结果才能更加客观真实，同时结果应用也更具有及时性，最终会影响评价活动存在的价值性。虽然该项目已经完成验收，并且项目验收结果对本次参与评价人员的心理偏好也具有暗示性，还会影响本次评价结果的客观性。但是，本书根据项目评价的基本理念，使用叙事分析的方法，对"文图总分馆制"的项目背景和概况进行全面分析，目的就是对项目过程进行展示，便于与评价结果进行对比。与"示范区"不一样，"示范项目"没有制定统一的评价标准。[①]"文图总分馆制"项目团队需要参照"示范区"的评价标准，创造性地开展创建工作，从而为全国文化建设创建示范标杆。从项目背景反映出来的相关信息可以看出，项目立项契合项目利益相关方的需

---

① 文化部仅仅确定了一个相对笼统的评价标准：形成了较为完善的公共文化服务体系，投入稳定、设施完备、队伍健全、活动丰富、服务效果显著，具有较好的工作基础；此外，还应具备以下条件：创新性、导向性、带动性和科学性。

求，为项目成功地奠定了坚实的基础。项目在实施过程中，也在管理机制建设上做出了积极努力，并取得了良好的效果。从本次项目评价结果也反映出，"文图总分馆制"项目在四个阶段均取得了优异的成绩，项目评价结果与项目叙事分析反映的结果基本一致。对该项目叙事分析和使用本书构建的评价体系进行评价，最终的结果均能反映出通过公共项目实施更好地创造公共价值的目的。评价结果也反映了本书构建的评价体系在该项目中具有一定的适用性。

二 评价结果

（一）公共需求

总体来讲，项目评价结果反映了项目在"公共需求"领域取得了成功。首先，内部自评和外部评价得分都在90分以上，这是两组人员评分同时超过90分的唯一领域。其中，内部自评在"目的合理性和对象明确性"两个指标上给予了94.2分的高分，而外部评价人员则对"目的合理性、目标战略性和对象明确性"三个指标给予了一致的认可，获得了95分的最高分。

评价结果也反映了项目在"公共需求"方面仍然存在问题。内部自评在"问题具体性和风险分析合理性"两个指标上给予了90.8分的相对低分，而这两个指标在外部评价结果中仅得到89分和85分。问题导向的明确性对项目成功具有重要影响，而对重大风险的规避也是为了项目底线的重要措施。这两个指标相对低分说明"文图总分馆制"在公共需求领域仍然存在继续提升的空间。

有效的公共需求分析是公共服务项目成功的前提和基础。强化公共需求评价，对项目成功具有重要作用，比如通过使需求分析落到实处，提高资源配置效率、提高公共服务供给的针对性和有效性，从而提升公共服务项目决策的有效性。"文图总分馆制"在项目立项阶段做了充分的公共需求分析，为项目成功奠定了比较坚实的基础。其中，区委区政府确定的"文化大渡口战略"为该项目提供了明确的战略导向，为项目的动议、申报和建设提供了良好的基础，也为项目成功提供了管理保障。

(二) 目标计划

评价结果也反映出"文图总分馆制"重视"目标计划"的制订,但也存在问题。内部自评人员对"目标计划"7个指标的评价结果均高于90分,但是与"公共需求"维度相比略有降低。外部评价人员则对"目标明确性、目标挑战性和目标参与性"三个指标给予了90分以上的评分,7个指标的平均分与"公共需求"维度相比略有降低,而均分的降幅比内部自评更加明显。目标计划对项目成功的影响很大,对目标计划评价标准的把握不一样,会直接影响管理过程中如何为达成目标而付出努力的程度。内部自评与外部评价对有些指标评价分歧比较明显,比如内部自评在"决策科学性"指标上给予了94.2的高分,而外部评价在该指标上仅给予了85分的相对低分;从指标内涵可以看出,该指标与"公共需求"维度"风险分析合理性与问题具体性"等指标具有较高的关联性,显然,外部评价人员在这些指标的评价上表现出更高的一致性。因此,从促进项目成功的角度出发,项目人员还需要对"目标计划"有更加准确和深入的理解。

"目标计划"是公共需求分析的延续,与"公共需求"共同促进决策者选择"做对的事情"。项目目标计划使公共需求分析进一步具体化,为管理过程决策的基础,也为项目结果产出提供方向指引。

(三) 管理过程

虽然两组评价人员的评分均较高,但是,两组人员的评分结果均为四个领域中的最低分,这反映"管理过程"领域是薄弱的环节。内部自评虽然在该维度上给出了最低分,但是,所有指标的均分仍然为91.25分;外部评价人员仅对"目标责任明确性"一个指标给出高于90分的评价,而所有指标的平均分仅为85.25分。评价结果显示两组人员对某些指标有较大的认知差异,比如,外部评价人员对"项目人员服务态度"仅给予83分的评价,而"绩效信息完整性"则是唯一一个低于80分的指标;而内部自评人员对"项目人员服务态度"这一指标的评分是92.5分的相对高分,而对"绩效信息完整性"虽然为最低分,但是,仍然达到了88.3分。两组人员评价结果差异,可能是不同人员对管理过程的认识存在偏差,也可能是因为信息不对称;这种差异说明加强过程监控在现实中仍是项目管理薄弱环节，还需要加大监控的力度。

管理过程与结果产出两个领域反映的是如何"把事情做对"。有效的过程管理是良好结果产出的基础。"文图总分馆制"管理过程具有我国典型的公共管理特征，即通过建立管理制度来推进管理。具体来讲，从建立领导机制、理顺项目组织形式和完善项目管理制度等方面加强过程管理，但是，各项机制与制度的建立与在管理过程中得到有效的执行还存在距离，甚至可以说关键在于管理制度的有效执行。在管理实践中，项目团队应及时加强过程评价，并针对反映的问题及时修正，为了顺利达成项目预期目标奠定坚实的基础。

（四）结果评价

从评价结果来看，"文图总分馆制"的"结果评价"维度所有指标平均分相比管理过程维度来说，有比较明显的提升。内部自评达到93分，各个指标的得分也很好，只有"项目运行可持续性"的得分相对最低，但仍然达到了91.7的高分。而外部评价各指标的均分虽然也上升到了87.40分，但是，各项指标的得分仍然有较大差异。"阶段目标完成率和社会价值贡献度"两个指标得分均为91分，即说明了项目阶段性成果比较显著，并形成了较好的社会影响。但是，在"长期目标贡献度和项目运行可持续性"两个指标得分仅为83分和85分，即说明项目在这两个方面还有进一步提升的空间；"服务对象满意度"这个指标获得87分，这个指标本质上需要进行专门的服务对象满意度调查作为外部专家评价的支撑，所以，本次评价仅根据外部专家的经验和掌握的项目情况进行评价的做法存在缺陷。

公共服务项目评价坚持结果导向原则，强化对其他三个领域的评价，就是为了产出符合预期的结果。因此，很多项目评价体系更多实施项目后评价，而忽略对项目全生命周期的系统评价。本书认为，结果产出不会自动实现，只有项目团队首先"做了对的事情"，同时还要"把事情做对"，才会达成预期目标；同时，公共服务行为"过程性"的特征也昭示了全面评价的必要性和重要性。

三 存在问题

虽然项目评价结果总体上反映了项目评价体系，适用于"文图总分馆制"的评价，但是，选择该项目作为试评价的典型案例仍存在不足和缺陷。对这些问题进行深入分析，有利于评价体系检验、修正和完善工作更好地开展。

第一，公共价值的实现是一个复杂的过程，通过评价指标体系进行评价具有局限性。"文图总分馆制"项目创造公共价值更多强调通过文化馆和图书馆协同向人民群众提供文化服务来实现，而项目创造的价值实现是一个渐进显现的过程；项目属于文化服务项目，其结果产出是阶段性和长期性的有机统一，且以长期性为主。因此，文化项目战略目标的实现是需要强调长期目标和短期目标的综合平衡，而阶段性评价更多以短期目标为主。

第二，评价主体选择对评价结果具有影响。按照知情原则，本书评价主体选择主要考虑对项目熟悉的项目成员和外部专家；这两类人员对评价的结果虽然仍存在差异，但是，在总体趋势上却保持一致。项目评价主体缺少项目服务对象的参与，存在局限性。通常情况下，项目服务对象作为重要的利益相关者，在各个阶段都需要深度参与，才有可能保证评价结果的可靠性。在本案例中，由于项目已经完成验收，服务对象对项目过程的了解存在局限性，而将这一重要的评价主体排除在外，这使评价设计存在局限。

第三，在评价周期和结果应用上需要特别注意。本书的评价体系强调过程和结果评价的统一。在通常情况下，四个领域的评价需要根据项目进度及时开展，而不是采用项目后评价的模式，在项目完成后统一开展评价。评价结果也需要及时应用，以便促进项目获得成功。本书评价的目的在于检验项目评价体系，而在项目评价实践中则需要根据情况调整。

第四，完整的信息是项目评价的重要基础。公共项目评价过程中，项目不对称性等特征导致项目信息缺失或失真普遍存在。因此，为了实现项目预期目标，对项目信息的高度重视非常重要。"文图总分馆制"评价结果显示，信息完整性这项指标得分最低，这说明该项目在信息收集上存在局限。

第七章 评价体系讨论与研究总结

持续提升公共服务项目的绩效表现是一个永恒目标,并且这也是一项永无止境的工作。本书在创造公共价值视域下构建了公共服务项目评价体系,试图通过科学评价促进公共服务项目的绩效持续提升。基于项目评价的实践性特征,项目评价体系一般都需要在基本逻辑稳定的情况下保持相对开放性。基于此,本章重点对评价体系适用性和拓展性研究进行简要讨论,并从研究结果、可能的创新、研究的不足以及未来研究方向等方面做了简要总结。

第一节 评价体系适用性讨论

公共服务项目种类繁多,几乎不可能有一套评价体系适用于评价所有类型的公共服务项目。本书构建的公共服务项目评价体系属于适用于公共服务项目评价的共性指标体系,在使用本指标体系具体进行评价时还需要根据项目的实际情况做适当修正,下面对评价体系在政府直接提供服务的项目和PPP项目中的应用做简要讨论。

一 在政府直接提供服务的项目中应用的讨论

公共服务项目与私人项目不同,价值多元化、信息不对称和结果衡量复杂性等问题交织在一起,对其进行全面、准确和科学的评价非常困难。如何对公共服务项目进行有效评价是学术界和实践界的难题。在我国公共管理实践中,公共服务项目评价正处于起步阶段,因此,公共服务项目的成败受评价活动的影响相对较小。从公开报道的公共服务项目失败的案例来看,由于项目决策失误造成失败和由于监管失察造成失败的公共服务项目均比较多。另外，项目对象作为重要的项目利益相关者，对项目信息的掌握却非常有限，即项目信息不对称情况比较普遍。因此，应用本书所构建的评价体系对公共服务项目进行评价，必须直面这些难题。为了更好地对这类项目进行科学评价，本书对评价过程中各项关键决策进行简要的讨论。

  总体来讲，公共服务项目评价体系要求坚持以创造公共价值为导向，强调价值理性对工具理性的指引。在政府部门直接提供服务的公共项目之中，项目的价值理性常常根植于政府部门的使命与核心价值观，即公共服务项目是政府部门践行其使命，为实现特定目标而制订的专门的行动方案。因此，在项目评价过程中，政府部门应该对其制订的行动方案，即公共服务项目，所承载的公共价值进行明确陈述，从而使评价者能够对相关信息有所了解，也只有在对相关信息充分占有的情况下，评价主体才能从整体上判断公共服务项目是否实现了其存在的价值，也才能通过评价指标体系来判断公共服务项目是否有效完成了"化战略为行动"的目标。从操作层面讲，公共服务项目的价值体系和目标体系均需要项目所在部门和项目团队进行事先报告，并对相关信息向所有利益相关者公开，才能保障评价主体在评价时尽量做出公平公正和客观科学的判断。

  根据评价内容对指标体系进行适当修正。本书所构建的公共服务项目评价体系的预期目标是建立一套适用于所有类型公共服务项目的共性指标体系，事实上，这是一个理想的目标，任何一套指标体系均不能覆盖所有类型的公共服务项目。因此，在使用本书所构建的公共服务项目评价指标体系对特定公共服务项目进行评价时，项目评价组织者需要在保持维度稳定的情况下，对评价指标进行微调，使评价指标与公共服务项目的评价内容协调一致。

  评价目的决定评价类型，即要求根据评价目的选择评价类型。本书重点讨论提升项目绩效和对项目进行有效监督两种评价目的与内部自评与外部评价两种评价方式的选择。由于评价具有"指挥棒"和"晴雨表"双重功能，内部评价更多发挥的是"指挥棒"的作用，为了提升项目绩效表现，项目团队应该按照评价标准的要求推进项目并进行及时自评，对发现的潜在问题进行及时调整，保障项目达成预期目标。外部评价更多发挥的是"晴雨表"的功能，外部评价通常是事后评价，即针对项目团队所做工作而开展的评价，主要反映项目做得怎么样。在本书第六章的案例讨论中，同时采用内部自评与外部评价对同一项目进行评价，发现两种评价虽然在总体趋势上基本一致，但是，内部自评分数明显高于外部评价。在通常情况下，坚持内部自评与外部评价相结合的方式更利于项目取得成功，但是，不同的评价目的对两种评价的权重分配有影响。在以提升项目绩效为目的的项目评价中，两种评价方式的权重分配相对灵活；而在以项目监督为目的的评价中，通常应该坚持外部评价为主，内部自评为辅，甚至内部评价仅仅作为最终结果的参考。

确定评价信息来源非常关键。信息是评价的生命，保障项目信息"全面、可信和便于使用"是开展有效评价的基础。政府直接提供服务的公共项目同样也需要按照这个要求，对与公共服务项目评价相关的信息来源渠道进行专门的规定和建设，以确保重要利益相关者对项目信息的全面掌握，同时保障项目评价的顺利推进。总体来讲，公共服务项目相关信息完整性、科学性和公开性建设离公共服务水平持续提升的基本要求还有一定的距离，信息不对称的现象还比较普遍。政府部门应该根据评价指标体系的要求，积极开展自评价，并针对每一条指标专门准备相应的信息支撑材料，最好形成完整的自评报告。这样的举措对外部专家评价和人民群众监督均提供了方便。

评价周期的科学设定。我国公共服务项目实施绩效预算和绩效审计还处于起步阶段，项目评价也更多实施事后评价和事后监督，开展全生命周期项目评价的实践还非常少。但是，公共服务项目的成功首先需要保障项目决策的科学性，其次才是执行的有效性，即首先事情要对，其次才是把事情做对。因此，开展全生命周期的项目评价对项目成功非常重要。也就是说，公共服务项目应该根据项目进行的不同阶段，及时科学地开展评价，而不是仅仅进行统一的事后评价，这样更有利于促进项目取得成功。

评价结果的有效应用。根据评价目的对评价结果进行科学有效的应用是促进公共服务项目有序开展的重要保障。结果应用各项规定不落地，很容易导致整个评价行动走向形式化和导致评价空转的现象发生。政府部门在进行公共服务项目决策时，就应该根据项目目的规范项目评价结果的具体使用，以保障项目能够达成预期目标。由于我国公共服务项目评价处于起步阶段，结果应用的相关规定也不够健全。不过公共部门作为公共服务项目的发起者，有责任和义务完善项目管理的相关规定，以促进公共服务项目评价的有序开展。

二 在 PPP 项目中应用的讨论

政府直接提供公共服务的项目通常是不具有营利能力的纯公共服务项目，甚至有些纯公共服务项目也可以由社会主体（非营利组织和私人组织）来提供具体的公共服务，政府则通过购买服务的方式来提供这些公共服务。对那些有部分营利能力的公共服务项目，我国政府目前比较推崇的一种公共服务提供方式是实施 PPP（Public-Private-Partnership，PPP）模式，又称为公私合作制。[①] 虽然 PPP 项目也属于公共项目，但是由于本书构建的评价指标体系坚持创造公共价值的基本导向，因此也要求使用本评价体系的 PPP 项目坚持相同的基本设计理念。

在以公共服务为导向的 PPP 项目中，通常需要有效平衡项目对象、政府部门和私营企业的利益，形成以创造公共价值为导向的利益平衡机制。政府部门作为发起人，在理论上作为公共利益的代表而维护公共利益，要求使所有财政资金物有所值，用最少的投资创造更多的公共价值；而私营企业则要求在创造公共价值的基础上，实现资金价值（Value for Money，VFM）。目前，国际通行的 PPP 项目评价方法为公共部门基准评价法（Public Sector Comparator，PSC），即通过与其他模式下的项目投入比较与分析，在考虑服务质量、价格、时间、风险分担等因素的基础上建立基准价格，估算项目全生命周期的成本，

---

① 目前学界对 PPP 模式内涵还没有达成共识。本书将 PPP 模式界定为政府与社会主体之间通过契约合作的方式提供公共产品或公共服务的项目组织形式，其典型特点是"利益共享、风险共担、全程合作"，其根本目的是以更低的成本投入创造更多的公共价值。

确保 VFM 最佳。在 PPP 项目中使用本书所构建的公共服务项目评价体系，需要将各种 PSC 的评价基准融合进公共服务项目评价指标的内涵之中，以便使项目评价既能确保创造公共价值，又能保障私营企业的资金价值。

传统 PPP 模式更加关注政府和私营企业的利益，强调通过公私合作来实现 PPP 项目中政府和企业利益的帕累托改进，但是由于公共服务项目具有很强的外部性，公众利益加入了就难以达到帕累托最优（李启明，2010）。另外，目前学术界关于 PPP 项目价值创造的研究更多关注于资金价值，而对其创造公共价值这一本质属性的研究还存在不足。因此，在对使用 PPP 模式的公共服务项目进行评价的过程中，需要兼顾公共价值与资金价值的共同实现，仅仅强调公共价值常常导致项目不可持续，过度关注资金价值又有违公共项目的本质特征。

本书认为，在使用本评价指标体系对特定 PPP 项目进行评价时，需要按照创造公共价值的基本理念对评价指标习题进行微调，以便使评价实践活动能力有效反映出这种理念，从而实现价值理性对工具理性的指引和规范。总而言之，评价实践应该保障公共利益受到优先照顾，即要求通过科学有效的评价活动促使公众、政府部门和私营企业等重要利益相关者的利益平衡。

第二节 评价体系拓展性研究

仅仅建立项目评价体系还不足以确保公共服务项目取得成功，另外，只有建立了有利的公共管理大环境才能孵化出科学的公共服务项目评价体系。本书认为，建立科学有效的公共服务项目评价体系，我们至少需要重点关注公共项目管理体系、公共组织模式改革、项目绩效信息系统建设、以人民群众利益为核心的行政文化等领域。

一 完善公共项目管理体系

在公共管理实践中，建立完善的公共项目管理体系需要从宏观和微观两个层面做出科学安排。第一，需要建立将公共战略目标转化为具体行动方案的管理方略；第二，需要建立如何实现对公共服务项目进行有效管理的基本规范；第三，还需要实现宏观公共管理与微观公共服务项目管理的有效对接。

　　从宏观上讲，应该建立有助于公共服务项目高效运行的公共管理环境。虽然我国是世界上少数制定长期战略的国家，但是我国公共部门战略管理的研究却相对滞后，公共管理实践中常常出现以政策代替管理的现象。事实上，如何将公共部门战略目标转化为科学有效的行动方案仍然是我国公共管理实践需要突破的"瓶颈"。很多公共政策制定缺乏落地的基础，造成公共部门的权威性受到侵蚀和挑战。从有利于公共服务项目成功的角度来讲，公共管理学术界和管理实践者应该从公共管理系统的高度，重视将战略目标转化为具体行动方案的管理流程建设，并对其中的规律进行全方位的探索和研究，促进公共管理更加专业化和精准化，从而改变"大而化之"的粗范式管理，进而推动公共管理的科学化和规范化进程。总之，公共管理高绩效系统的建设，对提升公共服务项目（作为实现公共部门绩效目标的行动方案）的成功率具有重要意义。

　　从微观管理上讲，应该建立有效的项目管理体系。关于如何实现有效的项目管理，史蒂文·科恩（Steven Cohen）和威廉·埃米克（William Eimicke）认为，有效的管理者通常都遵循一个将项目分解为一个可管理任务的基本流程或有效方案。他们认为，一个简单有效并具有可操作性的方案通常应该包括四个阶段：第一，确定目标；第二，描述并分析完成这些目标需要进行哪些活动（或称进行方案设计）；第三，进行具体活动或执行方案设计；第四，追踪监控方案或活动。第一阶段确定目标阶段，还需要确定可衡量的指标和评价标准，从而使衡量目标达成情况的可操作化。第二阶段主要是确定目标责任者，并为方案配置必要的资源，确定质量标准和时间期限。第三阶段要求将项目目标与组织目标相对接，并制定详细的进度表、里程碑标志、能达到的水平、工作负荷估计、每个方案的资源配置；并确保这些具体的计划行程具有简洁明了的文字描述或图标。第四阶段则主要是做好绩效信息记录和阶段性报告,在报告中应该列举已经达到的、错过的或者是调整了的里程碑。① 只有建立了完整的公共服务项目管理系统,才具有开展项目评价的基础,否则项目评价活动很可能陷入空转的困境之中。

另外,需要使用有效的管理工具促进公共部门管理与公共服务项目管理的有效对接。在公共部门管理实践中,几乎所有的绩效目标都需要制订专门的行动方案,以便保障绩效目标的顺利达成。但是公共部门的绩效目标体系本身构成非常复杂,各种行动方案协同起来难度很大,这造成有效的公共管理对资源配置和管理要求非常高。因此,提升公共部门管理技能和完善公共部门管理体系就显得尤为迫切。一般来说,公共部门工作人员的能力提升是一个惰性因素,通常不可能在短期内获得快速提升。因此,理顺管理流程,建立科学的管理系统就成了提升公共管理水平的重要突破口。本书认为,以战略性绩效管理工具为搭载平台建立完整的绩效管理系统,以便为公共部门组织绩效目标制订有效的行动方案,并为每个方案制定合理的预算;同时,实现组织绩效管理工具与项目绩效系统的有效对接,有利于在确保通过项目绩效目标顺利达成的基础上,促进公共部门组织绩效目标的全面实现。选择以平衡计分卡为基础搭建绩效管理体系,更有利于建立创造公共价值为导向的项目评价体系。

二 改善公共组织治理模式

当前,有一批优秀学者聚焦"项目制"研究,认为"项目制"是一种新的公共治理模式或新的国家治理体制,甚至有学者将"项目制"提升到了"项目治国"的高度,并认为中国社会和治理的关键机制已经从之前的"单位制"转化为"项目制"(渠敬东、周飞舟、周雪光、折晓叶、黄宗智等)。项目制是一种政府运作特定形式,指在财政体制的常规分配渠道和规模之外,按照中央政府意图,以专项资金的形式自上而下地进行资源配置的一种制度安排(周雪光,

---

① [美] 史蒂文·科恩、威廉·埃米克:《新有效公共管理者:在变革的政府中追求成功》,王巧玲等译,中国人民大学出版社2001年版,第90—95页。

2015)。项目制旨在突破传统科层行政体制的制约和遏制市场体制所造成的分化效应,以国家财政专项转移支付等项目手段,加大民生工程和公共服务的有效投入(渠敬东,2012)。分税制改革之后,随着"两个比重"①的逐步提高,各种财政资金开始以"专项"和"项目"的方式向下分配,而且越来越成为主要的财政支出手段(周飞舟,2012)。

从组织科学视角来看,理顺项目制与传统公共组织科层体制的关系是改善公共治理的重要前提条件。项目从本质上讲是一种临时性的组织形式,是为了打破传统科层组织结构,以专项任务的形式完成一个特定预期事务目标的临时性活动。政府大力推行这种组织形式的目的是在提升财政资金的使用效率的同时,通过增加资源投入来促进公共服务水平的持续提升。目前,很多学者将项目制看成是取代传统科层体制的制度设计。本书认为,这种认识忽视了传统科层体制中各级政府部门的主体地位。虽然不同层级的政府部门在这种资源配置方式中扮演着发起者、打包者和承包者等不同的角色,但是,这种常规组织模式的主体地位并不会因为项目制而改变,只是因为项目制的嵌入使传统科层组织的战略传导更加灵活、各级组织的参与性更强,同时对各级组织之间的协同程度和对公共治理能力的要求更高。

从组织变革发展方向上看,公共组织更加关注维护公众利益甚至要求公共治理行为以群众利益为核心。这不仅要求公共组织行动更加快速和更具有灵活性,还要求不断深化改革和进行实践创新,实现跨领域、跨层级和跨部门工作流程的不断整合与协同,以便很好地维护公众利益。另外,随着财政体制改革和国家建设的不断推进,我国正逐渐走向"预算国家"(王绍光、马骏,2008),这种趋势必将进一步强化项目制在公共治理实践中的地位和作用。

但是,项目制的推行效果并不像制度设计的初衷那样理想,并且出现了很多问题。根据学者的研究,主要问题归纳起来大致包括:资

---

① "两个比重"是指财政收入占 GDP 的比重和中央财政占全国财政收入的比重。

源浪费严重，没有实现提升资源使用效率的目标；"寻租"盛行，没有实现减少资源分配不均的目标；程序设计复杂，办事效率提升目标不够理想；上级政府的项目专项治理与下级政府综合协同困难；还催生了基层公共组织债务系统风险、公共利益部门化和部门利益个人化等问题。孙立平等的研究显示，我国制度设计的目标与公共管理实践最后的效果通常都有差距存在，应该如何缩小这个差距仍是学术界和实践者共同努力的方向。具体来讲，如何通过构建价值理性和工具理性高度融合的评价体系以促进公共治理模式的完善，或者说在完善公共治理模式的背景下研究公共服务项目评价体系构建，也是公共服务项目评价体系需要不断拓展的研究领域。

三 强化绩效信息系统建设

随着公共组织系统复杂性、动态性和协同性的持续，信息系统建设逐渐成为公共管理领域的重要主题。事实上，贝恩（Behn）早在1995年就将如何有效衡量绩效看成是公共管理研究的三个"大问题"之一[1]，有学者甚至将"为什么管理者使用绩效信息"看成是绩效管理领域最大的问题。西蒙也曾指出："决策是管理的心脏，管理是由一系列决策组成的，管理就是决策。"决策的基础就是信息占有、分析和判断。虽然绩效信息在管理实践中如此重要，但是，学界和管理实践者却长期忽视对绩效信息展开深入的研究。

鉴于信息对管理决策的基础性作用，信息系统在组织系统中拥有越来越高的地位和起着越来越重要的作用。在公共服务项目管理实践中，由于复杂的委托—代理关系和"激励相容"机制的缺失，导致各类项目利益相关者围绕项目信息的生产和使用产生了一系列复杂的博弈。为了促进公共服务项目取得成功，公共组织必须要求重视项目信息系统建设。随着信息化、网络化水平的不断提升，很多组织通过加强项目信息系统的建设来促进信息内容的丰富和完善、疏通和规范信息传递渠道、增加信息分析和使用的便捷性、降低项目失败风险等。

---

[1] R. D., Behn, The Big Questions of Public Management. *Public Administration Review*, 1995, 55 (4), pp. 313 – 324.

但是，信息系统建设的失败率却很高。信息系统重要性的不断提升和优质高效的信息系统供给之间的矛盾，正是推动学界和管理者加强信息系统建设的强大动力。

在公共服务项目评价实践中，各种利益相关者之间的信息不对称[①]现象非常普遍；通常项目主管部门、项目团队和项目对象三类重要的利益相关者对项目信息的掌握是不同的。如何通过信息系统的建设，使有效的项目信息整合起来，促进项目相关决策的科学化和规范化，是加强公共服务项目信息系统建设的主要目的。信息通常具有明确的价值导向，而不是中性的。因此，在信息系统建设时，如何强调信息的内容、流程和使用等充分体现以公共利益为核心，又是公共服务项目信息系统建设的基本要求。

作为公共服务项目的发起人，政府部门在通常情况下对公共服务项目信息系统建设具有主导作用，也对项目成功负有主要的责任。政府部门应该承担项目信息系统建设的主要责任；当然，公共部门也可以通过签订项目契约的形式，规定项目团队提供及时、规范和真实的项目信息。中央政府也可以通过建立公共服务项目信息系统的相关准则、标准和规范，促进公共服务项目信息系统建设逐步完善起来。可以说，科学、完善的信息系统是公共服务项目评价的重要基础。

强化项目信息的应用。项目评价也会产生很多项目信息，对这些信息的有效利用也是项目评价体系建设的重要内容。政府部门付出项目评价的成本，不仅是通过项目绩效来强化项目的合法性，更重要的是使项目成功与组织战略结合起来，形成评价信息使用的制度，促进项目取得持续成功。

四　加强公共组织文化建设

公共组织形成高绩效文化是公共服务项目取得成功的重要保障。公共服务项目存在的价值，从本质上讲，就是通过向项目对象提供特定的公共服务，实现其创造公共价值的预定目标。因此，项目对象的需求满足程度是公共服务项目成功的根本标准。在管理实践中，我们

---

① 这里的信息不对称是指有些利益相关者拥有而另外一些利益相关者不拥有信息。

则需要坚持"知行合一"的基本原则,也需要明确"知指挥行、行反映和强化知"的道理。但是,公共服务项目的价值诉求具有很高的复杂性,项目主管部门、项目团队和项目对象都很难对其进行科学判断,这是造成我们对公共服务项目决策、管理和评价等错误和低效的重要原因。为了更好地规范公共服务项目的价值理性,最有效的方法就是加强公共组织文化建设。公共组织文化建设的基本路径,一般通过追问几个经典的问题来实现:公共组织的使命是什么?应该坚持什么样的核心价值准则?形成什么样的愿景?

第一,关于我国公共组织"使命"追问的最终答案均会落脚到党"全心全意为人民服务"的根本宗旨上。这一根本宗旨要求公共管理实践必须坚持把人民的根本利益作为出发点和归宿,或者说必须有利于提高人民的生活水平,即必须为人民群众创造价值和贡献;任何违背这一根本宗旨的管理行为都是与我国公共管理的根本目的相背离的。但现实却非常残酷,正如哲学家弗洛姆所说,许多为实现目的而采取的手段及活动,已越来越篡夺了目的的地位,而目的本身却成为模糊的、非真实的存在。因此,在公共组织文化建设中,如何强化组织使命就成为重要而紧迫的主题。

第二,价值观是文化的核心。我国公共组织文化建设的核心就在于坚持社会主义核心价值观。在我国存在过多地用经济思维指导公共管理实践的弊端,自由、平等、公正、法治等核心价值观在公共管理实践中并没有得到很好的执行,效率优先价值观的影响却太明显,这不仅是制约我国公共管理水平提升的重要因素,也是导致公共治理困境和社会矛盾的根源。因此,如何在公共管理实践中,促进社会主义核心价值观的落地,是公共组织文化建设的又一个重大课题。

第三,通过公共组织文化建设,我们应该实现什么样的愿景?我国目前提出具体的公共组织愿景包括"中国梦""两个一百年"等宏伟目标;还有一个美好的愿景就是通过社会主义核心价值观勾勒出的理想国度——"在国家层面实现富强、民主、文明和谐;社会层面实现自由、平等、公正、法治;在个人层面形成爱国、敬业、诚信、友善"。愿景有利于凝结人们的共识,促使人们产生强大的内驱力去实现这一宏伟目标。在实现愿景的过程中，人们行为的主要驱动力是内在的使命感和价值认同，而不是外在压力。

在公共组织文化建设视域下，关注公共服务项目评价体系的构建问题，其主要目的就是要求评价指标体系能够体现公共性这一本质属性的要求，使评价实践真正实现价值理性与工具理性的融合，而不是为了实现工具性目标，而背离了评价的价值诉求。把以公众为中心、以公众满意当作公共组织绩效的终极标准，在程序设计上需要大力推进公众参与。另外，我们还需要认识到，理想与现实的巨大差距已经成为制约我国公共服务水平持续提升的短板，如何在科学规范的价值理性的指引下，改革组织形式和简化管理流程，促进文化的知与实践的行逐步统一，从而促进公共服务项目取得成功。

第三节 研究结论与可能的创新之处

一 研究结论

为了促进项目取得高绩效或提升项目成功率，本书从创造公共价值的视角构建了公共服务项目评价体系，并通过具体案例对评价体系的使用进行了实证探索。经过总结，本书初步形成如下几点结论：

第一，以是否有利于创造公共价值来整合项目评价体系的理论基础。项目评价体系必须在特定的理论指导下，并且充分借鉴现有研究成果的基础上进行构建。公共服务项目评价体系构建涉及公共部门战略管理、绩效管理、项目生命周期、利益相关者、机制设计及委托—代理等理论基础，本书在创造公共价值视域下对这些理论进行简要梳理，为评价体系的构建奠定了比较系统的力量基础。本书还对公共组织绩效评价、公共项目评价研究以及典型的公共项目评价体系进行了比较全面的综述性研究，为项目评价体系提供经验借鉴。

第二，公共服务项目评价体系是价值理性与工具理性充分融合的体系。评价体系的构建是本书的核心内容，主要分为评价体系的总体设计和评价指标体系的构建两个部分。评价体系设计是在明确评价体系基本构成的基础上，确定具体的构建思路，本书对评价体系的价值基础和管理基础进行了重点论述。本书力争通过梳理公共性的概念体系，即通过对公共需求与公共服务、公共利益与公共价值等概念内涵及内在逻辑的梳理，来构建公共服务项目的价值基础，从而为项目评价实践提供价值指引。关于评价体系的管理基础，本书则从公共组织战略、基本价值原则以及组织级项目管理等方面进行论述，为促进公共服务项目实现"化公共战略为公共服务人员日常行动"的目标确定管理基础。然后，在此基础上进行了公共服务项目评价体系的流程设计，并基于创造公共价值的基本理念，构建了包括公共需求、目标计划、管理过程和结果评价四个维度项目逻辑模型，经过调整和修正、检验与完善等过程，最终构建出比较完善的公共服务项目评价体系的共性指标体系。

第三，评价指标体系得到典型案例的初步验证。本书以重庆市大渡口区"文化馆与图书馆总分馆制"（文化部与财政部在"十二五"期间共同推动的创建国家公共文化服务体系示范项目）为案例，首先采用叙事分析的方法对项目过程进行了简洁全面的回顾，然后使用本书所构建的"公共服务项目评价指标体系"对其展开试评价，经过初步的统计分析与案例讨论，使用本书所构建的评价指标体系得出的结论与文化部验收的结果基本一致，可以初步得出本评价体系适用于对"文图总分馆制"进行评价的基本结论。另外，使用项目逻辑模型基本框架对项目过程进行梳理和评价，比项目组提供的材料逻辑更加清晰。

第四，对评价体系进行了适用性和延展性讨论。评价体系适用性问题的讨论主要是对项目评价过程中的重要问题进行简要讨论，本书主要对政府直接提供服务的项目和PPP项目两类公共服务项目展开项目评价实践的相关问题进行讨论。延展性探索则聚焦于对促进公共服务项目评价成功的相关问题进行分析，本书主要从完善公共服务项目管理体系、改善公共组织治理模式、强化项目绩效信息系统建设和加强公共组织文化建设等方面进行论述。

二 可能的创新之处

本书基于前人的研究,对公共服务项目评价体系展开了探索性研究。在研究过程中,本书做出的研究创新可能存在如下两个方面的问题:

第一,对公共服务项目评价指标体系的构建基础进行了系统论述。公共服务项目本质上是公共组织执行公共战略和提供公共服务的行动方案。因此,通过开展公共服务项目评价实践,实现"化公共战略为具体公共服务行为"的基本目标,是公共服务项目评价体系需要达成的目标。也可以说,在公共组织绩效管理系统中把握公共服务项目评价体系的构建,更有利于达成公共服务项目存在的基本价值。因此,公共性应该是公共服务项目的本质属性,创造公共价值则是公共服务项目的终极目标。但是,任何评价体系都是价值理性与工具理性的统一,价值理性必须寓于工具理性之中才能得以实现。本书还关注公共服务项目创造公共价值的终极目标——如何通过公共管理实践实现项目落地。由于公共服务项目的最终价值体现在为项目对象创造公共价值,即为项目对象服务,因此,本书对管理系统的梳理注重以顾客为中心的管理流程的构建,并对该主题相关领域的问题进行了初步探讨。

第二,构建了一套完整的公共服务项目评价指标体系。本书在创造公共价值视域下,以项目逻辑模型为基础构建了包括公共需求、目标计划、管理过程和结果评价四个维度的评价指标体系。该评价体系强调价值理性对工具理性的指引,即强调创造公共价值这一根本目标融入项目逻辑模型的构建、评价指标的选择、指标权重的确定等过程之中。另外,由于重庆市大渡口区"文化馆与图书馆总分馆制"(创建国家公共文化服务体系示范项目被评为优秀,总分排名第二)的项目理念与本书所构建的评价体系相似,因此本书对该项目展开了试评价,结果初步显示本书构建的公共服务项目评价指标体系适用于对公共服务项目评价实践。

第四节 研究不足与后续研究方向

一 研究不足

公共服务项目评价是一个复杂的问题,虽然笔者已经竭尽全力对该领域进行了探索和研究,但是,囿于本人学术水平和社会资源的局限,本书仍然存在诸多不足,其中主要的不足包括如下三个方面:

第一,评价体系不够完整。本书构建的公共服务项目评价体系是针对公共服务项目开发的共性指标体系。在开展项目评价实践的时候,评价者还需要根据不同类型的项目开发个性指标。另外,评价者也应该根据项目的具体情况对共性指标及其内涵进行修正,使评价适应项目的实际情况。

第二,评价指标量化存在困难。本书构建的公共服务项目评价体系的评价指标几乎都是定性指标,在评价的时候更多需要评价采用模糊评价的方法判断指标完成情况,这对评价者提出了很高的要求。另外,还需要对指标进行比较具体的界定,并通过详细的支撑材料来弥补指标不能精确量化的缺陷。

第三,案例应用及讨论环节相对薄弱。由于本书构建的公共服务项目评价体系要求在项目全生命周期视域下开展项目评价,并且研究案例要求在设计上坚持以创造公共价值为目标,因此项目选择范围受到了限制。本书仅仅选择单案例进行评价体系的试评价,虽然评价结果符合预期,初步说明本书构建的评价指标体系能够在该类公共服务项目中适用,但是,评价体系的适应性还需要在更多类型的项目中进行应用和接受进一步的检验,才能说明该评价指标体系适用于公共服务项目评价实践。

二 后续研究方向

关于公共服务项目评价体系的进一步研究,除在后续研究中完善本书已经提到的不足之外,还有如下三个领域是未来研究必须重点关注的方向。

第一，开展深入的比较研究。公共项目评价比较研究主要分为基于国别差异的中外公共项目评价比较研究和基于类型差异的我国各类公共项目评价体系的比较研究。与西方发达国家相比，我国公共管理学科发展不成熟，公共管理实践的规范性不足，并且公共财政绩效预算和绩效审计发展相对滞后，这些问题都导致我国公共项目评价的实践开展和研究水平与西方发达国家项目均有一定的差距。因此，开展公共服务项目评价的国际比较研究，吸取西方发达国家的评价经验，对推动我国公共项目评价研究水平和促进评价实践成功均有重要意义。关于国内公共项目评价体系的研究，则应该对各类现行的公共项目评价体系进行系统梳理，特别是对教育、医疗、养老、就业等重要的公共服务领域的评价体系进行系统梳理，归纳出这些评价指标体系的共性指标，并提炼出各类项目的个性化指标，为完善各类公共项目评价指标体系做好基础性研究工作和提出建设性的修正意见。

第二，继续修正和完善公共服务项目评价指标体系。一个完整的公共服务项目评价指标体系包括共性指标和个性指标两个部分。本书构建的评价指标体系属于共性指标，这些评价指标也是一个初步研究的结果，还需要进行更加深入的研究。比如研究维度的划分是否合理？指标提炼是否具有代表性？指标内涵的解释是否准确？这些问题都是一个持续研究的过程，需要研究者随着评价实践的逐步深入和研究成果的逐渐丰富而开展持续的追踪研究。另外，不同类型的项目还应该有符合特定类型的个性指标，随着项目评价实践和研究的发展，个性指标的开发也会越来越多、研究也会越来越深入，在此基础上开展包括共性指标和个性指标在内的完整的公共服务项目评价体系就具有更加坚实的理论和实践基础。

第三，对公共服务项目评价本身展开"元评价"，对评价本身的评价。开展元评价的目的是检验评价中可能出现的偏差，采用科学方法来评价存在的偏差对评价结论的影响，从而提升评价的质量。不能为评价而评价，需要通过对评价本身进行监控来提升评价的效果。

附　录

附录一：公共服务项目评价指标体系专家访谈提纲

（附专家访谈录音片段示例）

第一部分　自我介绍

我们是中国人民大学公共管理学院公共组织绩效管理研究中心博士研究生，我们正在做"公共服务项目评价指标体系"的研究。为了对公共服务项目评价体系有更加全面和深入的了解，我们特选择公共服务项目评价或公共组织绩效管理领域的专家进行访谈；我们在此保证我们的访谈资料仅仅作为科研使用，对您不会产生任何影响；为我们在此对您抽出宝贵的时间接受我们的访谈致以最诚挚的谢意。

第二部分　访谈目的和程序

本课题的研究目的是通过构建科学、规范的评价指标体系，来促进公共服务项目取得成功。本次访谈的目的就是了解公共服务项目如何才能实现创造公共价值最大化的目标，我们将根据下面的访谈提纲问您一些问题，每个问题之间您都有几分钟的时间思考，以便您整理自己的思路。

第三部分　主要问题

1. 从总体上讲，您认为公共服务项目成功的最核心的判断标准是什么？（具体访谈要求在本附录中省略）

2. 您认为要促进公共服务项目取得成功，项目逻辑模型应该包含几个维度？并请您对每个维度做概括性的说明。

3. 请您分别谈谈公共服务项目逻辑模型每个维度应该达到什么重要目标？您提的每个目标又具体应该用什么指标来衡量？并请您对每个指标作出简要的解释说明。（需要针对具体维度组织访谈过程，每个维度都需要了解绩效目标、评价指标和指标解释等内容）

第四部分　致谢

尊敬的专家：

本课题组再次感谢您在百忙之中抽出宝贵的时间来接受我们的访谈，我们极其珍视您的合作、帮助、意见以及建议。我们在此向您致以最诚挚的谢意。

中国人民大学公共组织绩效管理研究中心
公共服务项目评价体系研究课题组
2015 年 6 月 18 日

公共服务项目评价指标体系专家访谈

（录音整理材料片段示例）

文本编号：C08　录音长度：01：28：31

……

Q（问）：×主任，您认为公共服务项目成功的最核心的判断标准是什么？请您概括性地描述一下。

A（答）：我们做实务的人不像你们学者想得那么深，我们就是把上级安排的事情做了或者是将某项政策执行了就行，达到上级的要求或者达到政策的要求，我就认为成功了。但是，针对具体的项目来说，这个成功还不能一概而论，每个项目的成功可能都有其特定的标准。你前面介绍了从创造公共价值的角度看，我倒是觉得可行。我先从项目失败谈起。这个我要想一下，理一下思路（大约一分钟的思考）。我看很多项目失败，那都不是评价的问题，后面评价已经影响很小了。公共服务项目失败通常都是项目决策出问题了。你们是专家，肯定注意到了，最近新闻都公开报道了很多失败的公共服务项目，很多短命工程。事实上很多项目是可以验收过关的，这些曝光出来的项目一般来说是问题比较大了。扯了这么多，要是用一句话概括的话，我觉得判断项目成功的标准就是"需要的服务和高质量的服务"，这个服务是老百姓需要的，并且我们提供的服务也达到了他们的要求。

……

Q（问）：×主任，感谢您对项目成功标准的详细解释。我们希望通过评价来促进项目取得成功，根据您的经验，我们构建项目逻辑模型，应该包含哪几个部分？

A（答）：我觉得你们这个问题问得好。构建项目评价指标体系，还真是应该从项目逻辑模型开始，没有这个模型，整个指标体系的内在逻辑就不清晰，指标体系的使用者也不一定就能全面深入地理解指标体系的设计宗旨。公共服务项目的逻辑模型，现在很多都是做项目后评价，我觉得这是有缺陷的。我前面已经说了，项目后评价对项目成功的影响有，但不是最具决定性的。做项目后评价只是对其他项目有借鉴意义，对已经完成的项目的价值就不是很大了。根据我的理解，你们构建这个指标体系的目的是要对在建项目或者是对规划中的项目的成功有价值，或者促进这类项目取得成功。是吧？（访谈者回答：对啊，我们就是希望构建一个完整的指标体系，从项目全生命周期的视角进行评价，促进项目取得成功。）那我接着前面讲，我觉得公共服务项目和企业的项目一样，最好也要做需求评价，并将需求评价作为逻辑模型的一部分。很多项目逻辑模型不包含需求评价，认为需求评价是项目决策的前期工作。根据我的经验，需求评价很重要，这代表政府部门做的一种公开承诺。不过实践中通常是根据一个政策、一个规划或者是领导指示，我们就上一个项目。至于其他的，比如项目目标、有效管理和项目后评价，都是不可少的。
……

访谈人员：冉××、黄××　　访谈时间：2015 年 7 月 20 日

录音文字整理：冉××　　整理时间：2015 年 7 月 26 日

附录二：公共服务项目评价指标体系专家咨询调查问卷

尊敬的专家：

您好！

我们正在进行一项关于公共服务项目评价体系的课题研究。这是一份修正和完善公共服务项目评价指标体系的调查问卷。本课题组希望借重您丰富的公共服务项目评价或管理经验，为指标体系的修正和完善提供宝贵意见，以便课题组建立科学、规范和系统的公共服务项目评价指标体系，以便通过全面的评价来促进公共服务项目的成功。您的帮助对我们的研究非常重要，您提供的信息仅作为科学研究之用。本次调查采用无记名方式，不会给您带来任何麻烦！恳请您拨冗对本评价指标体系的绩效目标和评价指标做出评价，并提出宝贵修改意见。课题组对您热心的帮助，致以诚挚的谢意！

中国人民大学公共组织绩效管理研究中心

公共服务项目评价体系研究课题组

2015 年 10 月 8 日

请填写您的个人信息（请填写相应的数字代码）

性别：1. 男；2. 女

年龄：1. 29岁以下；2. 30—39岁；3. 40—49岁；4. 50岁及以上
学历：1. 本科及以下；2. 硕士（含在读）；3. 博士（含在读）
职称：1. 中级；2. 副高；3. 正高
职业：1. 大学教师；2. 公务员；3. 项目管理者；4. 专业评价人员
服务单位：1. 大学；2. 政府；3. 企业；4. 代理机构

下面列举了公共服务项目的绩效目标21个，评价指标34个，并对每个评价指标进行了相应的解释。请根据您的理解对绩效目标、评价指标以及指标解释做出总体评价，并对评价"一般"的目标、指标或指标解释提出修改意见。如果您认为有重要指标（含目标）有遗漏，请您补充在空格内做补充。**选项标准说明：**

① "合适"：表示绩效目标、评价指标和指标解释均有利于促进项目成功

② "一般"：表示绩效目标、评价指标或指标解释还有修正或改善的空间

③ "不合适"：表示绩效目标、评价指标或指标解释不适合研究设计

领域	目标	指标	指标解释	评价等级 ①	评价等级 ②	评价等级 ③	专家修改意见
公共需求	明确项目目的	目的清晰度	项目目的与组织使命的关联程度，是否通过公开承诺的方式明确提出项目对组织使命的贡献，或确保项目始终以创造公共价值为目的				
	强化项目针对性	问题清晰度	要求准确界定和识别项目问题，确保项目针对一个特定的、明确的问题、利益或需求				
		问题具体化程度	要求能对项目问题的基本要求具体化，比如对时间、地点、范围等方面的具体要求				

续表

领域	目标	指标	指标解释	评价等级 ①	②	③	专家修改意见
公共需求	明确项目对象	对象明确性	要求明确界定项目对象的特征及范围				
	促进项目成功	与组织优先战略相关度	与国家或部门优先战略的相关程度，或者受国家政策支持的程度				
		项目准备度	对项目可利用资金、人力以及物质等支持资源进行全面系统的盘点，并全面说明项目的准备情况				
	控制项目失败风险	风险程度	清理可能导致项目失败的制约因素或项目可能存在的风险，并对可能导致项目失败的重大制约制定明确解决预案				
专家补充							
目标计划	确保项目战略性	绩效目标长期导向性	确保绩效目标来源于对组织战略目标的分解或承接，并保证长期绩效目标占有合理比例，能够促进项目在全生命周期充分反映项目目的				
		目标体系科学性	为项目设置明确、合理、具体的阶段性目标体系，确保通过阶段性目标最终能朝着组织战略目标迈进；必须设定几个关键性年度绩效目标				

续表

领域	目标	指标	指标解释	评价等级 ①	评价等级 ②	评价等级 ③	专家修改意见
目标计划	提高项目计划性	绩效目标挑战性	绩效目标体系尽量保持结果导向，并保持每个绩效目标都保持足够的挑战性，即要求每个指标均设置下限值（底线）并保障该目标值具有挑战性				
		目标达成保障程度	确保绩效目标体系能与项目预算有明确对接，其中资源需求情况需要在预算中得到完整而透明的表达				
	促进项目目标顺利达成	目标关联性	确保项目目标与项目问题、利益或需求之间具有很高的关联性，并进行独立而规范的评价				
		目标适应性	在环境变化时，应该采取有效措施改善绩效目标甚至是目标计划的不足				
	提高项目成员的支持度	高层管理者工作卷入度	高层管理者和项目管理团队致力于年度绩效目标和长期绩效目标的达成				
		服务提供者工作卷入度	要求项目一线服务人员对项目目标理解和认可的程度高，对达成服务目标做出明确承诺				
	确保项目的公共性	其他利益相关者支持度	包括主管部门、项目出资者、承包人等项目利益相关者为达成目标共同努力；项目对象对项目目标的认可程度或参与目标制定				
		立项规范性	确保项目立项完全符合我国法律法规的规范、程序和各种要求				
专家补充							

续表

领域	目标	指标	指标解释	评价等级 ①	②	③	专家修改意见
管理过程	强化服务责任	项目成员负责程度	项目成员对提供公共服务的态度、进度和成本等绩效的负责程度				
		项目成员受到支持程度	主管部门或领导及时与项目成员沟通,对存在的问题作出及时的反馈,并向项目成员提供及时、高效的支持				
	重视绩效信息	绩效信息质量	建设绩效信息收集和反馈系统,确保绩效信息可靠、及时和有效,能为项目监控和绩效提升提供决策基础				
	强化业务管理	管理程序规范性	制定科学合理的项目管理步骤和管理流程,设计问题改善或修正的程序				
		治理制度规范性	评价治理制度(如竞争性采购、成本比较、IT改进、适当激励)和职责安排的完整性、合规性和有效性等				
		制度执行有效性	要求项目管理人员和项目成员能够严格执行各项管理制度,并取得预期效果				
	强化资金管理	资金管理情况	资金足额及时到位,支出符合既定用途				
		财务管理情况	建立健全的财务管理制度,有效控制项目财务风险				
	强化进度管理	计划执行情况	项目实施进度按照计划周期实施,对环境重大变化能够做出及时的进度调整				
		计划执行协同情况	项目执行过程中,能与相关项目或者项目所在组织进行全面及时的协同与合作,从而保障项目进度按期进行				

续表

领域	目标	指标	指标解释	评价等级 ①	②	③	专家修改意见
专家补充							
公共需求	强化结果产出战略导向	长期目标达成情况	项目的成功实施应该对项目发起组织创造公共价值的战略目标有显著贡献,能够提供结果产出对项目长期绩效目标达成上的相关贡献的证据				
	达成阶段性目标	阶段性目标完成情况	项目短期目标和中期目标完成情况,重点关注年度绩效目标的完成情况				
	提高项目满意度	目标群体满意度	项目目标群体对公共服务项目提供的产品或服务的满意度				
		公共服务送达情况	保障项目实际收益的目标群体的数量达到预期目标				
	加强项目人员激励	服务人员受激励程度	直接提供公共服务的项目人员受到的激励程度,管理者对其提供公共服务的支撑程度				
	实现项目持续运营	项目运行的可持续性	项目的管理、运行、维护和保障措施完善,有利于项目持续稳定运行				
	提高项目相对绩效	相比同类项目有效性	与同类项目相比,项目的效率和效果的总体表现情况				

您的意见对于问卷的修正和完善非常重要,
再次感谢您的合作、支持和帮助!

附录三：公共服务项目评价调查问卷

尊敬的先生/女士：

您好！

我们正在进行一项关于公共服务项目评价体系的课题研究。本次研究以"国家公共文化服务体系示范项目（以下简称示范项目）"为例进行调查研究，这是一份关于"示范项目"评价的调查问卷。本课题组希望借重您对"示范项目"的深入认识，为项目评价提供宝贵意见，以便从示范项目中总结经验，从而促进我国公共文化服务质量的持续提升。您的帮助对我们的研究非常重要，您提供的信息仅作为科学研究之用。本次调查采用无记名方式，不会给您带来任何麻烦！恳请您拨冗对您所在区的"示范项目"做出评价。课题组对您热心的帮助，致以诚挚的谢意！

中国人民大学公共组织绩效管理研究中心
"国家公共文化服务体系示范项目"评价研究课题组
2016 年 1 月 28 日

请填写您的个人信息（请填写相应的数字代码）

性别：1. 男；2. 女

年龄：1. 30 岁以下；2. 30—39 岁；3. 40—49 岁；4. 50 岁及以上

学历：1. 专科及以下；2. 本科；3. 硕士；4. 博士

职称：1. 中级；2. 高级；3. 其他

职业：1. 领导干部；2. 项目人员；3. 专业评价人员；4. 其他

服务单位：1. 主管部门；2. 项目承担单位；3. 事业单位；4. 其他

下面列举了公共服务项目评价的 4 个领域的 25 个指标，并对每个指标做了评价说明。请您根据您对本区"示范项目"的实际情况，对指标完成情况进行评分，并在对应的表格画"○"（每个指标都必须做出评价，否则该问卷为废卷不能进入最后统计之内）。

选项标准说明：

"优"：表示"示范项目"很好地达到该项指标规定的各项要求

"良"：表示"示范项目"较好地达到该项指标规定的各项要求

"中"：表示"示范项目"达到该项指标规定的各项要求

"低"：表示"示范项目"勉强达到该项指标规定的各项要求

"差"：表示"示范项目"离达到该项指标规定的各项要求还有很大差距

以下是"示范项目"评价调查表（电子问卷可在相应栏目填数字 0 表示）：

领域 （权重）	指标	指标说明	评价等级				
			优	良	中	低	差
公共 需求 （20%）	目的 合理性	项目目的明确体现公共性特征，能以公开承诺的方式确保项目始终以创造公共价值为目的；能体现国家或部门优先战略，或受到国家政策支持					
	问题 具体性	能够清晰界定和识别项目解决的问题，确保项目针对特定的、明确的公共需求和公共利益；能从时间、地点、范围等方面对项目问题具体化					
	对象 明确性	能够明确界定项目对象的特征以及范围；能够界定项目人、财、物等支持资源用于创造公共价值					
	目标 战略性	项目总体目标与项目发起组织的使命高度相关联，对践行项目发起组织使命和达成组织战略目标具有明确的贡献					
	风险分析 合理性	全面系统分析可能导致项目失败的制约因素或可能存在的风险，并制定重大风险的防范预案					

续表

领域（权重）	指标	指标说明	评价等级				
			优	良	中	低	差
公共需求（20%）	目标完整性	根据项目目的和战略目标，制定出明确的中长期绩效目标体系；为项目确定行动路线图，以确保项目"化战略为行动"有据可依					
	目标明确性	项目在完成时间，预期服务质量，人、财、物保障资源等重要方面均制定了明确的目标					
	绩效标准确定性	为项目绩效目标（体系）制定出一系列特定的绩效标准，能够判断项目绩效目标的实现程度					
	目标挑战性	中长期目标具有挑战性，为相应目标设定具有挑战性的时间表；年度绩效目标富有挑战性，并为项目绩效设定底线目标					
	领导支持度	部门高层领导积极支持项目，并为项目总体目标承担领导责任；对直接部门提供服务的项目则应该致力于长期和年度绩效目标的达成					
	目标制定参与性	项目人员、项目对象等重要利益相关者能参与目标的制定，提升项目目标的认可度和合理性					
	决策科学性	通过科学的决策程序和决策方法保障项目提供的公共服务与项目应满足的公共需求能实现有效对接；设置决策纠错机制，保障项目在面临环境巨变或重大风险时能及时调整项目目标					
管理过程（16%）	目标责任明确性	计划执行过程中，所有各级项目人员的绩效目标责任明确，目标间能实现相互协同					
	计划执行及时性	项目计划实施进度能按照预期规划实施，面临巨大环境变化能够对计划及时做出进度调整					
	管理沟通有效性	建立完善的管理沟通机制，促进各利益相关方合理诉求的有效表达，并推动绩效目标的达成					
	项目人员服务态度	一线项目人员能积极、热情、及时地提供公共服务，确保其提供的服务有利于公共需求的满足					
	管理制度健全性	制定有利于项目目标顺利达成的各项管理制度，确保管理实践有规可循					

续表

领域（权重）	指标	指标说明	评价等级				
			优	良	中	低	差
管理过程（16%）	管理程序规范性	制定科学合理的项目管理步骤和管理流程，设计绩效改善和问题修正的程序					
	保障资源到位率	项目所需的人、财、物等保障资源能及时足量保障到位，为项目计划顺利完成提供基础条件					
	绩效信息完整性	建设绩效信息收集和反馈系统，确保绩效信息可靠、及时和有效，能为项目监控和结果评价提供决策基础					
结果评价（50%）	长期目标贡献度	结果产出对项目长期绩效目标的达成有显著贡献；项目的成功实施对项目发起组织创造公共价值的战略目标有显著贡献					
	阶段目标完成率	项目短期目标和中期目标完成情况，重点关注年度绩效目标的完成情况					
	服务对象满意度	项目目标群体对公共服务项目提供的公共服务或公共产品具有较高满意度					
	社会价值贡献度	项目实施后，在社会上形成了良好的影响，为其他类似项目提供了可供借鉴的经验					
	项目运行可持续性	项目的管理、运行、维护和保障措施完善，有利于项目持续稳定运行					

您的意见对于我们的研究非常重要，

再次感谢您的合作、支持和帮助！

参考文献

[1] [美] 安妮·M. 许勒尔：《触点管理：互联网+时代的德国人才管理模式》，于嵩楠译，中国人民大学出版社 2015 年版。

[2] [美] 保罗·C. 纳德、罗伯特·W. 巴可夫：《公共组织和第三部门的战略管理：领导手册》，陈振明等译，中国人民大学出版社 2001 年版。

[3] 包国宪、道格拉斯·摩根：《政府绩效管理学——以公共价值为基础的政府绩效治理理论与方法》，高等教育出版社 2015 年版。

[4] [美] 彼得·德鲁克：《非盈利组织的管理》，吴振阳译，机械工业出版社 2009 年版。

[5] [美] 彼得·德鲁克：《管理：使命、责任与实务》，王永贵译，机械工业出版社 2009 年版。

[6] [美] 彼得·德鲁克：《卓有成效的管理者》，许是祥译，机械工业出版社 2009 年版。

[7] [美] 彼得·罗希、马克·李普希、霍华德·弗里曼：《评估：方法与技术》，刘月、王旭辉、邱泽奇译，重庆大学出版社 2007 年版。

[8] [美] 查尔斯·E. 林布隆：《政策制定过程》，朱国斌译，华夏出版社 1988 年版。

[9] [美] 查尔斯·G. 科布：《敏捷项目管理决策：平衡控制和敏捷性》，许萌、束文辉译，电子工业出版社 2012 年版。

[10] 财政部国际司：《国际金融组织贷款项目绩效评价操作指南》，经济科学出版社 2010 年版。

[11] 程颢、程颐：《二程集》（上卷），中华书局 2004 年版。

[12] 陈春花：《激活个体》，机械工业出版社 2015 年版。

[13] 陈荣捷：《近思录详注集评》，华东师范大学出版社 2007 年版。

[14] 陈振明：《公共部门战略管理》，中国人民大学出版社 2011 年版。

[15] 陈振明：《公共部门战略管理》，中国人民大学出版社 2011 年修订版。

[16] ［美］戴维·奥斯本、彼得·普拉斯特里克：《再造政府》，谭功荣、刘霞译，中国人民大学出版社 2010 年版。

[17] ［美］戴维·奥斯本、特德·盖布勒：《改革政府：企业家精神如何改革公共部门》，周敦仁等译，上海译文出版社 2012 年版。

[18] ［美］戴维·罗伊斯、布鲁斯·A. 赛义、德博拉·K. 帕吉特、T. K. 洛根：《公共项目评估导论》，王军霞、涂晓芳译，中国人民大学出版社 2007 年版。

[19] ［美］戴维·伊斯顿：《政治生活的系统分析》，王浦劬译，华夏出版社 1999 年版。

[20] Daniel L. Stufflebeam、George F. Madaus、Thomas Kellaghan：《评估模型》，苏锦丽译，北京大学出版社 2007 年版。

[21] ［美］丹尼尔·C. 缪勒：《公共选择理论》，韩旭等译，中国社会科学出版社 2010 年第 3 版。

[22] Dean Leffingwell：《敏捷软件需求：团队、项目群与企业级的精益需求实践》，刘磊等译，清华大学出版社 2015 年版。

[23] 方振邦：《战略性绩效管理》，中国人民大学出版社 2014 年版。

[24] 方振邦、冉景亮：《绩效管理》，科学出版社 2016 年版。

[25] 方振邦、葛蕾蕾：《政府绩效管理》，中国人民大学出版社 2012 年版。

[26] ［美］菲利普·科特勒、凯文·莱恩·凯勒：《营销管理》，卢泰宏、高辉译，上海人民出版社 2009 年版。

[27] 费孝通：《乡土中国·生育制度》，北京大学出版社 1998 年版。

[28] ［美］弗雷德蒙德·马利克：《战略：应对复杂新世界的导航

仪》，周欣等译，机械工业出版社 2013 年版。

[29]［德］弗里德利希·冯·哈耶克：《法律、立法与自由》第 2、3 卷，邓正来等译，中国大百科全书出版社 2000 年版。

[30]［美］弗里曼：《战略管理：利益相关者方法》，梁豪译，上海译文出版社 2006 年版。

[31]［德］哈贝马斯：《公共领域的结构转型》，曹卫东等译，学林出版社 1999 年版。

[32]［美］哈罗德·科兹纳：《项目管理：计划、进度和控制的系统方法》，杨爱华、王丽珍、洪宇、李梦婷译，电子工业出版社 2013 年版。

[33] 韩非：《韩非子》，北京电子出版物出版中心 2001 年版。

[34]［德］黑格尔：《逻辑学》上卷，杨之一译，商务印书馆 1982 年版。

[35]［法］亨利·明茨伯格：《管理至简：以实践为根基实现简单、自然、有效的管理》，冯云霞、范锐译，机械工业出版社 2014 年版。

[36]［法］亨利·明茨伯格：《社会再平衡》，陆维东、鲁强译，东方出版社 2015 年版。

[37] 黄卫伟：《以奋斗者为本：华为公司人力资源管理纲要》，中信出版社 2014 年版。

[38] 梁漱溟：《中国文化要义》，上海人民出版社 2011 年版。

[39]［美］理查德·D. 宾厄姆、克莱尔·L. 菲尔宾格：《项目与政策评估：方法与应用》，杨国庆、朱春奎译，复旦大学出版社 2008 年版。

[40]［德］尼克拉斯·卢曼：《信任：一个社会复杂性的简化机制》，瞿铁鹏、李强译，上海人民出版社 2005 年版。

[41]［美］罗伯特·B. 登哈特：《公共组织理论》，扶松茂、丁力译，中国人民大学出版社 2011 年版。

[42]［加］罗杰·考夫曼、英格丽·格拉-洛佩兹：《促进企业成功的需求评估：企业成功指南》，蒋宏丽、何军、肖珊、赵晓燕

译,中国石化出版社 2014 年版。

[43] [美] 迈克尔·波特:《竞争优势》,陈小悦译,华夏出版社 2005 年版。

[44] [美] 马克·G. 波波维奇:《创建高绩效政府组织:公共管理实用指南》,孔宪遂、耿洪敏译,中国人民大学出版社 2002 年版。

[45] [德] 西摩·马丁·李普塞特:《政治人:政治的社会基础》,张绍宗译,上海人民出版社 1997 年版。

[46] [美] 尼古拉斯·亨利:《公共行政与公共事务》,张昕等译,中国人民大学出版社 2011 年版。

[47] 倪星:《中国地方政府绩效评估创新研究》,人民出版社 2013 年版。

[48] [美] 诺曼·K. 邓津、伊冯娜·S. 林肯:《定性研究:方法论基础》第 1 卷,风笑天等译,重庆大学出版社 2007 年版。

[49] 潘彬等:《公共投资项目绩效评估研究》,中国人民大学出版社 2012 年版。

[50] [美] PMI:《项目管理知识体系指南》(PMBOK 指南),许江林等译,电子工业出版社 2013 年版。

[51] [美] PMI:《组织级项目管理实践指南》,汪小金译,中国电力出版社 2015 年版。

[52] 齐中英、朱彬:《公共项目管理与评估》,科学出版社 2004 年版。

[53] [韩] 全钟燮:《公共行政的社会建构:解释与批判》,孙柏瑛等译,北京大学出版社 2008 年版。

[54] [美] 吉姆·柯林斯、杰里·波拉斯:《基业长青——企业永续经营的准则》,真如译,中信出版社 2009 年版。

[55] [美] 施图本、巴德、格洛伯森:《项目管理:过程、方法与效益》,汤勇力、李从东、胡欣悦译,清华大学出版社 2009 年版。

[56] [美] 史蒂文·凯尔曼:《发动变革:政府组织再造》,扶松茂

译，上海人民出版社 2013 年版。

[57] 孙一平：《美国公共项目评估研究》，中国人事出版社 2011 年版。

[58] ［美］汤姆·彼得斯、罗伯特·沃特曼：《追求卓越：探索成功企业的特质》，胡玮珊译，中信出版社 2009 年版。

[59] 王红岩：《公共项目评价体系研究》，东北财经大学出版社 2008 年版。

[60] 王先谦：《荀子集解》，中华书局 1988 年版。

[61] ［美］小托马斯·沃森：《一个企业的信念》，张静译，中信出版社 2003 年版。

[62] 许慎：《说文解字》，九州出版社 2001 年版。

[63] 尹贻林、杜亚灵：《基于治理的公共项目管理绩效改善》，科学出版社 2010 年版。

[64] ［德］约翰·杜威：《评价理论》，冯平译，上海译文出版社 2007 年版。

[65] ［美］约翰·霍根：《科学的终结》，孙雍君、张武军译，远方出版社 1997 年版。

[66] 余秋雨：《何谓文化》，长江文艺出版社 2012 年版。

[67] ［加］詹姆斯·C. 麦克戴维、劳拉·R. L. 霍索恩：《项目评价与绩效测量：实践入门》，李凌艳、张丹慧、黄琳译，教育科学出版社 2011 年版。

[68] ［美］詹姆斯·M. 布坎南、罗杰·D. 康格尔顿：《原则政治，而非利益政治：通向非歧视性民主》，张定淮、何志平译，社会科学文献出版社 2008 年版。

[69] ［美］詹姆斯·P. 克莱门斯、杰克·吉多：《成功的项目管理》，张金成、杨坤译，电子工业出版社 2012 年版。

[70] ［美］珍妮特·V. 登哈特、罗伯特·B. 登哈特：《新公共服务：服务，而不是掌舵》，丁煌译，中国人民大学出版社 2010 年版。

[71] 张康之：《寻找公共行政的伦理视角》，中国人民大学出版社

2012年修订版。

[72]《中国大百科全书》（哲学卷），中国大百科全书出版社1982年版。

[73] 朱衍强、郑方辉：《公共项目绩效评价》，中国经济出版社2009年版。

[74] 安体富：《完善公共财政制度逐步实现公共服务均等化》，《财经问题研究》2007年第7期。

[75] 安体富、任强：《公共服务均等化：理论、问题与对策》，《财贸经济》2007年第8期。

[76] 白俊峰：《代建项目过程绩效评价及管理绩效改善研究》，博士学位论文，天津大学，2010年。

[77] 包国宪、周云飞：《中国政府绩效评价：回顾与展望》，《科学学与科学技术管理》2010年第7期。

[78] 鲍宗豪：《论马克思主义的社会需求理论》，《马克思主义研究》2008年第9期。

[79] 蔡立辉：《西方国家政府绩效评估的理念及其启示》，《清华大学学报》（哲学社会科学版）2003年第1期。

[80] 蔡立辉：《公共管理：公共性本质与功能目标的内在统一》，《中国人民大学学报》2003年第2期。

[81] 陈海威：《中国基本公共服务体系研究》，《科学社会主义》2007年第3期。

[82] 陈辉：《论公务员使命管理》，《理论探讨》2007年第3期。

[83] 陈国权、张岚：《从政府供给到公共需求——公共服务的导向问题研究》，《人民论坛》2010年第2期。

[84] 陈天祥：《美国政府绩效评估的缘起和发展》，《武汉大学学报》（哲学社会科学版）2007年第2期。

[85] 陈振明：《战略管理的实施与公共价值的创造——评穆尔的〈创造公共价值：政府中的战略管理〉》，《东南学术》2006年第2期。

[86] 陈振明：《公共管理需要新的战略思维——评〈公共和第三部

门组织的战略管理〉》,《中国人民大学学报》2001 年第 6 期。

[87] 陈振明、耿旭:《公共服务质量管理的本土经验——漳州行政服务标准化的创新实践评析》,《中国行政管理》2014 年第 3 期。

[88] 成思危:《复杂科学与管理》,《南昌大学学报》(人文社会科学版) 2000 年第 7 期。

[89] [德] 大卫·伯宁翰:《英国地方政府中运用绩效评估尺度的观察》,左然译,《行政人事管理》1994 年第 1 期。

[90] [美] 大卫·哈里·罗森布鲁姆、敬乂嘉:《论非基于使命的公共价值在当代绩效导向的公共行政中的地位》,《复旦公共行政评论》2012 年第 2 期。

[91] 丁元竹:《界定基本公共服务及其绩效》,《国家行政学院学报》2009 年第 2 期。

[92] 杜春林、张新文:《从制度安排到实际运行:项目制的生存逻辑与两难处境》,《南京农业大学学报》(社会科学版) 2015 年第 1 期。

[93] 方慧:《我国政府绩效评估发展历程述评》,《财会通讯》2009 年第 15 期。

[94] 顾爱华:《论服务型政府的价值基础》,《辽宁大学学报》(哲学社会科学版) 2007 年第 1 期。

[95] 郭榛树:《公共利益、公共价值与社会主义核心价值体系》,《学习论坛》2013 年第 6 期。

[96] 国家行政学院课题组、姜异康、袁曙宏、韩康:《关于公共服务体系和服务型政府建设的几个问题》(上、下),《国家行政学院学报》2008 年第 4—5 期。

[97] 韩莉:《新预算法时代的绩效预算监督研究》,《中国财政》2015 年第 12 期。

[98] 韩庆祥:《论以人为本的深层意蕴》,《中共中央党校学报》2006 年第 1 期。

[99] 何文盛、曹洁、张志栋:《美国政府绩效评价中项目评估分级工具:背景、内容与借鉴》,《兰州大学学报》(社会科学版)

2009 年第 1 期。

[100] 何晓柯:《顾客导向在美国政府绩效评估中的实践及其经验借鉴》,《北方经济》2008 年第 18 期。

[101] 何艳玲:《"公共价值管理":一个新的公共行政学范式》,《政治学研究》2009 年第 6 期。

[102] 胡鞍钢、王洪川、周绍杰:《国家"十一五"时期公共服务发展评估》,《中国行政管理》2013 年第 4 期。

[103] 黄良进、曹立锋:《英国政府绩效评估法治化历程对我国的启示》,《福建论坛》(人文社会科学版)2008 年第 11 期。

[104] 黄宗智、龚为纲、高原:《"项目制"的运作机制和效果是"合理化"吗?》,《开放时代》2014 年第 5 期。

[105] 姜键:《论公共行政的哲学之维》,《社会科学战线》2011 年第 12 期。

[106] 江依妮、曾明:《中国政府委托代理关系中的代理人危机》,《江西社会科学》2010 年第 4 期。

[107] 金吾伦、郭元林:《复杂性管理与复杂性科学》,《复杂系统与复杂性科学》2004 年第 4 期。

[108] 蓝志勇、胡税根:《中国政府绩效评估:理论与实践》,《政治学研究》2008 年第 3 期。

[109] 李慎明:《以人为本的科学内涵和精神实质》,《中国社会科学》2007 年第 6 期。

[110] 李林、杜鹏、叶文忠:《基于逻辑框架法的政府投资项目目标评价研究》,《财政研究》2007 年第 11 期。

[111] 李璐:《美国政府绩效审计方法的变迁及启示》,《中南财经政法大学学报》2009 年第 6 期。

[112] 李军鹏:《论公共需求与供给:公共行政研究的基本主题》,《天津行政学院学报》2001 年第 1 期。

[113] 李启明、熊伟、袁竞峰:《基于多方满意的 PPP 项目调价机制的设计》,《东南大学学报》(哲学社会科学版)2010 年第 1 期。

[114] 李永生：《英美政府绩效改革策略及对我国的启示》，《财会通讯》2012年第25期。

[115] 刘俊生：《论服务型政府的价值基础与理论基础》，《南京社会科学》2004年第5期。

[116] 刘淑妍、王欢明：《国外公共服务绩效评价的研究发现及对我国的启示》，《国外社会科学》2013年第2期。

[117] 刘太刚：《为公共管理立心：公共性、需求正义及传宗人理性——需求溢出理论的公共管理价值基准论》，《江苏行政学院学报》2014年第5期。

[118] 刘太刚：《公共管理学重述：需求溢出理论的逻辑思路与基本主张》，《中国行政管理》2012年第8期。

[119] 刘有贵、蒋年云：《委托代理理论述评》，《学术界》2006年第1期。

[120] 刘昕：《我国政府绩效管理中亟待梳理的几个关键问题》，《中国行政管理》2007年第4期。

[121] 刘志昌：《基本公共服务均等化的变迁及其逻辑：一个解释框架》，《社会主义研究》2014年第3期。

[122] 吕萍、许敏：《基于生命周期的项目关键成功因素的研究》，《经济与管理研究》2007年第12期。

[123] [美] 马克·霍哲：《公共部门业绩评估与改善》，《中国行政管理》2000年第3期。

[124] 马庆钰：《关于"公共服务"的解读》，《中国行政管理》2005年第2期。

[125] [美] 克里斯托弗·胡德、奥利弗·詹姆斯、科林·斯科特、孙彩红：《对政府的管制：增加还是减少》，《国家行政学院学报》2003年第6期。

[126] 倪星、付亚东：《中国政府绩效评估研究进展》，《行政论坛》2008年第3期。

[127] 倪星、王敏：《绩效评估：西方国家政府改革的重要措施》，《学习月刊》2005年第2期。

[128] 钱学森、于景元、戴汝为：《一个科学新领域——开放的复杂巨系统及其方法论》，《自然》1990年第1期。

[129] 齐明山、李彦娅：《公共行政价值、公共利益与公共责任——政府公共权力科学运作的三维构架》，《学术界》2006年第6期。

[130] 渠敬东：《项目制：一种新的国家治理体制》，《中国社会科学》2012年第5期。

[131] 任剑涛、王炜：《政府与公共利益：代表还是代替》，《学术研究》2007年第10期。

[132] 鄢爱红：《公共服务的伦理内涵与价值》，《中国特色社会主义研究》2006年第4期。

[133] 尚虎平：《我国地方政府绩效评估悖论：高绩效下的政治安全隐患》，《管理世界》2008年第4期。

[134] 沈湘平：《个人利益、普遍利益与公共性批判》，《哲学研究》2008年第10期。

[135] 施青军、扈剑晖：《政府投资项目的形成性评价研究》，《中国行政管理》2014年第12期。

[136] 宋成一：《使命管理模型的评价与创新》，《中央财经大学学报》2010年第9期。

[137] 苏启林：《契约理论的争论与整合》，《经济学动态》2004年第9期。

[138] 孙柏瑛：《公共性：政府财政活动的价值基础》，《中国行政管理》2001年第1期。

[139] 孙长青：《公共政策的逻辑起点——公共利益分析》，《河南师范大学学报》（哲学社会科学版）2004年第2期。

[140] 隋心：《发达国家基本公共服务均等化路径探究》，《宏观经济管理》2015年第6期。

[141] 唐铁汉、李军鹏：《公共服务的理论演变与发展过程》，《新视野》2005年第6期。

[142] 唐兴霖、唐琪：《中国政府绩效评估研究综述》，《学术研究》

2010 年第 11 期。

[143] 童继龙：《OKR 管理：让每个企业都成为谷歌》，《互联网经济》2015 年第 8 期。

[144] 汪大海、唐德龙：《以人为本的政府管理的价值回归及其模式选择》，《教学与研究》2005 年第 3 期。

[145] 汪大海、刘金发：《转型期中国公共行政市场价值和公共价值的整合》，《中国行政管理》2011 年第 11 期。

[146] 王绍光、马骏：《走向"预算国家"——财政转型与国家建设》，《公共行政评论》2008 年第 1 期。

[147] 王玮：《我国公共服务均等化的路径选择》，《财贸研究》2009 年第 1 期。

[148] 王玮：《公共服务均等化的基本逻辑》，《当代经济科学》2008 年第 6 期。

[149] 王伟光：《论利益范畴》，《北京社会科学》1997 年第 1 期。

[150] 王文周、宋娟、李建平：《项目成功因素文献综述研究》，《中国软科学》2010 年第 1 期。

[151] 王晟、符大海：《中西政府绩效评估比较研究》，《经济社会体制比较》2010 年第 3 期。

[152] 吴建南、刘佳：《构建基于逻辑模型的财政支出绩效评价体系——以农业财政支出为例》，《中南财经政法大学学报》2007 年第 2 期。

[153] 吴建南、温挺挺：《政府绩效立法分析：以美国〈政府绩效与结果法案〉为例》，《中国行政管理》2004 年第 9 期。

[154] 吴建南、阎波：《政府绩效：理论诠释、实践分析与行动策略》，《西安交通大学学报》（社会科学版）2004 年第 3 期。

[155] 吴元其、王辉：《行政哲学：来龙去脉与建构路径》，《中国行政管理》2004 年第 6 期。

[156] 项继权：《基本公共服务均等化：政策目标与制度保障》，《华中师范大学学报》（人文社会科学版）2008 年第 1 期。

[157] 向勇、喻文益：《公共文化服务绩效评估的模型研究与政策建

议》,《现代经济探讨》2008 年第 1 期。

[158] 许东风:《重庆工业遗产保护利用与城市振兴》, 博士学位论文, 重庆大学, 2012 年。

[159] 许淑萍:《论我国基本公共服务绩效评估的价值取向》,《理论探讨》2013 年第 6 期。

[160] 杨博、谢光远:《论"公共价值管理":一种后新公共管理理论的超越与限度》,《政治学研究》2014 年第 6 期。

[161] 闫晓勤:《关于基本公共卫生服务项目实施的现状与评价》,《世界最新医学信息文摘》2015 年第 66 期。

[162] 尹贻林、胡杰:《项目成功标准的一个新视角——基于利益相关者的核心价值研究》,《科技管理研究》2006 年第 9 期。

[163] 郁建兴、秦上人:《论基本公共服务的标准化》,《中国行政管理》2015 年第 4 期。

[164] 晁毓欣:《美国联邦政府项目评级工具(PART):结构、运行与特征》,《中国行政管理》2010 年第 5 期。

[165] 翟丽、徐建:《IS/IT 项目成功标准的系统思考》,《复旦学报》(自然科学版) 2003 年第 5 期。

[166] 张成福:《公共行政的管理主义:反思与批判》,《中国人民大学学报》2001 年第 1 期。

[167] 张成福、李丹婷:《公共利益与公共治理》,《中国人民大学学报》2012 年第 2 期。

[168] 张端阳:《国外服务标准化研究综述》,《东北大学学报》(社会科学版) 2012 年第 4 期。

[169] 张丽珍、靳芳:《公共利益与政策终结的价值基础》,《社会主义研究》2012 年第 5 期。

[170] 张开云、张兴杰:《公共服务均等化:制度障碍与发展理路》,《浙江社会科学》2011 年第 6 期。

[171] 张铁男、张亚娟、韩兵:《战略复杂性与复杂性战略》,《中国科技论坛》2009 年第 11 期。

[172] 张玉堂:《近年来利益问题研究综述》,《哲学动态》1998 年

第 4 期。

[173] 赵晖：《公共行政转型：破解民生难题的路径解析》，《江海学刊》2010 年第 3 期。

[174] 赵路、聂常虹：《西方典型国家政府绩效考评的理论实践及其对中国的启示》，《宏观经济研究》2009 年第 3 期。

[175] 赵新平、李川、吴擢春：《项目结果评价有关问题探讨》，《中国卫生事业管理》2010 年第 2 期。

[176] 郑淑明、王文崇：《"Assess"和"Evaluate"辨析与翻译》，《中国科技术语》2012 年第 3 期。

[177] 中国行政管理学会联合课题组：《关于政府机关工作效率标准的研究报告》，《中国行政管理》2003 年第 3 期。

[178] 周飞舟：《财政资金的专项化及其问题兼论"项目治国"》，《社会》2012 年第 1 期。

[179] 周洵：《爱尔兰主审计长公署对政府行政改革的审计》，《中国审计》2003 年第 15 期。

[180] 周雪光：《项目制：一个"控制权"理论视角》，《开放时代》2015 年第 2 期。

[181] 周志忍：《公共组织绩效评估——英国的实践及其对我们的启示》，《新视野》1995 年第 5 期。

[182] 朱立言、张强：《美国政府绩效评估的历史演变》，《湘潭大学学报》（哲学社会科学版）2005 年第 1 期。

[183] 卓越、张世阳、兰丽娟：《公共服务标准化顶层设计的战略思考》，《中国行政管理》2014 年第 2 期。

[184] 朱祥海：《反公共性：儒家伦理的内在限度》，《甘肃理论学刊》2013 年第 4 期。

[185] Barry Bowman, *Public Values and Public Interest: Counterbalancing Economic Individualism*. Washington, D. C.: Georgetown University Press, 2007, p. 13.

[186] Barry Bowman, "Public - Value Failure: When Efficient Markets May Not Do", *Public Administration Review*, 2002 (2), pp. 145 - 161.

[187] Barry Bozeman and Jeffrey D. Straussman, *Public Management Strategies*. San Francisco: Jossey – Bass Publishers, 1990, p. 54.

[188] Barry White, *Performance – Informed Managing and Budgeting for Federal Agencies: An Update*, Council for Excellence in Government, 2003.

[189] Beryl A. Radin, *Challenging the Performance Movement: Accountability, Complexity, and Democratic Values*. Washington, D. C.: Georgetown University Press, 2006.

[190] Bouckaert, G., *The History of the Productivity Movement*. Burke Chatelaine Press, 1995, 3, pp. 97 – 115.

[191] Boyne, G. A., "Sources of Public Service Improvement: A Critical Review and Research Agenda". *Journal of Public Administration Research & Theory*, 2003, 13 (3), pp. 94 – 134.

[192] Chris Clifton, Colin F. Duffield, "Improved PFI/PPP Service Outcomes through the Integration". *International Journal of Project Management*, 2006, 24 (7), pp. 573 – 586.

[193] C. T. Goodsell, "Public Administration and Public Interest". In: G. L. Wamsley et al. (eds.), *Refounding Public Administration*. Newbury Park. CA: Sage, 1990.

[194] Evans, K. G., "Review: Chaos as Opportunity: Grounding a Positive Vision of Management and Society in the New Physics". *Public Administration Review*, 1996 (5), pp. 491 – 494.

[195] Executive Session on Public Sector Performance Management, John F. Kennedy School of Government, Harvard University. *Get Results Through Performance Management: An Open Memorandum to Government Executives*. State and Local Version, 2001.

[196] Frank J. Sorauf, "The Conceptual Muddle". In: Carl J. Fricndrich, *The Public Interest*. New York: Atherton, 1962.

[197] Freeman, R. E., Wicks, A. C., Parmar, B., "Stakeholder Theory and 'The Corporate Objective Revisited'". *Organization*

Science, 2004, 15 (3), pp. 350 – 363.

[198] Freeman, R. E., Reed, D. L., "Stockholders and Stakeholders: A New Perspective on Corporate Governance". *California Management Review*, 1983, 25 (3), pp. 88 – 106.

[199] Gains, Francesca and Stoker, Gerry, "Delivering 'public value': implications for accountability and legitimacy". *Parliamentary Affairs*, 2009, 62 (3), pp. 438 – 455.

[200] Janine O'Flynn, "From New Public Management to Public Value: Paradigmatic Change and Managerial Implications". *Australian Journal of Public Administration*, 2007, 66 (3), pp. 353 – 366.

[201] John Benington, Mark H. Moore, *Public Value: Theory and Practice*. Palgrave Macmillan, 2011, p. 5.

[202] Jugdev Kam, Muller Ralf, "A Retrospective Look at Our Evolving Understanding of Project Success". *Project Management Journal*, 2005, 36 (4), pp. 19 – 31.

[203] Julian, D. A., "The Utilization of the Logic Model as a System Level Planning and Evaluation Device". *Evaluation & Program Planning*, 1997, 20 (97), pp. 251 – 257.

[204] Lim, C. S., Mohamed, M. Zain, "Criteria for project success: an exploratory reexamination". *International Journal of Project Management*, 1999, 17 (4), pp. 243 – 248.

[205] Mark H. Moore, *Recognizing Public Value*. Cambridge, MA: Harvard University Press, 2013, p. 103.

[206] Mark H. Moore, *Creating Public Value: Strategic Management in Government*. Cambridge: Harvard University Press, 1995.

[207] Mark R. Rutgers, "As Good as It Gets? On the Meaning of Public Value in the Study of Policy and Management". *The American Review of Public Administration*, 2014 (3), pp. 1 – 17.

[208] Millar, A., Simeone, R. S., "Carnevale, J. T., Logic models: A systems tool for performance management". *Evaluation & Pro-*

gram Planning, 2001, 24 (1), pp. 73 - 81.

[209] OECD, *In Search of Research: Performance management Practice*, 1997.

[210] OECD, *Network on Development Evaluation Evaluating Developing Cooperation: Summary of Key Norms and Standards*. http://www.oecd.org/dac/evaluationnetwork.

[211] Office of Management and Budget, Guide to the Program Assessment Rating Tool, 2007.

[212] Patton, M. Q., "A World Larger than Formative and Summative". *Evaluation Practice*, 1996, 17 (2), pp. 131 - 144.

[213] Peter Kueng, "Process performance measurement system: A tool to support process based Organizations". *Total Quality Management*, 2000, 11 (1), pp. 67 - 85.

[214] President's Committee on Administrative Management, Administrative Management in the Government of the United States, 1937. Jay M. Shafritz and Albert C. Hyde. *Classics of Public Administration*, 4th ed. Fort Worth, TX: Harcourt Brace, 1978, 1997.

[215] Radin, B. A., "The Government Performance and Results Act and the Tradition of Federal Management Reform: Square Pegs in Round Holes?" *Journal of Public Administration Research & Theory*, 2000 (10), pp. 111 - 135.

[216] R. Edward Freeman, "A Stakeholder Theory of the Modern Corporation". *Journal of Business Ethics*, 2001 (3), pp. 38 - 48.

[217] Rockart, John F., *Chief executives define their own data needs. Harvard Business Review*, Mar/Apr1979, Vol. 57 Issue 2, pp. 81 - 93.

[218] RFI Smith, "Focusing on Public Value: Something New and Something Old". *Australian Journal of Public Administration*, 2004, 63 (4), pp. 68 - 79.

[219] Ronald K. Mitchell and Donna J. Wood, "Toward a Theory of Stakeholder Identification and Salience: Defining The Principle of

Who and What Really Counts". *Academy of Management Review*, 1997, Vol. 22, No. 4, pp. 853 – 886.

[220] Sappington, D. E. M., "Incentives in Principal – Agent Relationships". *Journal of Economic Perspectives*, 1991, 5 (2), pp. 45 – 66.

[221] Stalebrink, O. J., Frisco, V., "Federal performance budgeting and the US system of separation of powers: An examination of the program assessment rating tool". *International Journal of Public Sector Performance Management*, 2015, p. 1.

[222] Stufflebeam, D. L., Shinkfield, A. J., *Systematic Evaluation: A self – instructional Guide to Theory and Practice*. Boston: Kluwer – Nijhoff Publishing, 1985.

[223] Turner, J. R., *The Handbook of Project Based Management: Leading Strategic Change in Organizations*. N. Y.: McGraw – Hill Professional, 1993.

[224] U. S. Government Accountability Office, *Managing for Results: GPRA Modernization Act Implementation Provides Important Opportunities to Address Government Challenges*, 2011.

[225] U. S. Government Accountability Office, *Managing for Results: Greater Transparency Needed in Public Reporting on the Quality of Performance Information for Selected Agencies' Priority Goals*, 2015.

[226] Williamson, Oliver E., "The Theory of the Firm as Governance Structure: From Choice to Contract". *Journal of Economic Perspectives*, 2002, Volume 16 (3), pp. 171 – 195.

后　记

经过努力，以博士论文为基础的初步成果终于公开出版了。这一刻我非常兴奋，又诚惶诚恐。出版本书权当抛砖引玉，期待有更多学者和实践者从价值理性与工具理性统一的视角来关注公共服务项目评价的理论与实践，而不足之处则寄希望于未来的研究中再做补充和完善。掩卷沉思，回首四年博士生涯，人大求学场景犹如电影闪过，有太多的人需要感谢。

首先，叩谢恩师方振邦教授。先生以"国民表率、社会栋梁"之高要求，教导弟子"无论晴雨，终身向阳"。弟子不敢懈怠，几年奋发为学，唯恐辜负先生之期盼；虽离先生要求仍有距离，但弟子定当秉承先生的治学精神，终身学习，追求卓越。

其次，感谢倾囊相授的老师。公共管理学院、哲学院、劳动人事学院、经济学院、商学院的多名教授为我的学习和研究提供了指导和帮助。其中，要特别感谢哲学院李萍教授，让我在亦师亦友的氛围中享受哲学的熏陶，感恩上苍赐予我如此厚爱！

另外，也感谢小伙伴们。与师门兄弟姐妹一起做课题，一起改书稿，一起讨论论文，一起劳动体验人生；与公共管理学院和经济学院的同学一起讨论学术，一起锻炼身体，一起享受闲暇。其中，要特别感谢大学挚友黎洪银博士，感谢20余年的友谊，也感谢鼎力支持我完成案例研究。

此书的出版也献给家人。期待在祭祀时告知天上的父亲，期待以此献给母亲八十寿辰，期待岳父岳母无私付出能有盼头，期待激励妻子早日完成博士论文，也期待为孩子们树立榜样。

在书即将出版之际，我还要特别感谢中国社会科学出版社的卢小生主任，他对工作的热情、负责的态度和精益求精的专业精神深深地激励这我，也感动了我。没有他的督促、鼓励和帮助，这本书也不可能这么顺利地出版。

本书是笔者对这个领域的探索性研究成果，仍然是一些粗浅之见，真诚寄望读者批评指正，期待在交流中推进研究的不断深入。

冉景亮

2017 年 7 月 28 日

于学林雅园